colección **biografías y documentos**

Historias de amor
de la historia argentina

LUCÍA GÁLVEZ

Historias de amor
de la historia argentina

Grupo Editorial Norma
*Barcelona Buenos Aires Caracas Guatemala México Panamá Quito
San José San Juan San Salvador Santa Fe de Bogotá Santiago*

Primera edición: Noviembre de 1998
Segunda edición: Diciembre de 1998
Tercera edición: Febrero de 1999
Cuarta edición: Febrero de 1999
©1998. Derechos reservados por
Grupo Editorial Norma
San José 831 (1076) Buenos Aires
República Argentina
Empresa adherida a la Cámara Argentina del Libro
Diseño de tapa: Ariana Jenik
Ilustración de tapa: *Ellen Terry*, de George Frederic Watts (detalle) - SuperStock
Investigación fotográfica: Felicitas Luna
Impreso en la Argentina por Kalifón S. A.
Printed in Argentina

CC: 20559
ISBN: 987-9334-08-6

Hecho el depósito que marca la ley 11.723
Libro de edición argentina

A Bartolomé Tiscornia,
mi marido

Prólogo

Parece mentira que se haya escrito tanta historia en la Argentina sin que a las mujeres se les otorgara la dimensión que les correspondía. Las grandes obras de nuestra historiografía clásica apenas si mencionan nombres femeninos, y hasta la década de 1950 son raros los trabajos dedicados a biografía de mujeres. Hay, desde luego, algunas excepciones cuando se trataba de hembras también excepcionales, como fue el caso de doña Mencía Calderón, de Mariquita Sánchez de Thompson, de Encarnación Ezcurra de Rosas, pero estas publicaciones revelan un enorme desequilibrio entre la importancia que tuvieron las mujeres en nuestros procesos históricos y la atención que le prestaron nuestros investigadores.

En los últimos años se han venido reparando estas omisiones. No sólo se han destacado muchos personajes de sexo femenino que aparentemente tuvieron papeles secundarios, sino que se han aventado prejuicios y pacaterías para hablar de otras que hasta ahora sólo eran materia de chismes susurrados en las tertulias o de esas tradiciones que no se escriben y son transmitidas casi secretamente, con un aire vergonzante. ¿Cómo hubiera podido, de otro modo, haberse conocido la existencia de la dama rumana que acompañó al general Roca en los últimos años de vida? ¿Cómo habría podido develarse el apasionado amor de Sarmiento por Aurelia Vélez? ¿Quién se habría atrevido a poner de manifiesto los amores de Belgrano?

La mujer, el sexo, el amor, forman parte de nuestra historia, como la forman en cualquier parte del mundo. Y Lucía Gálvez plantea muy bien la relevancia del componente femenino de nuestro pasado cuando comienza su libro relatando los vínculos que unieron a los conquistadores con mujeres indígenas y puntualizando, sin embargo, que la transmisión de la cultura y las tradiciones hispanas quedó a cargo de sus esposas legítimas españolas: he aquí, para empezar, la ambigüedad y acaso el drama de la presencia femenina en los primeros tiempos de la conquista y poblamiento de estas tierras. En esa época, las mujeres indígenas que servían en las casas de los españoles y a veces calentaban sus lechos, daban a los chicos criollos su lenguaje (después convertido en las tonadas características de cada provincia), sus creencias y supersticiones, convertidas a través de misteriosos sincretismos en supersticiones y creencias que todavía tienen vigencia, su gastronomía, sus tejidos. Y contemporáneamente, las mujeres españolas transferían a los hijos la lengua, el protocolo, los rituales religiosos católicos, el sentido del linaje y el honor, la fidelidad a la corona... ¡Qué vertientes distintas! y ambas, desde luego, en poder de mujeres; de piel diferente, de otra mentalidad, pero mujeres con una influencia decisiva en la formación de los jóvenes criollos que, al pasar de los siglos, se convertirían en los dueños de la tierra.

En realidad, lo que Lucía Gálvez hace en este libro, es trazar un mapa del amor desde nuestros orígenes. En diversas zonas del país, en diferentes momentos de nuestra historia, con personajes que pueden ser notorios o casi anónimos, en cuerdas que pueden tocar el puro amor sexual o la relación romántica y casi idealizada. Porque el amor es siempre distinto aunque su esencia sea siempre la misma.

Cubre este libro un vacío que, aunque se estaba llenando fragmentariamente, carecía de una cobertura integral. Ahora podemos transitar libremente por los terrenos ocultos de los sentimientos íntimos o de la vida más privada. Sin pacatería pero sin sensacionalismo, fiel a su profesión de historiadora, Lucía Gálvez nos entrega en este libro la clave de un territorio que antes estuvo vedado y que ahora se ha ventilado tal vez demasiado, o con demasiada irresponsabilidad. Es un aporte valioso al conocimiento de nosotros mismos y yo me siento honrado de prologar, con estas breves líneas, el placer que sentirá el lector al recorrerlo.

Félix Luna

Un amor fundacional
en el siglo XVI

Podría afirmarse que la conquista del nuevo mundo comenzó con la conquista de sus mujeres. Ellas cimentaron las primeras alianzas, denunciaron las conspiraciones, indicaron por dónde y hacia dónde iban los caminos, cómo encontrar agua y alimentos. Facilitaron la vida de los conquistadores además de darles los primeros hijos mestizos nacidos en la tierra.

Una vez entregadas a los invasores por sus padres o hermanos como regalos y prendas de paz, o habiéndolos aceptado ellas mismas por propia elección, o incluso habiendo sido tomadas como botín de guerra, las indígenas americanas se pasaban al bando de su hombre y padre de sus hijos. En ellas estaba más arraigado el concepto de familia que el de patria o etnia. Los primeros destinatarios de su fidelidad eran su marido y sus hijos; las relaciones personales estaban por encima de las comunitarias. Hay ejemplos de esta elección en distintos pueblos de América: Ananyasi, la amante de Balboa, que le habla del "Mar del Sur" (Océano Pacífico) y le facilita su descubrimiento; las araucanas que salvaron las vidas de Alonso de Monroy y Pedro de Miranda; una de las amantes guaraníes de Juan de Salazar, que denuncia en Asunción la conspiración de los carios y muchas otras.

Una de las más conocidas es la mexicana doña Marina, la Malinche, no sólo traductora sino también intérprete del pensamiento de Hernán Cortés ante Moctezuma. Su intuición la llevaba a buscar los términos más diplomáticos para expresar ideas que podían chocar a sensibilidades tan diferentes. La mayoría de sus compatriotas aún hoy la repudian como traidora. Sin embargo ella fue coherente: amó y admiró al vencedor de un pueblo que la había entregado de niña a la esclavitud de los mayas y tuvo un hijo con él, realizando en sí misma la síntesis cultural del mestizaje.

Actitudes como éstas fueron muy comunes en las ciudades que se iban levantando durante los siglos XVI y XVII en el Tucumán, Cuyo y Río de la Plata. Los primeros hogares que se formaron en ellas eran mestizos: padre español y madre india, salvo rarísimas excepciones. También fue muy excepcional que los españoles, sobre todo si eran de origen hidalgo, desposaran a una indígena: preferían esperar a *"pacificar la tierra"* y progresar antes de llamar a sus familias o casarse con alguna española o criolla de las que iban llegando en las expediciones y en los séquitos de los gobernadores.

Durante esa primera generación sólo se registran casamientos de españoles con indígenas en tierras de Cuyo y en Asunción: el de Juan de Mallea con Teresa de Ascencio, en la fundación de San Juan, y el de Luis de Jufré con Juana Koslay en la de San Luis. Las dos eran hijas de caciques y aportaban una dote importante al contrato matrimonial. Los casamientos de cuatro hijas mestizas del gobernador Irala con cuatro hidalgos "vecinos"[1] de Asunción, se realizaron por presión de su poderoso padre.[2]

---

[1] El vecino debía tener "casa poblada" en la ciudad, es decir, vivir en ella.
[2] Irala había sido nombrado gobernador por aclamación popular.

Lo común fueron los matrimonios de hecho, con una o varias indígenas, sobre todo en el Paraguay, llamado por eso "Paraíso de Mahoma". Caso distinto fue el del Perú, donde preciadas princesas incas y "vírgenes del sol", consideradas de la nobleza incaica, formaron matrimonio con hidalgos conquistadores. Uno de los primeros fue el del capitán Francisco de Ampuero, lugarteniente de Pizarro y la princesa Inés Tupac Yupanqui, hermana de Atahualpa.[3]

En las primeras fundaciones del Tucumán, casi todos los conquistadores formaron sus hogares con indígenas hasta la llegada de las españolas. Si eran casados, hasta que sus familias se decidían a cruzar el océano y si eran solteros, hasta que encontraban una española o criolla de su misma jerarquía. Los comienzos de formación social en esas míseras aldeas fueron casi obligatoriamente igualitarios dada la precariedad en que se vivía. Se consideró legítimos a los hijos mestizos y nadie discutió esto durante la primera generación. Era necesario poblar estas tierras casi desiertas, y muchos pensarían como Francisco de Aguirre, fundador de Santiago del Estero, que *es mayor el servicio que se hace a Dios al tener un hijo, que el pecado que por ello se comete*. Los curas que acompañaban las huestes hacían la vista gorda a los concubinatos con indias, algunos, por cierto, bastante estables.

Hernán Mexía Miraval, conquistador del Tucumán, había llegado a tierra de juríes en la expedición de Nuñez del Prado, después de errar entre diaguitas y calchaquíes durante casi tres años fundando y desfundando la errática

---

[3] Otro, que ha quedado inmortalizado en un cuadro de la iglesia jesuita del Cuzco, es el de Martín de Loyola, sobrino de san Ignacio, con la princesa Beatriz Clara Coya y otro el de Garci Díaz de Castro con doña Barbola Coya, sobrina del rey Inca.

ciudad del Barco, que en 1553 Aguirre trasladaría a la otra banda del río rebautizándola Santiago del Estero.

No eran ellos los descubridores: casi diez años antes había pasado por allí la hueste de Diego de Rojas en su camino hacia el Río de la Plata, volviendo con las manos vacías y la mitad de la gente pero con relatos de mundos distintos: verdes bosques húmedos con árboles revestidos de musgo y enredaderas; indígenas laboriosos que cultivaban maíz y recolectaban algarrobo; llanuras infinitas donde podrían pastar miles de vacas, caballos y ovejas. Las descripciones despertaron la ambición y la curiosidad en esos hombres tan dados a la aventura, y después de la gran batalla de Xaxijaguana, el capitán Juan Núñez del Prado, se dispuso a conquistar y poblar esas tierras que se extendían más allá de la región conocida con el nombre de "Tucma".

La hueste, precedida por el alférez real con el estandarte donde flameaba el águila de dos caras, estaba compuesta por unos cincuenta españoles a caballo o mula, entre ellos dos frailes dominicos, un gran grupo de indios flecheros y gran cantidad de servidores: negros, negras e indias. Al final, un arreo de vacas, ovejas y chanchos iba mermando a medida que el viaje avanzaba: constituían la comida principal a la que se agregaba el resto del "matalotaje"[4]: vino, bizcocho, miel, tocino, etcétera.

Venían desde Lima en un interminable viaje, pasando por el Cuzco, Potosí, los pueblos de los charcas, un altiplano que no se acababa nunca y más acá, después de subir más de 4000 metros hasta el Abra del Acay, el pueblo diaguita de Chicoana. Allí, al ver unas gallinas de su tierra, la anterior expedición de Diego de Rojas había decidido,

---

[4] Provisiones de viaje.

en lugar de seguir para Chile, poner rumbo al este, cruzar la cordillera y descubrir el Tucumán, las tierras de diaguitas y tonocotés y los llanos de los juríes. Allí, en Salavina, había dejado sus huesos Diego de Rojas, después de ser herido con una flecha con ponzoña. Esta vez traían el antídoto o "contrayerba" y los calurosos escaupiles, chalecos acolchados que evitaban la penetración de las flechas. Muchos vestían armadura y encima de ella la ropilla acuchillada de seda o terciopelo, muy poco apropiada para las circunstancias, lo mismo que los puños de encaje o los sombreros con plumas, pero que revelaban la "categoría" de su poseedor. Es de imaginar su estado después de penosas marchas por punas desérticas, soles ardientes, heladas, lluvias y escaramuzas con algunas tribus hostiles.

Casi tres años después llegaban extenuados a tierra de juríes, asombrándose de ver sus prolijos pueblos con cientos de ranchitos de adobe y paja rodeados de empalizadas y cruzados por calles. El río cercano proveía de pescado a la población, y en las tierras linderas crecía el maíz. El algarrobo era una especie de árbol sagrado por la cantidad de servicios que prestaba su madera, su sombra y sus vainas dulces y alargadas con las que las mujeres fabricaban la aloja [5] y el patay. [6]

La experiencia con la anterior expedición había hecho conocer a los juríes el potencial de guerra de los españoles y de los indios flecheros que los acompañaban. Por lo tanto esta vez, en lugar de hacerles frente los recibieron como aliados para combatir a sus enemigos, los lules, indios nómades provenientes de las selvas chaqueñas, que todos los años los invadían para rapiñarles sus cosechas y

---

[5] Bebida alcohólica hecha con algarrobo fermentado.
[6] Dulce que se obtiene machacando las vainas de algarrobo en el mortero.

sus mujeres. Las juríes eran, según escribía el cronista Díaz de Vivar en 1558, *"[...] mejores a todo lo que se ha descubierto en las Indias [...] de muy buen parecer y de muy lindos ojos [...] vestidas sólo con unas pampanillas o con unas mantillas de lana que les cubren de la cintura para abajo"*. Agregaba que eran gente muy bien dispuesta, que recolectaban mucho algarrobo y que aprovechaban las periódicas inundaciones del río para sembrar su maíz. En sus llanuras abundaban los ñandúes, llamados suris, pero el nombre de "juríes" no venía de ellos, como creían los españoles, sino de "hurin", que en quechua significa "hombres del sur". En realidad, los juríes eran tonocotés y sanavirones. [7]

Hernán Mexía Miraval, sevillano de nacimiento, era uno de los más jóvenes y activos de la expedición. Era, seguramente, morocho, alegre y apasionado. Podemos imaginar el encuentro con la que sería por más de diez años su compañera y madre de sus hijos: vio a la indiecita de facciones finas, piel canela y ojos negros con forma de almendra y le sonrió. Después de mirarlo fijamente un rato, ella le devolvió la sonrisa. Vestía una especie de falda corta de lana burda y una manta adornada con chaquira de huesecitos de pájaro, anudada sobre un hombro. Sobre el otro, desnudo, caía con gracia el pelo negro trenzado. Era del pueblo de Mancho.

Como en cientos de casos anónimos, éste hubiera sido el único dato de la jurí bautizada con el nombre de María, madre de los cuatro hijos mestizos de Mexía Miraval, a quien los viejos genealogistas argentinos pretendían elevar de categoría con el agregado de "princesa de Mancho". Probablemente fuera hija del cacique o curaca; lo que

---

[7] Dato proporcionado por Adolfo L. Tevez.

importa no es eso sino el hecho de que haya dejado su testamento, dictado el 23 de septiembre del año 1600, al escribano Juan Nieto que, por ser mestizo, podía entender la lengua quechua hablada por María además de la propia. El quechua era la *"lingua franca"* del Tucumán así como el guaraní lo era del Río de la Plata y la Iglesia fomentó su propagación entre los indígenas para facilitar la catequesis. La hablaban los mestizos y la chapurreaban sus padres españoles.

El testamento nos dice unas cuantas cosas sobre la relación que debió existir entre la indiecita y el andaluz. María lo recordaba como su *"amo y señor"* y mandaba decir diez misas en sufragio de su alma.

Los primeros años de convivencia en la aldea hispano—jurí que empezaba a nacer, debieron ser difíciles pero de intensas alegrías. Los comienzos tienen siempre algo de sagrado y ellos debían intuir de alguna manera que, como los protagonistas bíblicos, eran una pareja fundacional. De sus cuerpos unidos por el amor iba a surgir una nueva raza con características muy definidas. También sus costumbres, bailes, música, comidas, poesía, se iban a mestizar. La religión cristiana dulcificaría el mundo de la indiecita con su prédica de amor, su Niño Jesús,[8] la imagen de la Virgen María, feliz en el pesebre y dolorosa en el calvario, a quien los españoles honraban todos los sábados cantando en su alabanza las letanías.

Del mismo modo las cualidades de la raza americana influirían en el abierto espíritu del andaluz: serenidad, prudencia, amor a la naturaleza, intuición del ritmo de la tierra...

Mexía Miraval no era un capitán como cualquier otro. A su valor incuestionable se sumaban otras cualidades más

---

[8] La cofradía de los indios era la del Niño Jesús y a ella pertenecía María.

difíciles de encontrar entre esos rudos y fanáticos conquistadores: era conciliador y ponía paz en las querellas internas que siempre abundaron entre los turbulentos españoles. Así ocurrió cuando convenció a los rebeldes cabildantes de Esteco para que aceptaran al Teniente de Gobernador impuesto por la autoridad, o cuando terció entre el orgullo de Abreu y el de Garay, evitando una de esas absurdas y sangrientas peleas entre compatriotas. Daba tanto valor al espíritu como para ir a buscar un sacerdote hasta La Serena, en Chile, cruzando la *"cordillera nevada"*, como llamaban a los Andes, y tenía la sensatez de aprovechar ese viaje para traer desde allí al Tucumán las primeras semillas de trigo, de frutales de Castilla y de algodón, que sería con el tiempo una de las riquezas de la zona y *"moneda de la tierra"*. [9]

Había participado en casi todas las fundaciones del Tucumán. *"Iba siempre en los delanteros como buen soldado procurando aventajarse entre los demás"*, afirmaba un testigo de su Probanza de Méritos. Era uno de los principales representantes de esa nueva aristocracia americana en donde *"valía más la sangre vertida que la heredada"*. Había formado parte también de excursiones "etnográficas" entre los comechingones y sanavirones de Córdoba, escribiendo una reseña de sus costumbres, vestidos y armas. Mientras tanto María cuidaría el fuego del hogar, alimentando y educando a su manera a los hijos que fueron llegando: Juan, Leonor, Ana y Juana Mexía. En las Probanzas de Méritos y Servicios los conquistadores contaban al rey las penurias que sufrieron en la fundación de Santiago del Estero, cuando no tenían ninguna comunicación con Perú y mucho menos con España. Algunos

---

[9] Ante la escasez de metal, se utilizaban como moneda las telas de algodón y otros productos de la tierra.

tuvieron que vestir con pieles pues sus ropas se habían convertido en andrajos y tuvieron que sacar hilo de una especie de cardos con que podían fabricarse groseras túnicas *"a manera de cilicio"* hasta que llegó y creció el algodón traído de Chile. Pero... ¿eran ellos quienes hilaban, tejían y cosían? De ninguna manera: allí estaban las indias solícitas como María haciendo todos esos trabajos mientras ellos recorrían la tierra y fundaban ciudades. Después de estos viajes y correrías volvería Hernán a su hogar santiagueño cansado y las más de las veces herido. Allí encontraría la olla humeante sobre el fuego de leña, los hijitos jugando en el patio de tierra y su mujer amamantando al menor. No eran pocas las tareas que debía realizar María en su sencilla casa de adobe: además de hilar y tejer en el rústico telar las ropas de todos, debía cuidar y regar el huerto donde crecían zapallos, papas y ajíes, juntar las vainas de algarrobo, entretener a los niños y aprender el catecismo con el padre Cedrón. A veces sus parientes indios la proveían de pescado o alguna pieza de caza para enriquecer el menú.

Durante las largas ausencias del padre, los mesticitos iban creciendo y se iba plasmando en sus rasgos la nueva raza morena. Hernán encontraría en ellos rasgos de sus padres o abuelos mezclados a los de sus parientes juríes, y le sorprenderían algunas costumbres brotadas de distinta vertiente cultural. Trataba de hablarles siempre en español para que lo aprendieran bien y todos juntos asistían a la pequeña iglesia que se distinguía de los demás ranchitos por la espadaña donde colgaba la campana.

Con el tiempo la pequeña aldea fue creciendo y progresando gracias a los tejidos de algodón y al comercio con el Alto Perú. Las caravanas de mulas partían llevando varas de telas rústicas y volvían cargadas con toda clase de *"mercaderías de Castilla"* que para llegar allí habían tenido que navegar por dos océanos, internarse en selvas y pantanos, cruzar punas, desiertos, montañas y valles.

Como sus compañeros, Hernán Mexía valoraba inmensamente todo lo que le recordaba a su patria: imágenes sagradas, guitarras y panderetas, telas suntuosas y encajes; vino y almendras, pasas y aceitunas, cuchillos toledanos y tijeras, libros de caballería, papel y tinta, romances y canciones... todo lo que representaba el bagaje cultural de España, primera potencia de su tiempo. María y los niños miraban fascinados los objetos que iban saliendo de las alforjas. Ellos traían el mensaje de un mundo remoto y maravilloso al que, de alguna manera, pertenecían.

Así fueron transcurriendo esos años heroicos y fundacionales del mestizaje inicial. Hubo varios momentos en que las rebeliones de juríes dieron mucho que hacer. 1562 y 1563 fueron años de intensas guerras y grandes necesidades. Una vez pasadas las penurias podrían los jóvenes disfrutar de sus afectos y de la pródiga naturaleza que multiplicaba sus sementeras [10] y sus rebaños de ovejas. En abril de 1565 Francisco de Aguirre, nombrado nuevamente gobernador, encargó a Mexía Miraval y a su amigo Nicolás Carrizo, ambos capitanes, que "pacificaran" la región donde había sido fundada la primera ciudad del Barco y luego la de Cañete, para mandar luego a su sobrino, Diego de Villarroel, a fundar la ciudad de San Miguel de Tucumán. Ese mismo año la vida de la familia Mexía iba a sufrir un brusco cambio con la llegada a Santiago del capitán Gaspar de Medina trayendo unas nueve doncellas españolas y criollas, huérfanas de guerra, [11] con la intención de buscarles marido.

---

[10] Cultivos.

[11] Venía de La Serena, ciudad de Chile quemada por los araucanos en su perpetua guerra a los invasores.

Mientras veía crecer a sus hijos, aumentaba en Mexía Miraval la preocupación por su futuro. Sus hijas, especialmente, necesitaban alguien que les transmitiera los modales propios de las jóvenes españolas, les enseñara a vestir las complicadas ropas del siglo XVI, a hacer una reverencia y hablar con la gentileza que correspondía a las futuras esposas de los hidalgos españoles. Las lindas mestizas adolescentes deberían aprender cómo comportarse en sociedad si querían casarse bien.

Entre las doncellas venidas de Chile hubo una que captó la atención del sevillano desde que la vio. Tendría unos catorce años, pero aparentaba más. Se llamaba Isabel de Salazar. Era hija de españoles muertos en La Serena, pero había pasado su infancia entre los araucanos. Podría comprender a las mestizas, casi de su misma edad, además de enseñarles lo que había aprendido en el próspero hogar chileno que, hasta entonces, la cobijara.

Nada sabemos de las dudas, temores y remordimientos de Hernán Mexía ante la decisión que debía tomar. La única fuente donde la voz de María se insinúa es su testamento y allí no parece haber guardado rencor a quien llama "su amo", aunque debe haber sufrido su alejamiento. Tampoco sabemos si habrá sido feliz en su posterior casamiento con el indio Andrés, de quien no tuvo hijos.

Como quien desea cortar un vínculo muy estrecho Hernán Mexía, que hasta entonces nunca se había alejado del Tucumán, emprendería en 1566 un viaje a Charcas en compañía de sus dos hijas mayores y de su esposa criolla, Isabel de Salazar. Tres años después, en la pequeña ciudad de Loyola, en el norte de Perú (actual Ecuador) Leonor Mexía, de catorce años, se casaba con el capitán Tristán de Tejeda, joven español de veintiséis años, mezclado desde los catorce en los avatares de la conquista. Poco tiempo después lo haría Ana Mexía con Pedro de Deheza y después de enviudar de éste, con Alonso de la Cámara, que venía acompañando a Jerónimo Luis de Cabrera, el fundador de Córdoba. La pequeña Juana lo haría años más tarde, también con un hidalgo, como quería su padre. ¿Y María? Su testamento fue dictado en Córdoba, en casa de su yerno, Tristán de Tejeda, donde se mostraba rodeada del respeto y cariño de sus descendientes.

Rincón del patio de la casa del virrey de Córdoba.

"La imaginamos en la casa lindera a la catedral que años después su nieto, Juan de Tejeda, convertirá en convento. Callada y discreta, meciendo a sus nietitos, recorriendo la huerta, dando una mano en la cocina o simplemente pensando, sentada a la usanza indígena, en los cambios

que su vida había contemplado: la infancia en la aldea jurí, respetada como hija del cacique, temerosa de los feroces lules que se llevaban cautivas a las mujeres y a las niñas; la aparición de los españoles barbados sobre esos extraños animales; su primer encuentro con Hernán Mexía, tan distinto a los jóvenes de su tribu; sus extrañas ropas, su espada y su arcabuz; el terror que le dio el estruendo de la pólvora, la risa de él [...] la vida en común, los hijos [...] la llegada de más hombres a caballo: unos armados, otros que sacaban de sus alforjas maravillosos y extraños objetos traídos en recuas de mulas; las eternas discusiones, maldiciones y peleas, para ella inexplicables, entre distintos bandos de esos hombres armados; los primeros religiosos y sacerdotes: unos con ropas blancas y negras, otros de marrón, otros de negro [...] (pronto aprendería también ella a diferenciarlos y a venerar a sus patrones: Santo Domingo, San Francisco, San Ignacio). Le atrajeron desde el primer momento las imágenes que ellos traían, los ornamentos y banderas de colores, la música que tocaban en las procesiones y en las ceremonias litúrgicas, instrumentos extraños, que producían sonidos nunca imaginados [...] Luego, la llegada de las primeras mujeres españolas, sus fascinantes vestidos de telas suaves al tacto y de brillantes colores, sus joyas y peinados [...] la transformación de la aldea en ciudad [...] la aparición de Isabel, su casamiento con el indio Andrés [...] y ¿volver a la vida de antes? ¡Ya nunca sería posible! Había conocido demasiadas cosas nuevas, extrañas, deslumbrantes [...] ya nada podría ser igual."[12] Además, estaban sus hijos y nietos que pertenecían a ese mundo nuevo y ahora sus bisnietos, como éste que ella mecía, canturreando en su lengua para hacerlo dormir, la oración que los padres le habían

---

[12] Lucía Gálvez, *Mujeres de la conquista*, Planeta, Bs.As., 1991.

enseñado: *"Tatanockayshpa, anaj pachapi tianqui, santi-ficaska sutiyqui cachun. Nockaycuman reynoyqui amu-chum. Munaskayqui, caypi ashpapi ina ruacuchum [...]"*.[13]

¡Qué bien se había casado su nieta Leonor de Tejeda...! Su casa tenía un oratorio con imágenes y tallas doradas... era una de las damas más ricas de Córdoba. Ella simpati-zaba con su marido, el general Manuel de Fonseca Con-treras, por eso lo había nombrado testigo de su testamento, junto con sus yernos Tejeda y de la Cámara.

No, no se quejaba de su destino. Hasta había podido vestirse como española, con un traje de raso azul con pa-samanos de seda y otro negro de algodón que guardaba en un arcón con llave. Tenía también treinta ovejas, tres bueyes, una yegua y un potro que dejaba a su nieto Juan –hijo de Juan Mexía, ya fallecido– algunos pesos de plata y bastante ropa de algodón. Quería que todo eso se repar-tiera entre su familia y sus servidores indios. Pero a Leonor, la otra hija de Juan, su preferida, la encargada de cuidarla en sus últimos días, le dejaría una donación especial.

Podía morir en paz.

Los suyos crecían y prosperaban. Los que habían muerto, descansaban en la paz del Señor que ella había aprendido a conocer y amar.

Y así, esta india que apareciera un día en la vida de Her-nán Mexía *"vestida con unas pampanillas"*, dejaba el mundo rodeada de sus seres queridos, lo más granado de Córdoba, vistiendo por su pedido *"el hábito del señor San Francisco"* luego de una vida que fue símbolo de amor y unión en los comienzos de una nueva raza y un Nuevo Mundo.

---

[13] "Padre nuestro que estás en los Cielos. Santificado sea tu nombre. Venga a nosotros tu reino. Hágase tu voluntad así en la tierra como en el cielo", versión quechua de Adolfo L. Tevez en *"Ckomer Pacha" Tiempo de Primavera*.

Amor y represión
Un "Don Juan" en la Córdoba del siglo XVII

A principios del 1600, la vida transcurría plácida o tormentosa en las pequeñas ciudades unidas por caminos precarios a través de inmensas distancias; islotes de cultura mestiza en medio de una naturaleza desmesurada, siempre a la espera de noticias de la Madre Patria, proveedora de funcionarios, clérigos y de todo lo referente a la vida cultural y espiritual de la poderosa España del Siglo de Oro. En una de estas ciudades–aldeas, Córdoba de la Nueva Andalucía, comenzó y terminó sus días el protagonista de esta historia que puede ser arquetipo de la mentalidad barroca de aquel tiempo.

Durante el siglo XVII, España inició una larga cadena de derrotas y aunque seguía siendo *"el imperio donde nunca se ponía el sol"* la estrella de los grandes Haugsburgo comenzaba a declinar. Al no poder cumplir el sueño político religioso de su padre, Felipe II y sus consejeros intentaron preservar de la nueva "herejía protestante" lo que quedaba de su imperio. Para esto era necesario aislar a la península y a los reinos de Indias de todo peligro ideológico que pudiera manchar *"la pureza de su fe y costumbres"*. Las fronteras se cerraron a toda idea foránea y la mentalidad barroca europea, que propiciaba la exaltación de los sentidos y el gusto por lo sensual, se canalizó en España en un barroco religioso, pródigo en imágenes torturadas aptas para inspirar culpa y arrepentimiento y, a través de ellos, el dominio moral.

Cada época de la historia ha resaltado alguna faceta de la vida de Jesucristo: así como el siglo XX puso el acento en el aspecto social de su predicación, su amor por los pobres y desposeídos, el siglo XVII lo puso en su Pasión y Muerte, con todas las secuelas de mortificación y sacrificio que inspiró en los fieles. Si el barroco europeo exaltaba la vida, el barroco español exaltó la muerte y los aspectos negativos de la religión católica: pecado, condenación, sufrimiento, demonio. Todo apelaba a la compasión y a la culpa: desde los sermones y tratados sobre el dolor que redime y purifica, hasta las bellas imágenes de Dolorosas, Cristos crucificados y tallas de mártires de hondo realismo. Quienes no lograron ir más allá de lo formal, se quedaron con una religión sombría y represora, acusadora implacable de todo lo que llevara al pecado sexual.[1] El sexto mandamiento pasó a tener fundamental importancia en prédicas y confesiones. Esta mentalidad pasó a América y aun los misioneros, que en los primeros años habían luchado tanto por una sociedad más justa y caritativa, se vieron envueltos en ella. Sin tener en cuenta esta especial situación sería muy difícil entender a Luis de Tejeda y a su entorno: la ciudad de Córdoba a principios del siglo XVII.

Luis nació en los primeros años del siglo, en el mismo solar que se había adjudicado a su abuelo, el capitán Tristán de Tejeda, en la fundación de Córdoba, situado en la cuadra siguiente a la plaza. Hacía sólo dos años que allí mismo había muerto su bisabuela india, María Mexía,

---

[1] Esta actitud llegó a extremos aberrantes en algunas colonias puritanas de los Estados Unidos, donde el adulterio y la "brujería" eran castigados con la horca.

rodeada del afecto y el respeto de todos sus parientes, según se desprende de la lectura de su testamento. Creció en esa casa que aún existe,[2] alimentándose con la leche de sus nodrizas indias y traveseando con mestizos y negritos esclavos, a la par que sus hermanos Gregorio y Gabriel. Su padre, rico y poderoso vecino, dueño de encomiendas y obrajes en el pueblo de Soto, era Juan de Tejeda Miraval. Su madre, Ana María Guzmán de la Vega, era hija de una criolla de alcurnia y de don Pablo de Guzmán, piadoso caballero español, pariente de Santa Teresa de Jesús, aún no canonizada, por quien sentía una gran veneración. Junto a sus rimbombantes antepasados españoles, su bisabuela paterna de origen jurí agregaba las gotas de sangre indígena, presentes en casi todos los componentes del patriciado criollo.

Por entonces estaban ya instalados en Córdoba los jesuitas, verdaderos forjadores de esa sociedad en todos sus estratos. Su influencia llegaba a humildes y poderosos. Su prédica conmovía por igual a indios, negros y españoles. No era extraño. Eran parte de una orden recién fundada por Ignacio de Loyola y pletórica de su entusiasmo evangelizador. Entre ellos había científicos, artistas, arquitectos e intelectuales de todos los rincones de Europa. Trajeron a las pobres ciudades del Tucumán y el Río de la Plata novedades mucho más interesantes que las que podían traer los oidores de la Audiencia en visita de inspección o los mercaderes interesados en la suba o baja de los precios en el Potosí. Introdujeron la magia del teatro y enriquecieron la música con nuevos instrumentos y con las últimas partituras interpretadas en las catedrales europeas. Enseñaron a los indios y negros a levantar edificios de piedra,

---

[2] Parte de ella es el Museo de Arte Sacro de la ciudad de Córdoba.

iglesias con bóvedas, arquería y techos de tejas; pero por sobre todo trajeron el verbo encendido y apocalíptico empleado en sus sermones, en los Ejercicios Espirituales y en las aulas de sus colegios. Sus modales sobrios y elegantes, fruto de un paciente dominio de sí mismos, su oratoria brillante y a veces tremenda, deslumbraron a los pobladores casi tanto como a los indios y a los negros, provocando arrepentimientos instantáneos, notables cambios de vida y hasta visiones sobrenaturales.

Asociados con el obispo criollo Trejo y Sanabria, los jesuitas habían fundado la primera universidad en esa progresista ciudad de Córdoba, paso indispensable hacia el Alto Perú y las riquezas del Potosí. Allí recibirían los hermanos Tejeda la misma educación que sus contemporáneos europeos. El conflicto estaba en que, a pesar de las enseñanzas de los padres de la Compañía de Jesús, ellos eran más criollos que europeos. Su realidad era muy distinta de la que le pintaban sus lecturas poéticas y teológicas. Los estudios eran sólo un aspecto de ese mundo barroco y contrastante, suspendido entre dos realidades: la española o europea, representada en todo lo formal, vestimentas, pretensiones y aspiraciones y la americana, mestiza, precaria y rebosante de la vitalidad salvaje de todo lo nuevo.

Rodeado de afectos y cuidados por su madre y sus permisivas amas indias y negras, el primogénito de Juan de Tejeda se habituó desde temprano a la libertad incondicional de vagar por las calles polvorientas de esa Córdoba de comienzos del XVII, edificada a orillas del Suquía. El río era un lugar de encuentro de chicos y jóvenes que iban a jugar y bañarse en las siestas calcinantes del verano cordobés. Entre ellos estaban Luis y sus hermanos. Podemos imaginarlos bajo los sauces, durante las tardes con olor serrano, en esas típicas conversaciones y escarceos de los adolescentes, que asisten, sin tener mucha conciencia, al despertar de su sexualidad. Más entrada la adolescencia, los *"portales de Valladares"*, lugar de tertulia de jóvenes y caballeros, eran el sitio de reunión para organizar sus diversiones y correrías.

A medida que pasaban los años, los Tejeda, que crecían a la par de la ciudad, no dejaban rincón por conocer. El *"peregrino en Babilonia"* como se autobautizara Luis, curioseaba por todas partes y se dejaba tentar por *"los burdeles de Chipre"*, lanzándose al placer y la aventura con todo el ímpetu de su silvestre adolescencia.

Los tres hermanos aprendían en el colegio de los Jesuitas la cultura de su tiempo, pero allí también se los prevenía y alertaba constantemente sobre los peligros del sexo y de la mujer, que conducían en forma directa al pecado y sus consecuencias: la eterna condenación.

Luis de Tejeda era un joven muy imaginativo y sensible. Su conciencia se debatía entre sus anhelos vitales y las enseñanzas de los padres jesuitas. Trató de compaginar ambos: en el colegio era tenido por un alumno brillante y responsable, pero en cuanto cruzaba el umbral, su personalidad cambiaba. Predominaban en él los rasgos de los conquistadores Tejeda sobre los más tranquilos y devotos Guzmanes. Seguramente primaba también la naturaleza poco domesticada de su ascendencia indígena y la dinámica espontaneidad de los esclavos africanos con quienes convivía. Con el tiempo, esta dualidad de vida se le haría cada vez más pesada.

Todo lo que sabemos de su historia está narrado, en poesía y en prosa, por el propio Luis de Tejeda en sus *Coronas Líricas o Libro de varios tratados y noticias*, escrito muchos años después, en su etapa de contrición, ya viudo y recluido en el convento de Santo Domingo. Cuenta allí que a los veinte años su conciencia hizo crisis y decidió dedicarse a la Iglesia *"con bonete y borla blanca"*, añadiendo a su título de bachiller en Artes, el de doctor en Teología.

Sus buenos propósitos duraron, según sus palabras, *"lo que la espuma sobre el agua"*. La causa fue una bella joven de su misma edad, escondida en el poema bajo el culterano nombre de "Anarda".

El tono festivo y hasta jocoso que debieron haber tenido estas crónicas se ve opacado por un tardío arrepentimiento que, sin embargo, no puede dejar de traslucir la emoción del primer amor.

Dos bellas muchachas, hijas de españoles pero nacidas en la tierra, frecuentaban también el río en las tardes de verano. Se llamaban Catalina y Ana Bernal de Mercado. Eran de condición más bien modesta y sus padres estaban divorciados desde hacía varios años, algo excepcional y muy escandaloso para la época. El padre, Juan de Mercado, estaba preso en otra ciudad y la madre, Catalina González, tendría demasiado trabajo o no sabría imponer a las muchachas el comportamiento exigido por la sociedad. En síntesis, ellas pertenecían a una clase media venida a menos mientras que los Tejeda Guzmán representaban la crema del patriciado criollo.

Una espontánea simpatía surgió entre los tres hermanos y las dos hermanas. Los muchachos se darían corte con los conocimientos adquiridos en el Colegio. Luis dominaba la literatura española. Conocía y admiraba a Garcilaso, Lope de Vega, Calderón de la Barca y sobre todo a Góngora, cuyo estilo impregnaría su posterior obra literaria. También entonarían canciones acompañados por las guitarras que nunca faltaban en las ruedas de amigos.

Desde el primer momento Ana y Luis, que tenían casi la misma edad, se sintieron atraídos y comenzaron un romance, dentro de las pautas de la época. Catalina, la mayor, se divertía jugando con los dos hermanos menores, Gabriel y Gregorio de Tejeda, incentivando sus mutuos celos y alentando a cada uno por separado.

En 1623 Ana y Luis tendrían unos veinte años, Catalina, veinticuatro y los otros dos, diecinueve y dieciocho respectivamente. Nunca imaginaron, en los alegres y despreocupados comienzos de su relación, que ésta iba a tener tan dramático desenlace. Como buen exponente del barroco, Luis trataba de adornar lo prosaico de la vida con palabras y fórmulas que la elevaran y poetizaran. Así como Ana fue *Anarda*, su hermana Catalina fue *Casandra* y sus hermanos, *Garcindo* y *Gerardo*. Los cabellos de las jóvenes se veían *"trenzados de perlas, zafiros y amatistas"*, y la aldea colonial de veinte manzanas que era Córdoba se convertía en *Babilonia*, la gran ciudad henchida de violencia y sensualidad.

Como en la novela del Quijote, la imaginación adornaba y embellecía la realidad para poder adecuar a ella los ideales atisbados en libros y enseñanzas. Por eso sus poemas deben ser "traducidos" para poder llegar a un real acercamiento de lo que fueron sus amores.

El romance entre Ana y Luis andaba a las mil maravillas, a pesar de las torturas morales de este último por el disimulo y la mentira que debía utilizar con los padres de la Compañía, a quienes admiraba. Sin embargo, cuando pensaba en la posibilidad de dejar a su amada, sus sentimientos se encrespaban y su voluntad se rendía ante algo más fuerte que lo dominaba por completo.

Una tarde en que los enamorados paseaban por el río en canoa, se levantó un fuerte viento y grandes nubes grises taparon el sol. La embarcación se dio vuelta y tuvieron que aferrarse a ella para poder llegar a la orilla sin que los arrastrara la corriente. Lo que para cualquier joven hubiera sido una aventura tuvo para Luis características de presagio. Lo torturaban *"las confesiones falsas y comuniones sacrílegas"* que se veía obligado a hacer para no tener que poner fin a sus amores. En esta lucha estaba cuando sucedió lo inesperado. *Casandra*, es decir, Catalina, que seguía divirtiéndose azuzando, sin satisfacer, a los otros hermanos, aseguraba a cada uno por separado: *"que era el dueño de su alma;/ porque sólo pretendía/ empeñar prenda tan cara/ al que primero le diese/ de ser su esposo palabra."*

Entonces Gabriel, enardecido, prometió casamiento a Catalina, cinco años mayor que él.

Cuando don Juan de Tejeda vio que sus hijos se le habían ido de las manos obró drásticamente. ¿Quería casarse Gabriel? Pues lo haría, pero con alguien *"conforme a su condición"*, es decir, con una joven cuyos antecedentes familiares fueran equiparables a los de los Tejeda. Lo ideal hubiera sido que dispusiera de fortuna, pero los tiempos urgían y había cosas, como la honra, que importaban más que el dinero.

La elegida fue Mariana de los Ríos. Según los designios paternos, Gabriel, ya recibido de bachiller en Artes, se dedicaría a la carrera de las armas. Gregorio seguiría estudiando su bachillerato en Filosofía y Luis haría un viaje a España, aquella madre patria que don Juan no conocía y de la cual su suegro, don Pablo de Guzmán, narraba cosas tan maravillosas.

Mientras los hermanos estaban en estas andanzas, la familia vivía situaciones muy distintas. Don Juan no podía imaginar entonces que los hechos se iban a complicar de tal manera que lo llevarían a convertir su casa en un convento de carmelitas. La idea surgió en el dramático instante en que Magdalena, su hija menor, de unos doce años, que estaba ya desahuciada y sin pulso, volvió a la vida y se curó. En el libro de Luis de Tejeda hay dos versiones en prosa y una en verso de cómo sucedieron los acontecimientos, avalados por varios testigos, en la estancia del pueblo de Soto. Una de ellas es la Relación que fray Gaspar de Villarroel, arzobispo de Charcas, escribió en 1632, *"para divulgar el milagro en España"*. Cuenta allí que en ese instante crítico don Juan *"como impelido de una fuerza interior, muy fuera de su costumbre dijo a gritos: ¡Santa Teresa de Jesús, doléos de mi desconsuelo y dadme esta hija para monja vuestra, que yo os haré un monasterio a mis expensas...!"* Un instante después la niña *"comenzó a hablar y risueño el rostro le dijo a su padre que no había de morir, que había de ser monja de Santa Teresa"*. No terminaron con esto los prodigios. A don Juan empezó a parecerle demasiado lo que había ofrecido: monasterio sí, pero Magdalena, tan pequeña aún y tan llena de cualidades... ¿no sería mejor casarla? A los dos días la niña tuvo una recaída. Volvieron a rodearla todos: su abuela materna, el sacerdote, los padres, los servidores indios y negros y su hermana Alejandra. Los hermanos estaban en la ciudad de Córdoba.

Ante la inminencia de la muerte, el padre volvió a gritar *"¡Haya expirado, enhorabuena, que amortajada y de la sepultura me ha de sacar Santa Teresa mi hija viva; porque le he de edificar su monasterio y ha de ser monja suya!"* El efecto causado en Magdalena fue instantáneo y a los pocos días pudieron volver a Córdoba, donde don Pablo de Guzmán, el abuelo materno, que se enorgullecía de ser pariente de Teresa de Avila, los esperaba con la nueva *"estatua de bulto de la Santa"*, recién canonizada, que él había encargado a España. Al enterarse de lo sucedido, los Guzmán hicieron donación de todos sus bienes para ayuda de la fundación. En seguida comenzaron las tratativas con el obispo y el gobernador para obtener los permisos necesarios.

La familia Tejeda decidió hacer grandes fiestas con fuegos artificiales para celebrar la canonización de Santa Teresa de Avila, la consagración de Magdalena y el comienzo de los arreglos de la casa. Esta fue la ocasión esperada por Catalina Bernal de Mercado.

Ella y su familia habían quedado muy molestos con la intromisión paterna y aunque no conocían a Shakespeare, alguno de ellos tuvo la misma ocurrencia que Romeo: realizar un matrimonio secreto. Las baterías de Catalina se dirigieron entonces hacia Gregorio, el varón menor de los Tejeda, de tan sólo dieciocho años. El ingenuo muchacho, *"no esperando conseguir por otros medios menos lícitos, el remedio de su mal, que era su mayor daño, le dio palabra de casarse con ella."*

No costó mucho conseguir un cura que les diera la bendición ante dos testigos llevados por la familia Bernal. Pero como el novio era menor de edad, en espera del forzado consentimiento paterno, el cura, según se hacía en esos casos *"depositó a la doncella en una casa de gran virtud y recogimiento"*, mientras Gregorio, seguramente por temor a su padre, se quedaba viviendo con los Bernal.

Es de imaginar el disgusto de los Tejeda y Guzmán. Consiguieron, sin embargo, que los esponsales *"ratos y no consumados"* fueran anulados.[3] Los Bernal apelaron y sobre Gregorio cayeron multas y embargos que tuvo que pagar su padre mientras él purgaba en la cárcel.

La familia de la novia, disgustada con la afrenta sufrida con el abandono de la recién desposada, tramó vengarse de los orgullosos Tejeda. Un primo de Catalina denunció

---

[3] El testimonio de este enojoso episodio ha desaparecido del Archivo de la Audiencia de Charcas. El historiador Carlos Luque Colombres afirmaba que, seguramente, fueron los propios Tejeda quienes lo hicieron desaparecer.

falsamente a don Juan, acusándolo de haber entrado de contrabando doscientos negros esclavos para trabajar en el obraje de Soto. Hasta que se aclaró la mentira pasó por momentos difíciles y tuvo que suspender los arreglos de su casa por no poder pagar a los obreros.

Con todos estos sucesos el romance entre Ana y Luis parecía naufragar. Sin embargo, la prohibición de volver a verse aumentó en ellos la mutua pasión. Una noche Luis escaló las tapias de la casa y saltó en la oscuridad, cayendo justo en el brocal del pozo desde donde, sin detenerse a pensar en el riesgo corrido, entró por la ventana que daba al patio de tierra.

Ana lo esperaba ansiosa, y entre promesas de amor y caricias cada vez más apasionadas, una vez exhaustos, se quedaron dormidos. Los despertó una maldición seguida del fuerte golpe de un cuchillo sobre la almohada. Uno de los primos agraviados o quizás un rival de Luis, había querido herirlo o darle un susto tremendo. Luis saltó desnudo tras el cobarde. Ana gritaba de miedo. En el modesto patio bajo el emparrado, pelearon con *"brazos, dientes y garras"* a falta de armas. Otros dos aparecieron entonces, descolgándose del muro de adobe y lo hirieron con sus espadas. Podrían haberlo matado, pero los Tejeda eran demasiado poderosos. Bastaría con ese escarmiento.

Desde la ventana que daba al patio, Ana Bernal tuvo que presenciar, angustiada e impotente, la desigual pelea. Cuando años después Luis de Tejeda recordara esta escena, trataría de olvidar las heridas de su cuerpo y su amor propio, para embellecer la situación, ya de por si romántica, con las palabras que, según él, dirigió a su amada, parodiando las de un poeta español: *"Me llevo conmigo el cuerpo/ Y dejo contigo el alma."*

Pero ¿dónde ir en medio de la noche? Ya sus padres habían tenido suficientes disgustos como para aparecérseles en ese estado. Recordó entonces a su hermano Gregorio, preso en la cárcel del cabildo. Allí por lo menos estaría a salvo y lo podrían curar.

Gregorio se alegró de verlo. No se resignaba a haber pasado sus esponsales en la cárcel y seguía con la obsesión de su boda no consumada. Hijos del barroco al fin y educados entre los jesuitas, en las interminables jornadas de la prisión, para pasar el tiempo se les ocurrió hacer teatro. Luis, el poeta, empezó a escribir un drama, lamentablemente perdido, donde narraba sus propias historias. La noticia de que Ana se había enfermado a causa de las angustias vividas, aumentó su abatimiento.

Una noche en que ensayaban con un grupo de amigos esta *"comedia trágica"*, al llegar al paso en que el protagonista muestra su temor por la suerte de su amada enferma, la realidad se mezcló con la ficción: Luis se posesionó de sus sentimientos y, fuera de sí, empezó a llorar, gritar y dar con la espada contra las paredes, ante los azorados ojos de sus amigos. También la naturaleza aprovecharía ese momento para mimetizarse con el drama real: un huracanado viento de verano sacó de quicio las dos puertas de la cárcel. Con las espadas en las manos, los actores se lanzaron hacia fuera. Entre los silbidos del viento que despeinaba los árboles y la lluvia que empezaba a caer tupida, Luis creyó oír la voz de Ana que lo llamaba con angustiosa insistencia. También Gregorio decía oír la voz de Catalina. Corrieron desalados por las calles desiertas en la noche cruzada de relámpagos. Como en un sueño, de pronto se encontraron con la humilde casa de sus novias, *"abiertas entrambas puertas, de su patio y de su sala"*. Solitario se destacaba entre cuatro velas, bajo una cruz, un negro féretro. Adentro, como dormida, descansaba Ana.

Paralizado, Luis observó que llevaba puesto el hábito de san Francisco. La tela, áspera y parda, resaltaba la belleza tierna de su rostro. Gregorio, que acababa de entrar, vio también a Catalina postrada frente a la cruz. Estaba tan quieta y ensimismada, quizás dormida por el cansancio, que ni siquiera los sintió.

Respetando el silencio de la muerte, los dos hermanos se fueron de allí.

Amanecía cuando llegaron a su casa. La brisa fresca de la mañana les dio la bienvenida junto con los trinos de los pájaros. La cristalina campanita de la capilla empezó a repicar. Era un pequeño oratorio de piedra construido por los obreros indios, por encargo del dueño de casa, para venerar la estatua de santa Teresa recién llegada de España.

En la galería, don Juan de Tejeda tomaba su mate de plata labrada. Madrugaba mucho porque estaba empeñado en apurar la obra del monasterio. Vio a los muchachos pálidos y cansados y comprendió que, como al hijo pródigo, les había llegado el momento de volver.

Sin decirles una palabra los invitó a entrar en la capilla. Era tan grande el contraste de aquella paz con los terribles momentos vividos, que Gregorio, estallando en sollozos, decidió allí mismo entrar en la Orden de Santo Domingo. Y Luis, sentar cabeza.

Eso estaba esperando su padre para presentarle a Francisca de Vera y Aragón, niña riojana que unía una buena dote a sus cualidades naturales. Al poco tiempo se casó, dejando para otra ocasión el viaje a la metrópoli. La boda fue en 1624.

> *"Mientras, pues, la fundación*
> *va tomando forma y traza*
> *y para claustros y celdas*
> *se estrechan patios y salas*
> *mientras el famoso templo*
> *a toda prisa se labra."*

En estos preparativos estaban cuando don Juan de Tejeda enfermó gravemente. Era imposible pensar en mudar de casa. Entonces el piadoso criollo agrupó a toda la familia en un ala de la propiedad y en su cuarto hizo hacer una ventanita que daba a la iglesia en construcción. Desde allí podría seguir las misas y ceremonias religiosas, mientras de la galería le llegaba el intenso aroma de los limoneros en flor.

Una vez más, santa Teresa oyó el pedido de su devoto: que no le llegara la muerte sin ver la consagración de su casa como Monasterio y la entrada en él de sus dos hijas (porque Alejandra, la mayor, también había querido ser monja).

El 6 de mayo de 1628, el obispo vio las obras y habló con las profesas entre las que estaban tres primas de Luis, descendientes también de la india María y Hernán Mexía Miraval,[4] y dos niñas Suárez de Cabrera, bisnietas del fundador de Córdoba.

Como no había aún monasterios carmelitas en toda la gobernación, decidió el obispo que la hermana de don Juan, doña Leonor de Tejeda, tía de Luis y fundadora del convento de las Catalinas en 1613, pasaría a presidir durante unos años la nueva institución.

A nadie dejará de asombrar que dos hermanos, doña Leonor y don Juan de Tejeda, hubieran levantado conventos femeninos en sus propias casas. Para comprenderlos hay que tratar de adentrarse en el clima de la época: *"El temple del siglo era religioso, como el del nuestro es científico y técnico. [...] La vida religiosa en el siglo XVII era una profesión. Esto no implicaba ni descreimiento ni irreligión: la mayoría de los clérigos y las monjas eran católicos sinceros y modestos funcionarios de la Iglesia. Las mujeres tomaban*

---

[4] Esta relación ya fue tratada en el capítulo "Un amor fundacional".

los hábitos porque, ya sea por arreglos familiares, por falta de fortuna o por cualquier otra causa, no podían casarse."[5] Y la causa más común de no poder casarse era no encontrar alguien de acuerdo a su rango.

Luis cuenta muy conmovido la procesión que se realizó el 7 de mayo desde "las Catalinas" a "las Teresas", como llamarían familiarmente en Córdoba a los dos conventos de dominicas y de carmelitas. De ella participó todo el pueblo: desde las cofradías de negros e indios hasta las distintas "religiones" de franciscanos, dominicos, mercedarios y, por supuesto, religiosos de la Compañía de Jesús. No faltaban los caballeros de capa y espada, los representantes del Cabildo –alcaldes y regidores–, las señoras que arrastraban sus faldas de raso por las calles de tierra y los músicos que con el alboroto de sus trompetas, chirimías y atabales despertaban el entusiasmo del vecindario.

Desde su ventanuco enrejado, don Juan asistía conmovido a la ceremonia.

Cuando, dos meses después, el dueño de casa murió, su mujer *"cerró la puerta que correspondía a la calle y quedó toda la casa hecha monasterio".*

Convento de las Teresas. Dibujo de Juan Kronfuss

---

[5] Octavio Paz, *Las trampas de la fe*, vida de Sor Juana Inés de la Cruz.

Luis sintió que entraba en otra etapa de su vida. Tenía que mantener dignamente una familia principal. Y si en la metrópoli sólo estaban permitidas a la nobleza la carrera de las armas y de las letras, en América corrían otros vientos. El patriciado accedía al poder por varios caminos: las tierras y las encomiendas de indios, sí, pero principalmente el comercio al por mayor y los cargos en el Cabildo de la ciudad. Para vivir *"conforme a su condición"* los hidalgos americanos debieron ser pragmáticos en sus decisiones y multifacéticos en sus empresas. Si era necesario arrear ganado al Potosí o llevar esclavos negros a vender a Lima, también resultaba rentable cambiar harina por mantas tejidas por los indios del noroeste o permutar las telas de algodón de los obrajes por los aguardientes de Cuyo o los cueros y el sebo de Buenos Aires.

En San Miguel se fabricaban las mejores carretas mientras que en el Litoral nacían y se criaban las mulas que llevarían por las montañas las cargas más variadas. Para los *"beneméritos"*, como gustaban llamarse los hijos de los primeros conquistadores, era indispensable trocar los productos que servían como *"moneda de la tierra"*, por aquellos lujos que venían desde los puertos del Callao y Buenos Aires, provenientes de la metrópoli. Jubones acuchillados de raso y terciopelo, faldas de seda guarnecida con hilos de oro y plata, lo mismo que cuchillos finos o espadas de rica empuñadura, pañuelos de hilo bordados, vajilla de plata, bellas imágenes talladas, instrumentos musicales, sombreros, joyas, libros... Todo lo que venía de ese mundo tan distante en el espacio y las circunstancias, era cotizado como señal de status, de nobleza, de pertenencia. No es extraño que doña Francisca de Vera quisiera lucir sus galas entre parto y parto ni que don Luis se ocupara personalmente de que no faltaran juboncillos o basquiñas con encajes, enaguas bordadas o elegantes chapines a su prolífica descendencia. El mismo confiesa cómo se dejó tentar por el arreglo vano de su persona.

Siempre a través de sus escritos y de su testamento, sabemos que, en un matrimonio relativamente feliz , tuvo diez hijos –dos varones y ocho mujeres– y pasó de los lujos de vecino feudatario a las *"militares galas"*, cuando así se lo requirieron. En efecto, el vecino encomendero [6] tenía la obligación de *"acudir a las armas a su costa y minción"* cuando fuera necesario. Generalmente era a causa de alguna insurrección indígena, como las de los calchaquíes o los chiriguanos, pero a veces la amenaza era de piratas holandeses o ingleses que se habían visto en las costas. Tanto tardaban en llegar las noticias y las tropas requeridas en esas inmensas distancias que a veces los viajes eran más arriesgados que la propia guerra. Aún así, muchos, como nuestro protagonista, se dejaban deslumbrar por *"el tarantán sonoro/ del parche militar, y del canoro/ retintín del clarín que convocaba/ a la forzosa guerra"* y preferían a cualquier otra actividad *"el aplauso festivo y licencioso/ de cajas, de clarines y de balas"* que los llevaba a lucir corazas, penachos y espadas entre banderas y redoble de tambores.

Poco habló nuestro poeta de estos años de felicidad matrimonial, ya que su largo poema era ante todo una confesión de sus faltas y nos priva así de una pintura doméstica del siglo XVII, de la cual algo podemos imaginar. El caserón donde vivían Francisca y don Luis –salas y habitaciones que daban a patios y jardines rodeados de altas tapias de adobe– debió ser lo suficientemente grande para albergar a sus diez hijos y la pléyade de servidores indios y negros, huérfanos y agregados que componían la gran

---

[6] El encomendero o feudatario tenía bajo su responsabilidad uno o más pueblos de indios de cuyo trabajo se beneficiaba, y a quienes tenía la obligación de defender y hacer evangelizar.

familia patriarcal. De los corrales saldrían los relinchos de los caballos mezclados con los ruidos de otros animales domésticos y las risas de los hijos menores que correteaban entre ellos, siempre bajo la vigilante mirada de alguna ama negra o indígena. La madre era la encargada de enseñar a rezar a hijos y servidumbre. También les entonaba romances españoles oídos a su madre y su abuela y vigilaba que la cocinera india no agregara mucho picante a los guisos. Para las Navidades iban todos al monasterio de las Teresas, donde tenían tías, primas, abuelas. Después de la misa de gallo, cantaban villancicos acompañados de flautas y panderetas, y comían deliciosos alfeñiques, mazapanes y dulces varios hechos por las monjas con el azúcar traída de Asunción o de más allá, del remoto Brasil. En las noches templadas, sentado en el jardín perfumado de azahar, Luis tomaba su pequeña guitarra, cantaba y enseñaba a los hijos más entonados y a los negritos que demostraban gran afición por la música.

Siempre en su estilo rebuscado, Luis de Tejeda cuenta algo de estos años felices en compañía de Francisca de Vera y Aragón, a quien bautizara con el nombre poético de *Anfrisa*:

"*Algunos años viví/ fiel a las prendas amadas/ de mi esposa y de los hijos/ que largo el Cielo nos daba./ Las Circes encantadoras/ Babilonia de tus plazas/ ya no con tanta violencia/ mi inclinación arrastraban./ El canto de las sirenas/ por sus márgenes y playas/ entraban por mis oídos/ mas no llegaban al alma./ Porque el casto amor de Anfrisa/ con virtud siempre contraria/ moderaba mis afectos/ por merced de Dios y gracia.*"

Este estado de cosas duró bastante tiempo, pero... la ociosidad es madre de todos los vicios, dice el refrán. Fuera de las festividades religiosas o militares ¿en qué se entretenían los vecinos de la ciudad?

En esos años en que se daba tanta importancia a las formas, las envidias y rencores podían estallar por causas tan triviales como un lugar predominante en la iglesia o en el cabildo. Esta atmósfera era también un campo propicio para amores ilícitos. Gracias a la sinceridad de Luis de Tejeda, podemos llegar a un terreno vedado al que muy pocas veces tienen acceso los historiadores: el primer poeta criollo hizo una prolija historia de su amor adulterino por una mujer... íntima amiga de la suya y también casada. Semejantes confidencias merecen ser narradas por él mismo, aunque sea en parte, dada la extensión del asunto.

Un día su propia mujer le presentó una amiga –a quien Luis llama "Lucinda"– *de su misma edad y prendas*. Linda de cuerpo y de alma, había llegado a casarse sin dote con un hombre rico, del cual Luis era también amigo. Comenzaron así las frecuentes visitas, aumentadas por *"las licencias que ofrece/ la libertad de casadas"*.

El refranero hispanocriollo tiene buenos ejemplos de lo que puede suceder cuando *"el hombre es fuego, la mujer estopa y el diablo sopla"*. En ese caso lo mejor es interponer obstáculos: *"entre santa y santo, pared de calicanto"*. Por el contrario, Luis aprovechó una ausencia del marido para hacer una visita a su, por el momento, platónico amor. La encontró sola, bordando en su huerto. Estos jardines internos, como vimos, estaban rodeados de tapias y daban a las salas y habitaciones. Conversaron hasta que se hizo de noche. Cuando quisieron entrar, encontraron inexplicablemente todas las puertas cerradas. Nadie acudió a sus llamados, (cosa también muy extraña, dada la servidumbre siempre numerosa) por lo que tuvieron que acomodarse bajo un árbol para pasar la noche... con las consecuencias esperadas.[7]

---

[7] En su obra el poeta acusa a una hermana de "Lucinda" de haber causado esta "conspiración" por envidia, para tentar contra su fama.

La siguiente entrevista transcurrió en casa de una prima de su amante. Agitada, ésta le contó que había hablado con su confesor y le había prometido dejar de verlo, algo por demás difícil en la pequeña ciudad. La historia se complicó con la aparición de otra pareja de amantes amigos de ambos, "Florencio" y "Lizarda", que era muy celada por su marido.

Como todas las casas, también la de la prima de "Lucinda", especie de Celestina criolla, tenía una huerta y allí se reunían las dos parejas adúlteras para sus escarceos amorosos. El marido de Lizarda, sospechando que el culpable de su deshonra fuera el incorregible Tejeda, decidió presentarse de improviso en casa de la Celestina.

Mientras la otra pareja descansaba al sol, Tejeda y su amada habían preferido sentarse entre las ramas de un gran árbol. Desde allí contemplaron con horror cómo el marido engañado *"precipitado y celoso/ salvó la cerca y muralla/ y se arrojó hasta la huerta/ donde entre unas verdes parras/ durmiendo en cama de campo/ su propia deshonra estaba. Y con el golpe mortal/ de una violenta estocada/ sin dividir el castigo/ vengó traiciones entrambas."*

Ver tan de cerca el sangriento cuadro que pudieron haber protagonizado, sirvió a los amantes más que las prédicas del confesor. Con el firme propósito de no volver a verse, la aterrorizada joven partió a su hogar oculta tras las cortinillas de una silla de mano llevada por esclavos negros. [8]

A Luis, en cambio, poco le duró la contrición. Ni el comercio de sus obrajes ni sus importantes cargos en el cabildo de la ciudad, podían hacerlo olvidar esos amores

---

[8] Pertenecía con seguridad a la familia Tejeda, pues era un lujo que pocos podían permitirse.

que, justamente por lo prohibidos, resultaban más atractivos. No podía fijar la mente en nada: allí estaban siempre frente a él el pelo lacio y castaño, la piel dorada, la risa suave, el andar gracioso de la amiga de su mujer.

No había en Córdoba, ni lo habría por mucho tiempo en ninguna ciudad del Tucumán ni del Río de la Plata, ningún lugar público y decente donde poder encontrarse: ni teatro, ni toros, ni bailes. Exclusivamente la gente rústica (mestizos, mulatos, blancos pobres, indios y negros) se reunía a hacer música y a bailar. Si no era en las casas particulares, sólo en las iglesias era posible ver "señoras". Y en Córdoba había muchas iglesias: Santo Domingo, San Francisco, La Merced, la iglesia de la Compañía, la de las monjas Teresas y la de las Catalinas, sin contar la capilla del hospital de San Roque y algunas ermitas.

El primer día de Cuaresma, miércoles de Ceniza, una vez finalizado el Carnaval, nuestro poeta empezó su recorrida de templo en templo. Una emoción eléctrica le corrió por el cuerpo cuando la descubrió, por fin, en San Francisco ¡pero qué transformada estaba! Vestida con sencillez, volvía de recibir en la frente la cruz de cenizas. Aún impresionada por las palabras sacerdotales *"polvo eres y al polvo volverás"*, levantó los ojos y lo vio de rodillas, cerca de ella. Los dos se turbaron y ella apartó la mirada. En ese mismo instante él creyó sentir en su oído una tenue voz que decía: *"Con la muerte de uno de ambos/ parará historia tan larga"*. Recién entonces se percató de que estaba arrodillado justamente sobre una sepultura que no tenía más de dos semanas: yacía allí el confesor de su amada.

Muchos años después, al recordar estos momentos desde la tranquila monotonía de su celda, Luis de Tejeda aún se estremecía. Pero lo que más lo admiraba era su falta de contrición, digna del don Juan de Tirso de Molina, que no quería arrepentirse ni aun ante el pedido de la estatua de piedra del padre de su amada. Igual de irreductible había sido él. A tono con el dicho de la época, todo estaba en *"pecar, confesarse y volver a empezar"*.

> *"Los sermones continuados*
> *de aquella cuaresma santa*
> *si entraban por un oído*
> *por el otro se pasaban*
> *quedando en su oscuro centro*
> *más ardiente aquella llama."*

"Lucinda", en cambio, había llegado a tal tensión entre su amor y sus remordimientos que dejó de ir a la iglesia para no verlo más. La culpa y el temor la hicieron enfermar, nada extraño en una naturaleza sensible, exaltada entre su propio deseo y el temor al Infierno y la condena eterna.

Despechado, Luis volvió a sus antiguas diversiones, cautivando a las mestizas, criollas y mulatas con sus palabras cameleras y sus trajes galanos. Siempre llevaba con él aquella pequeña guitarra llamada "discantillo", con la que alegraba su paz doméstica, sus aventuras o, en tiempos devotos cantaba loas a la Virgen María, a la manera del arcipreste de Hita.

Un día, ya pasada la Pascua, llegó su mujer llorando: su amiga había muerto, consumida de melancolía y de alguna misteriosa enfermedad. Luis tuvo que asistir al entierro *"con sola el alma enlutada"*, ya que ni siquiera podía expresar su dolor. Como otro Francisco de Borja frente al cadáver de su emperatriz:

> *"contemplando iba en su cuerpo*
> *que yo con otros llevaba*
> *cuanto aja un soplo mortal*
> *la flor más fresca y bizarra."*

Esta vez el golpe había sido muy fuerte. El castigo había llegado y Luis creía merecerlo. Después del entierro montó en su caballo y salió sin rumbo fijo. Ante sus ojos desfilaba su vida vana, siempre corriendo tras un ideal inalcanzable. En un recodo del río, paró a descansar bajo un sauce y lloró largo rato.

Hasta la muerte de doña Francisca de Vera y Aragón, ocurrida en 1661, Luis de Tejeda, siempre dedicado a los libros, a su familia y a la administración de sus campos y obrajes, tuvo varios cargos en el Cabildo –procurador general, alcalde de primer voto, etc.–. Se ocupó también del progreso de su ciudad natal con la construcción de diques de cal y canto para la irrigación y provisión de agua. En el ámbito familiar, pudo asistir al casamiento de ocho de sus hijos y a la entrada de dos hijas a los conventos familiares de Teresas y Catalinas. Pero ni los años ni los nietos lograron frenar el carácter explosivo que siempre lo caracterizara.

El mismo año de la muerte de su mujer, el gobernador Mercado y Villacorta había pedido refuerzos a todos lo vecinos del Tucumán para dar fin a las interminables guerras calchaquíes. Los valientes e indómitos habitantes de los valles no habían aceptado jamás el dominio español y cada tanto, con la aparición de algún caudillo, volvían a sublevarse. Don Luis, como capitán de guerra, convocó a las milicias de vecinos. Pero los hijos y nietos de aquellos fundadores ya no participaban de la mentalidad belicosa de sus abuelos. Los indígenas sublevados vivían, además, muy lejos de sus estancias. Unos porque valoraban la paz y prosperidad a que habían llegado con esfuerzo, otros por comodidad y otros simplemente por llevar la contra al orgulloso Tejeda, se negaron a *presentarse en la plaza con sus arreos y provisiones de guerra"*, rechazando su obligación de vecinos feudatarios. Sin pensarlo dos veces, Tejeda ordenó allanamientos, cepos y prisiones y escribió una larga carta al gobernador. Esto le valdría la persecución y confiscación de todos sus bienes, ordenada por la Audiencia de La Plata a pedido de sus enemigos. Perseguido por la Justicia real, vivió un tiempo como fugitivo en sus campos de Saldán y en 1663 tomó el hábito de novicio en el convento de Santo Domingo. Allí se dedicó a escribir sus *Coronas líricas* en honor de la Virgen María, matizadas por las hazañas de su propia vida. Allí cantaría con su discantillo, los versos inventados por él, visitaría a sus hermanas e hijas en sus casas y conventos y seguiría recorriendo la vieja Córdoba que no representaba ya una Babilonia, sino una aldea querible y soleada en la que convivían dignos funcionarios de capa y golilla con pícaros serranos de tonada cantarina, religiosos de hábitos y tonsura, matronas vestidas de seda, bellas muchachas a las que saludaba con un cómplice guiño, bandadas de niños de piel dorada o morena oscura y ojitos de almendra que le recordaban su propia infancia. Había llegado el momento de la paz. Y si bien sus versos muestran un gran arrepentimiento, el hecho de habernos dejado conocer todos esos sabrosos detalles implica que no renegaba de su vida aventurera de soldado, poeta, músico y amante. Vivió con intensidad cada etapa de su vida y se entregó confiado a su Creador un día de septiembre de 1680. En la casa donde nació, entre patios, claustros y jardines impregnados de luz y de paz, las religiosas conservan hoy, como joya principal, junto a la primitiva estatua de Santa Teresa, el manuscrito de don Luis de Tejeda, auténtico don Juan criollo y testigo privilegiado de la Córdoba del siglo XVII.

La decisión de casarse por amor

Mariquita Sánchez y Martín Thompson

El siglo XVIII, autotitulado *"siglo de las luces y de la razón"* no llegó, sin embargo, a iluminar las conciencias sobre la necesidad de iguales derechos en el hombre y la mujer. Muy por el contrario, el aumento del absolutismo monárquico, unido al florecimiento económico que se dio tanto en España y el resto de Europa, como en América, fue paralelo al aumento de la autoridad del padre sobre los hijos y del marido sobre la mujer. El poder paterno se identificó con el monárquico y el monarca –ascendido por el regalismo a una especie de "paternidad universal" en su carácter de "virrey" de Dios– vio con buen semblante este aumento de autoridad paterna, por lo que recriminaba a la Iglesia su posición tradicional de respetar la voluntad individual en la elección matrimonial de los hijos. Al respecto, Carlos III legitimó la intransigencia de los padres en la Pragmática Sanción de 1780 que exigía a los hijos hasta los veintiséis años y a las hijas hasta los veinticinco, solicitar el consentimiento paterno para casarse, so pérdida del derecho hereditario.

La Pragmática contradecía la esencia del sacramento del matrimonio, según el cual los propios cónyuges son los ministros, es decir, los responsables de formalizar su unión ante Dios y la sociedad.

Con esta disposición se quería evitar los casamientos desiguales en fortuna o condición social. El amor ya no sería considerado un requisito indispensable para la unión conyugal. Tampoco el honor, que tanta importancia había tenido para obligar a los olvidadizos a cumplir su palabra de matrimonio. Una combinación de factores socioeconómicos y psicológicos llevaría a la sociedad a recortar algunos privilegios que tenían las mujeres en siglos anteriores, en cuanto a su derecho a defender su honor y elegir marido.[1]

En la América hispana, la gran escala de variaciones cromáticas que existía fue motivo de que se pusiera énfasis en la prohibición de matrimonios con la *"gente de castas"*, como decían a los que tenían rasgos africanos, aunque el utilitarismo reinante pusiera también sobre el tapete la cuestión económica. Los padres, generalmente apoyados por el poder civil, intentaban impedir matrimonios desiguales en fortuna o en raza. Esta actitud paterna, típica aunque no exclusiva del siglo XVIII, se va a enfrentar al espíritu libertario de fines del setecientos, signado por la proclama de los Derechos del Hombre, la emancipación y constitución de los Estados Unidos y la revolución francesa. Se había llegado a estas instancias luego de una previa revolución de las ideas que comenzó en Europa y repercutió notoriamente en las dos Américas. Los grandes pensadores reivindicaron la libertad como don supremo del hombre, la razón como principal camino para llegar a

---

[1] Recordemos, por ejemplo, la anécdota real, narrada en versos por Espronceda en "A buen juez mejor testigo" donde doña Inés acusa al capitán Diego Martínez de no haber cumplido su palabra de matrimonio y, al no tener testigos, apela al mismo Cristo de la Vega. O, como se vio en páginas anteriores, la gran indemnización que tuvieron que pagar los Tejeda en el siglo XVII por haber declarado nulo el casamiento de Gregorio con Catalina Bernal de Mercado.

la Verdad, y el progreso como el mejor instrumento para lograr la felicidad de los pueblos. Gaspar de Jovellanos [2] vio claro este cambio de una actitud conservadora, que valoraba la honra sobre todas las cosas, a otra utilitaria con preponderancia de lo económico. *"La grandeza de las naciones* –afirmaba en *"Informe sobre el libre ejercicio de las artes"*– *ya no se apoyará como en otro tiempo, en el esplendor de sus triunfos, en el espíritu marcial de sus hijos, en la extensión de sus límites ni en el crédito de su gloria, su probidad o su sabiduría. [...] Todo eso ya es diferente en el actual sistema de la Europa. El comercio, la industria y la opulencia que nace de entrambos, son y probablemente serán por largo tiempo los únicos apoyos a la preponderancia de un Estado."*

Después de viajar por España el padre Feijóo, otro propagador de la nueva mentalidad, señalaba los remedios necesarios para curar la decadencia de su patria: estimular el comercio y el trabajo manual –que una mentalidad volcada a los gustos de la aristocracia consideraba poco honroso–, cultivar las ciencias físicas y naturales para lograr el progreso como en otros países, reformar la enseñanza fomentando los estudios prácticos de artes y oficios, ayudar a los agricultores, etc. Estas ideas, revolucionarias para una sociedad regida por la tradición y el espíritu conservador –con todo lo positivo y negativo que esto implica– llegarían a un pequeño grupo de americanos "ilustrados" que verían en ellas el germen de la independencia. Desde el Consulado de Buenos Aires, en 1794, el joven Manuel Belgrano trataría de hacerlas realidad.

---

[2] Escritor y pensador español del siglo XVIII, ministro "ilustrado" de Carlos III.

Mariquita Sánchez nació el 1º de noviembre de 1786, punto de inflexión entre el Antiguo Régimen conservador y las nuevas ideas libertarias. Sus padres, Cecilio Sánchez de Velazco, un andaluz de Granada, y su madre, Magdalena Trillo, hija de español y criolla, eran arquetipos de la hispanoamérica colonial y conservadora: celosos de las prerrogativas alcanzadas por su estamento social y guardianes del orden patriarcal y establecido. Doña Magdalena había enviudado de un rico comerciante, Manuel del Arco, y se había podido dar el gusto de elegir el mejor marido según las pautas porteñas del momento: español, honrado y comerciante, que supo administrar y aumentar su fortuna. *"Vino, marido y bretaña... de España"*, era un dicho de la burguesía porteña de entonces. Siguiendo estas reglas, el matrimonio se apresuró a elegir un consorte para su hija en cuanto ella pisó el umbral de la adolescencia. Pero Mariquita estaba en el bando opuesto: *el de las libertades a conquistar.* Y la primera conquista sería poder decidir con quién iba a compartir su vida, en las buenas y en las malas. Ingrediente imprescindible para el matrimonio era el amor; y ella ya había elegido a quien amar.

Mariquita era una andaluza acriollada de rostro suave, enmarcado por rulos castaño oscuro, con ojos negros de inteligente mirar. Tenía apenas catorce años cuando sus padres le presentaron a un sobrino de su mujer, Diego del Arco, español y comerciante, mucho mayor que ella. A pesar de sus pocos años, Mariquita era muy decidida y despierta. En la biblioteca de don Cecilio había algunos libros que ella había devorado después de ir a la rudimentaria escuela para niños y niñas dirigida por Francisca López. En su recuerdo quedaría grabada la humilde casa que describirá en su vejez: *"Niñas desde cinco años y niños varones hasta quince, separados en dos salas; cada uno llevaba de su casa una silla de paja muy ordinaria, hechas*

*en el país, de sauce, el tintero, un pocillo, una mesa muy
tosca donde escribían los varones primero y después las niñas
[...] Había una mesita con un nicho de la Virgen donde se
decía el bendito a la entrada y a la salida. Este era todo el
adorno de la sala, y en un rincón, la cama de la maestra
[...] todo lo que se enseñaba era leer y escribir y las cuatro
primeras reglas de la aritmética, y a las mujeres, coser y
marcar. [...] Había algunos pardos que enseñaban música
y piano, éste era el solo adorno para las niñas..."*

Su casa, situada en la calle San José –después del Empedrado y luego Florida– era una de las más elegantes de
Buenos Aires. La familia alternaba esta casona con la
quinta Los Olivos, en el barrio de la Recoleta y los veranos
con la chacra de San Isidro, sobre la barranca frente al
río, en el mirador llamado de los Tres Ombúes. En cualquiera de estos lugares, así como en otras casas de familia,
Mariquita había frecuentado desde su infancia a su primo
segundo Martín Jacobo Thompson, nueve años mayor
que ella, hijo del comerciante inglés Guillermo Thompson
y de la criolla Tiburcia López Escribano y Cárdenas, prima
de Magdalena Trillo.

Al morir su padre, Martín había quedado práctica-
mente huérfano ya que, cosa difícil de entender aun en
esa época, su madre había entrado en el convento de ca-
puchinas de Buenos Aires, dejando al muchachito de
apenas diez años al cuidado de su padrino y tutor, Martín
José de Altolaguirre. Este hombre era un personaje de
prestigio por su fortuna y sus conocimientos de agricultura en una sociedad que vivía del comercio y la ganadería.
Poseía una importante chacra cerca del convento de los
Recoletos, donde ponía en práctica sus ideas fisiocráticas
y, con seguridad, él y su ahijado Martín frecuentarían a
sus vecinos Sánchez de Velazco y a su encantadora hija.
¿Habrá sido allí, en los primeros años de su adolescencia

o aún de su niñez, que el corazón de Mariquita empezó a acelerarse cuando lo veía? Martín era un hombre muy atractivo y con algo muy especial: ojos azules, un tanto tristones, pelo rubio, rostro fino y aniñado. Era bastante romántico como lo demuestra su decisión de pertenecer a la Marina Real en lugar de ser funcionario o agricultor como su padrino. Estas características debieron haber deslumbrado a una niña de once o doce años, sensible e inteligente como Mariquita. Su triste historia de semi abandonado por su madre que, vaya a saber por qué ocultos resortes psíquicos, no había querido volver a verlo, aumentarían su cariño y el deseo de ayudarlo. El, por su lado, no podría menos que sentirse atraído por esta niña-mujer, aplomada y seductora, de la cual podría afirmarse que había inspirado a los hermanos Robertson cuando escribieron sobre las porteñas bellas y despiertas, que *"se jactan de ser muy encantadoras y tienen tan buen sentido, penetración y viveza"*.

Martín Thompson había estudiado en el Colegio San Carlos, ex San Ignacio, que había pertenecido a los jesuitas hasta su expulsión [3]. De allí había partido a España para seguir sus estudios de guardiamarina en El Ferrol. Una vez egresado, en 1801, en lugar de quedarse viajando por Europa como correspondía a un joven ilustrado, volvió en seguida a Buenos Aires. Mariquita le había escrito que querían casarla con otro, que ella le permanecería siempre fiel pero que era necesaria su presencia.

Mientras tanto, sin hacer caso de sus protestas, los padres seguían con los trámites para la boda.

Pero Mariquita no estaba sola: su confesor, Fray Cayetano Rodríguez, culto sacerdote franciscano, debió

---

[3] Hoy Colegio Nacional Buenos Aires.

aconsejarle los pasos a dar. Seguramente le recordaría Fray Cayetano las palabras del obispo Azamor, a quien ella conociera de niña: *"El matrimonio empieza por amor, por amor continúa y por amor acaba. Todos los bienes vienen por amor o son frutos del amor. Este "placuit" es la raíz de la vida conyugal y quien sostiene la mutua sociedad de los consortes y afianza su duración entre tanta variedad de acontecimientos y entre tantas ocasiones de disensión y desvío [...]"*.

Poco antes de la ceremonia de esponsales, previa a la boda, un funcionario eclesiástico se presentó en lo de Sánchez de Velazco para *"explorar la voluntad de la novia"*, pues el casamiento no podría realizarse sin su consentimiento. Aunque no quedan documentos de esta confrontación, sí los hay de situaciones semejantes, pues no fue el de Mariquita un caso aislado pero sí el más resonante por su posición social y su personalidad.

Un hecho ocurrido en Santa Fe en 1718, muestra cómo debió ser el procedimiento que se siguió con Mariquita para probar su consentimiento a los esponsales: es el testimonio de un sacerdote que acudió por la noche a la casa donde se celebraba la boda *"con doce o catorce hombres, todos de buena disposición y reputación [...] hallando la casa dispuesta y aseada para el caso"*. Pidió permiso para entrar en la habitación de la niña. No estaba sola, la acompañaban su madre, su tía y madrina, *"una mestiza de razón, llamada Elvira, y una parda de toda razón llamada María Rosa"*. El sacerdote llamó a la novia a una esquina del cuarto y le pidió que hiciera juramento de que *"se casaba por su gusto con aquel hombre sin que para ello interviniesen miedo ni ruego [...]"*.[4]

---

[4] Raul Molina: *Historia de los divorcios en el período hispánico*, Bs.As. 1993.

Mariquita debió vivir una experiencia semejante, y al ser interrogada, contestó que querían desposarla contra su voluntad. Todo Buenos Aires habló de la rebelde y de la decisión de sus padres, lógica para la época, de encerrarla por un tiempo en la Casa de Ejercicios Espirituales. Pero ni ruegos ni amenazas consiguieron hacerla cambiar de opinión. Por el contrario, el amor de los jóvenes se reforzó frente a la injusta imposición. Los obstáculos que debieron superar fueron de todo tipo: a la oposición paterna se unía el hecho de que eran primos y debían pedir una dispensa especial para casarse (ellos habían creído que esa circunstancia iba a agradar a sus padres, que conocían bien al joven marino). A esto se sumó la distancia que los separaba, ya que las influencias de don Cecilio lograron que Martín fuera trasladado a Montevideo y luego a Cádiz. Nada le valió, sin embargo el esfuerzo. Su hija era tanto o más tesonera que él. De los catorce a los diecisiete años defendió su amor y sus derechos sin que la muerte de su padre, en 1802, la hiciera cambiar de opinión.

Para entonces la pareja tenía a su favor la nueva Pragmática sanción, de 1803, que daba autorización al virrey para permitir o no los casamientos impedidos por los padres.

Algunos párrafos del juicio de disenso de los jóvenes, permiten hacer una especie de raconto de esta historia de perseverancia en el amor: *"Me parece oportuno hacer una reflexión que conducirá a V.S. a informarse y conocer el grado de pasión en que se hallaban los suplicantes. Dos meses escasos visitó el referido Thompson la casa de la suplicante, y sufrida la repulsa de su declaración, no le pareció decoroso continuarla."* [5]

---

[5] Párrafos de la dispensa y del juicio de disenso iniciado por Martín Thompson a Magdalena Trillo en 1804, así como la respuesta de ésta, citados por María Sáenz Quesada en su biografía de Mariquita Sánchez.

A esto siguió la segunda partida para Cádiz y la ausencia sostenida por cartas que, lamentablemente, se han perdido. Luego vino el pedido de autorización de Martín, en 1803, para volver a Buenos Aires con el pretexto de recibir la herencia de su padre, y su inmediato viaje en el primer barco que pudo encontrar. *"Esta reflexión dará a usted, el provisor eclesiástico, fundado fundamento para mil consideraciones que no podrán menos de hacer entender V.S. que han el uno para el otro nacido."*

Durante 1804 el tesonero enamorado se instaló en Montevideo, desde donde preparó el juicio a su futura suegra, iniciado el 8 de julio de ese año. Replicó ella aferrándose a la idea de que si su marido lo había rechazado en vida como yerno, tendría sus razones, más aún siendo el joven *"pariente bastante inmediato, sin las calidades que se requieren para la dirección y gobierno de mi casa de comercio, por no habérsele dado esta enseñanza y oponerse a su profesión militar"*.

Martín optó por recurrir al virrey, tal como indicaba la Real Pragmática y Mariquita añadió lo suyo en un verdadero alegato. *"Ya me ha llegado el caso de haber apurado todos los medios de dulzura que el amor y la moderación me han sugerido por espacio de tres años largos, para que mi Madre, cuando no su aprobación, a lo menos su consentimiento me concediese para la realización de mis honestos y justos deseos, pero todos han sido infructuosos pues cada día está más inflexible. Así me es preciso defender mis derechos"*. Añadía que estaba decidida a casarse con su primo *"por que mi amor, mi salvación y mi reputación así lo desean"*. Y sugería al virrey la medida a tomar, la misma que en el siglo XVI había pedido Juan de Garay en Potosí para la hija mestiza de Juan Ortiz de Zárate en situación semejante: que se la "depositara" en casa de una familia honesta *"para que quede más en libertad y mi primo pueda dar todos los pasos competentes para el efecto"*. Prevenía también que no se le tuviera en cuenta si llegaba a desdecirse afectada por las lágrimas o ruegos de su madre, y que no tomaran como suyo ningún papel que no fuera por manos de Martín. Su despierta inteligencia de diecisiete años no dejaba nada al azar.

Doña Magdalena no le iba en zaga en determinación. Sin amilanarse contestó a Domingo Basavilbaso, escribano mayor del virrey, que ella se oponía a la boda porque los Thompson pertenecían a un estrato social más bajo que el suyo (seguramente por el abuelo inglés), que su hija era una *"joven incauta e inexperta"*, que se había dejado envolver por alguien interesado en utilizar su dinero en diversiones y que nada quedaría para sus nietos. Su mentalidad, típicamente dieciochesca por lo pragmática, racional y absolutista, reniega de *"el engañoso lenguaje de las pasiones"* y hasta llega a anteponer el interés al honor, fundamental en el siglo anterior, afirmando que *"aunque haya esponsales contraídos y se haya seguido el desfloro de la virgen"* no se debe consentir un matrimonio que los padres no aceptan. Vemos en estas palabras el comienzo del proceso que llevó a considerar a la mujer culpable en vez de víctima del hombre, en una relación prematrimonial.

De inmediato contestó Martín Thompson, protestando indignado la acusación de que hubiera habido "artificio o seducción alguna", ya que habían pasado tres largos años desde que se prometieron amor y fidelidad y que Mariquita, después de un retiro espiritual de nueve días en la Casa de Ejercicios, había quedado más convencida que antes de que debía realizar ese casamiento. Recordando quizás, que una vez concretado el matrimonio tendrían que convivir con doña Magdalena en la gran casona de la calle San José, Thompson aliviaba el tono para prometerle que en ellos encontraría hijos que *"por su respeto, moderación, sumisión y buen porte harían algún día las delicias de su casa".* En esto no se equivocó.

A trece días de iniciado el juicio, el virrey Sobremonte daba la razón a los novios; y casi un año después, el 29 de junio de 1805, Mariquita Sánchez, en la iglesia de la Merced adornada con flores y luces, daba un "sí" radiante a Martín Jacobo Thompson, alférez de la Real Armada. Ante Fray Cayetano Rodríguez, ante los hombres y ante Dios, prometían *"amarse y respetarse para toda la vida, en la salud y en la enfermedad, en la pobreza y la prosperidad, hasta que la muerte nos separe."*

Primer plano de Mariquita Sánchez.

Dibujo a lápiz de autor anónimo de Martín Thompson. (Colección JR de Lezica)

Quizás este amor debiera terminar así, con la felicidad de los cuentos de hadas. Pero como la historia es vida y no ficción, a los momentos felices suceden los amargos y viceversa. O más bien, la realidad entreteje los hilos de oro con los del cáñamo amargo y el protagonista, que ve el revés de ese tejido, no entiende, no puede entender...

Martín y Mariquita tuvieron años muy felices. Juntos colaboraron activamente en el nacimiento de la patria mientras iban llegando los hijos: Clementina en 1807, Juan en 1809, Magdalena en 1811, Florencia en el 12 y Albina en el 15. Las reuniones en lo de Thompson eran muy concurridas. La dueña de casa tocaba muy bien el arpa y siempre había alguien dispuesto a tocar en el piano un minué, un vals o una contradanza, para que las damas bailaran *"con una graciosa compostura y suelta elegancia, mucho mejores que las inglesas,"* según palabras de los Robertson, en 1807.

En octubre de 1805, pocos meses después de la boda, la batalla de Trafalgar iba a cambiar el escenario político internacional, dando a los ingleses el dominio de los mares. Thompson era justamente el encargado de vigilar la boca del Río de la Plata con el cargo de capitán del puerto. Una tarde de agosto de 1806 avistó unas velas que parecían de naves de guerra inglesas. Mandó urgente recado al virrey que, como se sabe, estaba viendo *El sí de las niñas* –cuyo argumento era extrañamente parecido a la historia de la criolla rebelde– en la Casa de Comedias. El asombro ganó la ciudad. Mariquita lo recordaría, más de cincuenta años después: *"¡Qué noche! ¡Cómo pintar la situación de este virrey, a quien se acrimina toda esa confusión y demasiado se hizo en sacar y salvar los caudales! Mucho se ha escrito sobre esto, yo sólo diré algo: todas las personas encargadas por el virrey esa noche de defender la ciudad estaban tan sorprendidas de la situación y de la imposibilidad de salvar al país, que esto no se puede explicar bastante."* La criolla no cargaba todas las culpas en el atribulado virrey. La invasión tomó a todos tan de sorpresa

que ni siquiera sabían cómo redactar una capitulación y
–dato de Mariquita– copiaron la rendición de Pensacola,
en Florida, publicada en un periódico español. Tanto se
había predicado contra "los herejes", que algunas personas del pueblo trataban de verles el rabo o las pezuñas de
demonios a estos elegantes soldados que entraban por la
calle de San Francisco al son de las gaitas escocesas.

La descripción que hacía Mariquita del ejército británico suena un tanto frívola, pero esa fue la impresión
que causó, sobre todo en las mujeres, ver algo tan distinto a lo acostumbrado, como los escoceses, por ejemplo:
*"el uniforme más poético, botines de cintas punzó cruza-
das, una parte de la pierna desnuda, una pollerita corta
[...] este lindo uniforme sobre la más bella juventud, sobre
caras de nieve, la limpieza de estas tropas admirables [...]".*
El conjunto formaba un gran contraste con la guarnición lo-
cal, formada por criollos, mestizos y mulatos *"todos rotos,
en caballos sucios, mal cuidados, todo lo más miserable y más
feo, con unos sombreritos chiquitos encima de un pañuelo
atados a la cabeza [...]".* Aunque más adelante agregaba:
*"[...] pero llegó el día de la reconquista y este pueblo cambió
de tal modo su actitud que debieron bien sorprenderse".*

La lúcida muchacha de diecinueve años era capaz de
hacer reflexiones más profundas y comprender la poderosa influencia que la reconquista y la defensa tuvieron
en la revolución de mayo y la declaración de la independencia. *"¡Esta fue una gran lección para este pueblo, fue
la luz! ¡Cuántas cosas había visto y aprendido en tan corto
tiempo! Vino la segunda lección y fue mayor el adelanto.
Ya este pueblo conoció lo que podía hacer por sí mismo."*

Entre los varios grupos políticos que se fueron formando luego de las frustradas invasiones inglesas, los
Thompson junto a Belgrano, Castelli, los Rodríguez Peña y otros, eran partidarios de buscar un camino hacia la

independencia. Martín participaba en la Sociedad de los Siete, artífice de los sucesos de mayo de 1810. Pero no sólo se ocupaban de política. *"Los Thompson se divertían mucho. Fueron los primeros en atar caballos a su coche en lugar de las sufridas mulas, para pasear de su casa al Retiro, donde semana a semana se corrían toros. El primer cochero de pescante y con caballos fue el de Mariquita Thompson"* [6] y su sala fue la primera un lucir una chimenea de leños. Fue también allí que se bailó la primera cuadrilla en honor al general Belgrano y su victoria en Tucumán. Sesenta parejas se deslizaron cómodamente por el salón más grande que había en la ciudad.

El matrimonio había vivido con inquietud y esperanza los días de mayo y seguía de cerca todos los acontecimientos. Con sus propias manos hizo Mariquita las escarapelas, esta vez sí, blancas y celestes, que iban a usar los soldados del ejército del Norte. Eran famosas sus tertulias donde se hacía música mientras la conversación alternaba temas de actualidad y política en un ambiente culto y refinado. En una de ellas, en 1813, Vicente López dio a conocer su composición "Oíd mortales el grito sagrado", con música de Blas Parera, que luego fue elegido como Himno Nacional Argentino.

Esta vida de felicidad doméstica y exaltación patriótica iba a llegar a su fin en 1816 con la partida de Thompson a los Estados Unidos, encargado de una misión especial por el Directorio de Buenos Aires. La situación política había cambiado y la revolución americana parecía sucumbir ante los triunfos de los realistas en casi todo el continente. Urgía que otros países reconocieran la legitimidad de las emancipaciones de las colonias de España en vísperas de declarar la independencia. Martín, de treinta y nueve

---

[6] María Sáenz Quesada, Op. cit.

años, no se sentía muy bien al partir, pero pensó que sería por la perspectiva de la larga separación. Iba acompañado de un ayudante, Joaquín, a quien Mariquita llenó de encargos y recomendaciones. Una vez en Washington empeoró su mal sin que él pudiera detectarlo: era algo muy sutil que confundía su mente y le provocaba extraños comportamientos. ¿Algo genético heredado de su madre? Nadie podría saberlo. No había en aquellos tiempos conocimiento ni comprensión alguna por las enfermedades mentales. Pasar de "excéntrico", "neurasténico" o "melancólico" a loco o demente era cosa común. Si aún hoy se cierran las puertas al "distinto", aquella sociedad lo temía y por lo tanto lo excluía y maltrataba.

Al enterarse Mariquita del creciente mal de su marido supo que toda felicidad tenía su fin. Nada podía hacer a tanta distancia más que escribir al ayudante dándole instrucciones y mandándole dinero para que lo trajera sin tardanza. Una carta del 26 de mayo de 1819, dirigida a Joaquín, muestra el dolor y la impotencia de Mariquita al no poder estar junto a su marido para cuidarlo. *"No quiero cansarte con la relación de lo que me han hecho sentir y llorar tus cartas. Como espero verte pronto, hablaremos de eso. Te encargo comprar para el viaje todo lo que sea preciso para que Martín sea bien cuidado. Quiero decirte café, azúcar, algunos bizcochos, dulce, algunas cosas que tú le puedas servir sin atenerte a lo que darán en el buque, porque los buques mercantes no son como los de guerra donde se come bien y en abundancia. Así, trae lo que puedas para que lo tome a la hora que quiera sin tener que andar pidiendo. Te encargo mucho también que le hagas hacer una levita de paño bueno y un fraque, dos docenas de camisas para que lo mudes muy a menudo, corbatas, pantalones y todo lo demás. Cuidado que no lo traigas vestido como loco sino como yo lo vestía cuando estaba aquí bueno. En nada, Joaquín, quiero que lo trates como loco sino como mi marido. Arregla todo lo demás de suerte que puedas traerlo. Mi apoderado te dará el dinero que necesites para todo. Toma uno o dos hombres si fuera preciso, para que te ayuden. Cuidado Joaquín que no permitas que nadie lo trate mal ni lo insulte. Si supiera que alguien tiene el atrevimiento de tocarle tendría bastante valor para matarlo. Cuídalo mucho, buen Joaquín, que yo te lo recompensaré. Te encargo también le hagas componer el pelo. Hazle hacer una peluca que siempre le abrigará más que un gorro y es más decente."* Junto con esta expresiva carta mandaba Mariquita 500 libras para los gastos que fueran necesarios. Más no podía hacer.

Los hechos demostraron que sus temores no eran fallidos: mal alimentado y quizás deprimido, Martín Thompson no llegó a las costas de Buenos Aires. El 23 de octubre de 1819, después de una sencilla ceremonia en alta mar, sus restos fueron arrojados al agua desde una planchada mientras la bandera permanecía a media asta y los demás pasajeros se persignaban con respeto. Era lo usual en esos casos.

Muchos años más vivió Mariquita. Se volvió a casar con el cónsul francés Mendeville y tuvo con él tres hijos. El se volvió a Francia y aunque se carteaban con frecuencia, no manifestaban deseos de volver a convivir. Mariquita supo ganarse el respeto y el afecto de sus contemporáneos, y aunque en su larga vida debió tener muchos buenos momentos, en 1860 confesaría: *"El año 1819 hice un pacto con el dolor, y éste fiel compañero no me ha dejado ni en el sueño. Mi vida es llorar [...] donde va mi sangre, va el infortunio".* Le quedarían todavía seis años más para ir a reunirse, el 23 de octubre de 1868, con el primer y gran amor de su vida, por el que fue capaz de desafiar los cerrados códigos de su época.

Amor y revolución

Mariano Moreno y
María Guadalupe Cuenca

Una de las más patéticas historias de amor argentinas es la que le tocó protagonizar a María Guadalupe Cuenca, casada en plena adolescencia con Mariano Moreno, que entonces tenía unos veintidós años.

Se conocieron en Chuquisaca, *"la ciudad más hermosa y bien plantada de todo el virreinato"*, según sus contemporáneos; la ciudad de las leyes, las sublevaciones y los tres nombres: Charcas, por la Real Audiencia y la Universidad, La Plata, por ser sede del arzobispado, y Chuquisaca, antiguo nombre indígena que revelaba la importancia del mundo indio y mestizo que la habitaba junto a la elite hispanocriolla.

Era una ciudad próspera y ricamente edificada. Las cúpulas de sus templos y las tejas rojas de los grandes caserones, donde sobresalían los elegantes penachos de las palmeras, se destacaban sobre un cielo azul siempre diáfano. Allí convivían profesores universitarios, casi todos pertenecientes al clero, con jóvenes de todas las latitudes del virreinato que iban a estudiar leyes o teología, lo que le daba ese aspecto vivo, revoltoso y a la vez progresista de los lugares donde predominan los estudiantes. Quien más quien menos, todos pertenecían al mismo estrato social y eran siempre invitados a las tertulias los días de recibo.

Muchos romances y casamientos surgieron de esos encuentros. Entre ellos el de Mariano Moreno con María Guadalupe Cuenca.

El había llegado a Chuquisaca en 1800, viajando a caballo desde Buenos Aires. Era un joven serio, responsable y de gran sensibilidad. Sus ojos negros y brillantes transmitían algo del fuego sagrado que parecía consumirlo. Llegaba con una carta de recomendación para el canónigo Terrazas, escrita por Fray Cayetano Rodríguez, gran amigo y consejero. Venía dispuesto a seguir la carrera eclesiástica, pero al poco tiempo se convenció de que su vocación era otra y cambió por Leyes (Derecho). En su decisión pudo haber influido la preciosa altoperuana de cuyo retrato se enamoró al verlo en la tienda de un platero, con el mismo apasionamiento con que se enamoraría de las ideas libertarias leídas en Rousseau, Locke o el jesuita Francisco Suárez.[1] El joven recién llegado recorría con curiosidad la ciudad, deteniéndose en las vidrieras, cosa poco vista en Buenos Aires, cuando quedó embelesado con el rostro de una niña–mujer, cuyos negros ojos le sonreían desde un camafeo. Por el platero se enteró de que su nombre era Guadalupe Cuenca y de algún modo consiguió que se la presentaran. Ella, de catorce años, no tardó en enamorarse perdidamente del joven forastero. El noviazgo fue breve y el 20 de mayo de 1804, se casaron en la Catedral ante el canónigo Terrazas.

Con la urgencia de su juventud, gozaron intensamente esos primeros tiempos de casados, como si hubieran intuido que el tiempo que tenían era corto y no había que ahorrar ternura ni pasión.

---

[1] Relato familiar citado por Williams Alzaga en *Cartas que nunca llegaron.*

Por las cartas escritas en 1811, ésas que jamás llegaron a destino, podemos apreciar lo unidos que estaban y todo lo que habrían conversado sobre cosas tan importantes como son el amor, la mutua fidelidad y la falta de secretos entre ellos. También por esas cartas sabemos que en la intimidad ella lo llamaba "Moreno" y él, "Mariquita". *"Ay, Moreno de mi vida, qué trabajo me cuesta el vivir sin vos; todo lo que hago me parece mal hecho [...] No tengo gusto para nada. Van a hacer tres meses desde que te fuiste pero ya me parecen tres años [...] Recuerda siempre a tu Mariquita que te quiere más que a sí misma y sobre todo lo que hay en el mundo."*

Marianito, el único hijo que tuvieron, nació el 25 de marzo de 1805 y a los dos días fue bautizado. Poco después Moreno recibió una carta de fray Cayetano, instándolo a volver a Buenos Aires sin temer el disgusto de sus padres por tan repentino cambio de vocación. *"¿Preguntas si puedes adquirir lo necesario para mantenerte? Hijo mío, aquí en tu oficio no adquirirás caudales porque hay muchos* (abogados), *pero vivirás con lo preciso. No te faltan resortes, eres mozo y el tiempo da mucho a quien sabe lograrlo. Vente, mi amado Moreno, no quieras tener a tus padres ansiosos; tienes casa en que vivir, familia a quien complacer, amigos que te desean y un pobre fraile que en medio de su nada te manda un fuerte abrazo con todo el afecto de su corazón."*

Los esposos esperaron unos meses para emprender el viaje interminable que los llevaría a las llanuras del Plata, después de cruzar a lomo de mula las áridas punas altoperuanas, la quebrada de Humahuaca, los valles entre montañas del noroeste y luego ese inmenso desierto plano, poblado de pajas bravas, cardos y cortaderas, que se iba haciendo algo más amable a medida que se pasaba de la pampa seca a la húmeda. Las arboledas que aparecían de trecho en trecho anunciaban la cercanía del Litoral.

En Tucumán Moreno había comprado un coche para hacer el viaje más llevadero, pero por cómodo que fuera, no podían evitarse las múltiples incomodidades y peligros de estas travesías que duraban más de un mes. De tanto en tanto, un ranchito cercano a un monte de algarrobos o un grupo de ombúes, indicaba la presencia de una posta. Ladraban los perros, chirriaba la roldana del pozo que acercaba el agua fresca, y el puestero, ya avisado por algún chasque, se ocupaba de los animales mientras la puestera ponía sobre la mesa comidas rústicas y sabrosas: carbonadas, locros, puchero de gallina, asado de chivito o vaca según la región. Todavía eran tiempos de paz.

La familia de Mariano recibió como una hija a la jovencita de quince años y al encantador nieto. Guadalupe pensaría con alivio que aunque el paisaje era muy distinto, la gente era casi igual y las casas, aunque más sencillas, muy parecidas: la sala, adornada con algún espejo y cuadros o imágenes de estilo cuzqueño; el estrado de madera, donde reinaban las mujeres sentadas en sillas o almohadones al mejor estilo hispano–moro. Allí charlaban, tomaban mate cebado por alguna negrita y a veces rezaban el rosario o cantaban acompañadas de la guitarra. Para un hombre era un honor ser invitado a compartir el estrado. Así lo contaban los viajeros, extrañados de esta costumbre vigente desde el siglo XVI hasta mediados del XIX. También eran semejantes los patios y jardines, enmarcados por corredores, y los fondos, donde, entre higueras y parrales, se ubicaba el gallinero y se guardaban los caballos. A la sombra de algún árbol se veía el mismo horno redondo de barro y en el patio principal el aljibe, menos adornado que en su tierra pero con los mismos geranios cubriendo el brocal. Limoneros, rosales, jazmines, todo se parecía. Pero bastaba salir a la calle para que todo fuera distinto: casas chatas, rejas lisas, barro; olores desagradables que venían de las carnicerías y las curtiembres y en el horizonte, en lugar de cerros, una inmensa planicie de agua que no podría haber imaginado jamás. También era distinta la gente del pueblo. Casi no había indios. En cambio, proliferaban los mestizos o criollos a caballo, ocupados en las tareas más diversas: arrieros, troperos, conductores de carretas, aguateros y vendedores de velas, pescado, leche... Todo era pregonado por las calles. Había mujeres vendedoras, sobre todo negras y mulatas, llevando sobre la cabeza una paila de cobre con mazamorra y dulces caseros o un canasto con empanadas, pastelitos o fruta seca de Cuyo. El ambiente, colorido y bullicioso, mostraba una ciudad en crecimiento, lo que podía constatarse en la cantidad de tiendas abarrotadas de todo tipo de telas, en las obras de reparación y engrandecimiento de las iglesias y en el gentío que cruzaba la plaza mayor. Todo esto observaba Guadalupe, pero nada importaba demasiado si estaba junto a su "Moreno".

A los pocos meses, el nuevo matrimonio se ubicó en una casa de la calle de la Piedad entre las de la Catedral y del Empedrado,[2] donde Mariano ubicó su bufete de abogado. Allí se pasaba horas y horas leyendo y escribiendo, hasta que Guadalupe lo obligaba a compartir algún paseo por la Alameda, tan agradable en tiempos cálidos por la sombra de los árboles y la brisa que venía del río.

Según su hermano Manuel, Mariano había tenido desde niño *"la pasión dominante de la lectura [...] y rehuía la ocasión de distraerse con otros jóvenes"*. El amor por esa mujer–niña de la cual se sentía un poco protector y los juegos con su hijito eran lo único que podía arrancarlo de su trabajo.

---

[2] Actualmente Bartolomé Mitre entre San Martín y Florida.

Mariano
Moreno.

Las invasiones inglesas y sus irremediables consecuencias dieron un giro completo a la relativamente apacible
vida en la capital del virreinato. Guadalupe y Moreno no
escapaban a esta situación. Todos los habitantes, españoles
o patricios, se unieron en un interés común, para expul-
sar a los invasores. Pero una vez terminado el período heroico de reconquista y defensa, las diferencias latentes
desde el siglo XVIII volvieron a hacerse sentir con más
fuerza. En primer lugar, los funcionarios de la Corona española no habían sido capaces de defender militarmente
el Río de la Plata; en cambio, los criollos habían demos-
trado que podían organizarse militarmente y nombrar
sus propios gobernantes como lo hicieran con Santiago
de Liniers, héroe de la reconquista. En otro orden de cosas,
la metrópoli estaba quedando chica a sus colonias a las
que no podía proveer de los artículos necesarios y menos
aún comprar toda su materia prima.

El comercio, esa necesidad de todos los hombres, empezaba a reclamar sus derechos. Junto a Belgrano, secretario del Consulado, Moreno bregaba por la necesidad de abrir el puerto al comercio inglés, aprovechando que en ese momento Inglaterra y España eran aliadas. La guerra de España con Francia había paralizado las operaciones comerciales y en las barracas se apilaban los cueros, principal riqueza del Litoral. Liniers no se decidía a dar ese paso y un grupo de descontentos capitaneados por Alzaga, entre los que estaban Moreno y Larrea, intentaron voltear al virrey elegido por el pueblo. Era una actitud revolucionaria que preconizaba ideas separatistas y de independencia. Pero Saavedra y los militares criollos impidieron la renuncia de Liniers opinando que *"las brevas aún no estaban maduras"*.

De las conversaciones entre Belgrano y Moreno surgió la *"Representación de los Hacendados"*, pieza clave que convenció al nuevo virrey Cisneros a decretar la libertad de comercio con Inglaterra y los países americanos.

Mientras tanto, una sombra de temor iba cubriendo Europa a medida que Napoleón avanzaba en sus conquistas. La noticia de que Carlos IV había abdicado fue el detonante de la gran división que se venía gestando en la sociedad: los más liberales, que luego serían partidarios de la independencia, afirmaban que la autoridad civil debía volver al pueblo mientras los más conservadores eran partidarios de mandar diputados a la Junta de Sevilla. Desde la universidad de Chuquisaca se acuñaba el siguiente razonamiento:

"Las Indias son un dominio personal del rey y no de España. El rey está impedido de reinar. Luego las Indias deben gobernarse a sí mismas desentendiéndose de España."

Para muchos intelectuales, entre ellos Mariano Moreno, la fidelidad a la Corona dejaba de tener fundamento, pero en el Alto Perú estas ideas serían regadas con la sangre de los precursores. Cisneros mandó reprimir con fuerza los levantamientos, sobre todo en Potosí y La Paz, donde Murillo, uno de los jefes, dijo esa frase profética antes de morir ajusticiado: *"No apagarán la tea que he encendido"*. También Chuquisaca fue silenciada y su gobernador, Arenales, prisionero en las casamatas del Callao. Poco se recuerda aquel movimiento comenzado el 25 de mayo de 1809 en las "provincias de arriba" del Virreinato, pero los criollos nunca perdonaron a Cisneros la cruel represión. Los Moreno lo vivieron como una catástrofe: era la patria chica de Guadalupe, el lugar donde se habían enamorado. Era el símbolo de un refinamiento intelectual que ya nunca volvería a ser el mismo después de la pobreza en que la dejaron las guerras de la independencia.

El 14 de mayo de 1810 una fragata inglesa procedente de Gibraltar, trajo la noticia: los franceses habían tomado Sevilla y Málaga. No existía, pues, la Junta. Vecinos y jefes militares pidieron Cabildo abierto para decidir, según palabras atribuidas a Moreno *"si había caducado la autoridad del virrey"*. Lo demás es historia conocida: las distintas opiniones en el cabildo abierto del 22, la renuncia de Cisneros, la formación de la Junta Provisoria del glorioso día 25... Jornadas decisivas, pletóricas de entusiasmo patriótico, en las que Mariano Moreno llegó a la cúspide de su gloria: *"fue como si toda la luz de la Revolución, como si el sol naciente de Mayo hubiese entrado con él en el Fuerte de Buenos Aires"*.[3] ¿Cómo se vivirían estos momentos en la intimidad familiar de los Moreno? Las posteriores cartas de Guadalupe la muestran muy enterada de las novedades políticas, y esto debía ser para ella algo habitual. Podemos

---

[3] Williams Alzaga, Op. cit.

imaginarla participando en las reuniones de amigos que se hacían en su hogar y dando su opinión de tanto en tanto. Sus cartas nos acercan los acontecimientos de ese conflictivo año de 1811 en que los revolucionarios no lograban ponerse de acuerdo, divididos en "saavedristas" y "morenistas", mientras en las fronteras los ejércitos defendían con su sangre el camino hacia la independencia. En sus cartas Guadalupe daba a su marido noticias de sus amigos, caídos en desgracia: *"los han desterrado a Azcuénaga y Posadas a Mendoza; Larrea a San Juan; Peña, a la Punta de San Luis; Vieytes a la misma; French, Berutti, Donado, el Dr. Vieytes y Cardoso, a Patagones; hoy te mando el manifiesto para que veas cómo mienten estos infames [...] Del pobre Castelli hablan incendios"* [...] *Ha habido partidario de Saavedra que ha dicho delante de tu tío don Martín que tu partido se ha de cortar de raíz; Bustamante ha hecho renuncia y se va mañana [...] yo le alabo el gusto de irse antes de que lo echen, porque a estos no les gustan hombres como Bustamante; Gurruchaga también ha renunciado y le han admitido la renuncia, Ocampo ha renunciado y vuelve a ser comandante de Arribeños"*. El 14 de marzo de 1811 escribía: *"Todos los días nos asustan con Elío, dicen que viene a bombardear; en la otra banda se han levantado contra los de Montevideo, salió ahora Moldes con 600 hombres a la otra banda. Vieytes estuvo a verme y todos tus amigos a ofrecérseme. [...] Fray Cayetano no te escribe porque anda muy ocupado, lo han hecho provincial"*. El 25 de mayo Guadalupe no había querido ir a ningún festejo porque *"no tengo el corazón para esto ni puedo sufrir la presencia de los autores de nuestra separación y enemigos mortales nuestros. Ni parece que vos aprobarías que mientras estés ausente ande yo divirtiéndome. Por todos estos motivos no he salido de mi casa a ninguna función"*.

Sin embargo se entusiasmaba con los acontecimientos: *"Ayer, a las once del día, hubo repiques y salvas por la victoria que han ganado los nuestros en Montevideo. Belgrano llegó el 21 y dejó en su lugar a Rondeau. En Potosí hubo una revolución y Lobo fue uno de los principales; te remito la Gaceta para que veas cómo ha sido, dicen que la causa de haberse metido Lobo en esta revolución, es el haber quebrado con Castelli. La Expedición dicen que está a orillas del Desaguadero"*. Las citas podrían seguir, porque, como mujer amada, sabía muy bien lo que le interesaba a su hombre y se lo transmitía, a veces con mucho gracejo, como cuando le comentaba: *"han echado la voz de que te quitan los poderes, ¡si pudieras volver o mandarme llevar, aunque se metieran los poderes donde no les da el sol! [...] No se cansan tus enemigos de sembrar odios contra vos, ni la gata flaca de la Saturnina deja de hablar contra vos en los estrados y echarte la culpa de todo."*

Moreno había caído en desgracia ante los "saavedristas" por sus opiniones revolucionarias. Pero lo que más lo perjudicaba ante la sociedad era la desmesura de haber mandado matar a Liniers y sus compañeros sublevados en Córdoba. Aunque toda la Junta, con excepción del canónigo Alberti, había firmado la sentencia, se culpaba a Moreno de haber sido el ideólogo. Todos los fusilados eran grandes personalidades, desde el gobernador de Córdoba, Gutiérrez de la Concha, hasta los respetables y ricos vecinos Victorino Rodríguez y Santiago Allende, pasando por el obispo Orellana y por Joaquín Moreno, funcionario de la Real Hacienda. Fue el error más grande del secretario de la Junta, pero él no lo veía así. Mariano Moreno respondía a sus ideas: había que sofocar cualquier conato contrarrevolucionario, sobre todo éste, dirigido por alguien a quien el pueblo veneraba. Sabía que si Liniers entraba en Buenos Aires nadie se hubiera animado a fusilarlo y en ese momento lo consideraba "el enemigo", como se ve en una indignada carta suya a Chiclana, criticando el proceder de Ortiz de Ocampo: *"Después de tantas ofertas de energía y firmeza pillaron nuestros hombres a los malvados, pero respetaron sus galones, y cagándose en las estrechísimas órdenes de la Junta, nos los remiten presos a esta ciudad."* [4]

Moreno había tomado sus ideas en lecturas a las que adhería con una fe irrevocable. Una de sus primeras acciones había sido ordenar la impresión del Contrato Social de Rousseau para inculcar al pueblo *"sus luces y conocimientos".* En el prólogo escribió, refiriéndose a las revoluciones contra las monarquías europeas absolutas: *"los tiranos habían procurado prevenir diestramente este golpe atribuyendo un origen divino a su autoridad, pero la impetuosa elocuencia de Rousseau, la profundidad de sus discursos, la naturalidad de sus demostraciones disiparon aquellos prestigios; y los pueblos aprendieron a buscar en el pacto social la raíz y único origen de la obediencia, no reconociendo a sus jefes como emisarios de la divinidad, mientras no mostrasen las patentes del cielo."*

El 2 de junio de 1810 el secretario de la Junta anticipó la salida *de La Gaceta de Buenos Aires,* el nuevo periódico semanal que daría a conocer a los ciudadanos *"las noticias exteriores e interiores que deban mirarse con algún interés"* y todas las actividades del Gobierno, porque *"El pueblo tiene derecho de saber la conducta de sus representantes [...]"*

La misma transparencia que Moreno quería para la Junta, la exigía Guadalupe para las acciones de su marido, y así se lo recordaba repetidas veces como si sospechara de alguna misión oculta que éste no le hubiera querido

---

[4] Citado en *Historia Integral de la Argentina,* tomo IV, dirigida por Félix Luna.

revelar. *"No dejes de escribirme a menudo, y basta de guardar secretos a tu mujer que nadie los callará mejor que yo; no te olvides de las promesas que me hiciste."*

A través de los artículos de la Gaceta, Moreno había comenzado a exponer un plan político de gran envergadura. Fue el primero en hablar de "independencia" sin ampararse en la "máscara de Fernando VII" como hacían los más conservadores. El ideal de Moreno era una república moderada, fundada en un equilibrio de poderes, como en Inglaterra. Pero la medida tomada por toda la Junta y atribuida a él, de fusilar a Liniers, le dio fama de "jacobino", es decir, de extremista de línea dura. [5]

A fines del año 10 se fueron ahondando las diferencias entre los más decididos "morenistas" y los más prudentes "saavedristas". El 12 de diciembre llegaron las banderas tomadas a los vencidos en la primera gran victoria de Suipacha, que tanto regocijo trajo a los patriotas. Un banquete en el regimiento de Patricios en el que se tributaron excesivos homenajes a Saavedra y –¿por error?– no se permitió la entrada al secretario de la Junta y a su esposa, provocó el famoso *"Decreto de suspensión de honores"*, verdadero código de moral republicana redactado por Moreno y aprobado por la Junta, que ahondó las diferencias con los saavedristas. Pero el detonante de una colisión esperada, fue la decisión de incorporar a la Junta a los delegados del interior, lo que atrasaría la reunión

---

[5] Era la consecuencia del famoso "Plan de operaciones", cuya redacción es atribuida a Moreno pero de cuya esencia participaba toda la Junta, como afirma Pérez Amuchástegui: *"La revolución nació violenta, con una mística jacobina tendiente a imponer en toda la Nación una sensibilidad política uniforme, llevando así hasta las últimas consecuencias un propósito renovador, sin reparar en medios para lograr el objeto propuesto."*

de un Congreso que proclamara la independencia, como urgía Moreno, apoyado por Juan José Paso. Viendo el fracaso de su plan, Moreno renunció el 19 de diciembre. Su renuncia no fue aceptada: en una solución que aparentaba ser una salida digna pero que a la vez alejaba a un agudo y peligroso crítico, la Junta lo designó agente diplomático en Londres. El propósito principal de la misión era comprar armas y tratar de negociar un acuerdo secreto con Inglaterra para que protegiera la revolución.

Acompañado por su hermano Manuel y por el joven Tomás Guido, Mariano se embarcó el 24 de enero de 1811, dejando una mujer desolada y un pequeño sin padre. *"Se aumentan mis males al verme sin vos y de pensar morirme sin verte y sin tu amable compañía. Todo me fastidia, todo me entristece [...] porque tengo el corazón más para llorar que para reír [...] procura venirte lo más pronto que puedas o si no, hacerme llevar porque sin vos no puedo vivir."* Esta era la primera carta escrita por Guadalupe el 14 de marzo, a sólo un mes y medio de su ausencia. ¿Podría haber imaginado que el cuerpo sin vida de su adorado marido había sido arrojado al mar hacía ya diez días? Poco antes de la partida, con refinada crueldad y amparándose en un cobarde anonimato, alguien había hecho llegar a Guadalupe una caja que guardaba en su interior un abanico de luto, unos guantes negros y un velo de viuda. Presagio terrible para cualquiera, y doblemente terrible en esas circunstancias.

En mayo continuaba Guadalupe en el mismo tono abatido: *"[...] no tengo día más bien empleado que el que paso escribiéndote y quisiera tener talento y expresiones para poder decirte cuánto siente mi corazón: [...] hasta ahora mis pocas salidas se reducen a lo de tu madre. No he pagado visita ninguna. Las gentes, la casa, todo me parece triste."* Había momentos en que jugaba con la idea de los celos: *"[...]¿O quizás ya habrás encontrado alguna inglesa que ocupe mi lugar? No hagas eso, Moreno, cuando te tiente alguna inglesa acordate que tenés una mujer fiel a quien ofendés después de Dios."* A medida que iban pasando los días, a cuatro meses de la partida ya resultaba un poco extraño no recibir ninguna noticia. Era natural que estuviera triste y hasta por momentos desconfiara. Todo esto lo explicaba con gran lucidez al único que podría consolarla: *"Unos ratos le pido a Dios paciencia para esperar tus cartas y tu vuelta, otros ya me parece que me has olvidado, que ni por la imaginación se te pasa tu Mariquita; con estos y otros pensamientos, todos tuyos, me paso los días y las noches. Desahogo mi corazón con llorar, no tengo más desquite que mis lágrimas, pero después de atormentarme con estos pensamientos, te pido perdón, y me acuerdo lo que siempre me decías, que siendo yo buena con vos, lo habrías de ser conmigo. Sí, mi amado Moreno, sí lo soy y lo seré hasta la muerte; pero mi querido Moreno, si ves que tu comisión es para largo tiempo mandame llevar; sabés muy bien la vida de amargura que estoy pasando sin vos; llorando me paso las noches, con el silencio me parece que mis sollozos han de llegar a tus oídos, me parece que me preguntas de qué lloro, que me das un abrazo, en fin mi vida, para no molestarte más, conoces lo mucho que te amo para creer todo y mucho más de lo que mi lengua puede explicarte".* Trata de expresarle su pensamiento: *"Solo Dios sabe la impresión y pesadumbre tan grande que me ha causado tu separación, porque aun cuando me prevenías que pudieran ofrecerte algún viaje, me parecía que nunca habría de llegar a este caso. Al principio me pareció un sueño y ahora me parece la misma muerte y la hubiera sufrido gustosa con tal que no te vayas."*

Parece increíble que esta joven mujer siguiera escribiendo durante cuatro largos meses sin recibir contestación ni noticias. Con letra perfecta y pequeña, en renglones derechos, se iban acumulando en Londres las cartas que volverían cerradas a su poder. En una de las últimas volvía a recordarle sus promesas de fidelidad: *"[...] Acordate de lo que me prometiste, no te dejes engañar de mujeres, mirá que sólo sos de Mariquita y ella y nadie más te ha de amar hasta la muerte; otra no te servirá más que para apartarte de la gracia de Dios, de mí, de tu hijo y de hacerme infeliz por toda mi vida, y de que yo no tenga el consuelo de decir que mi Moreno, desde que nos casamos no ha querido a más mujer que la que Dios le ha dado[...]"*

Su pesar, sin embargo, no le impedía comentarle los sucesos políticos, con la naturalidad de quien estaba acostumbrada a hacerlo en forma cotidiana. Pero, en general, las noticias estaban supeditadas a la manera en que pudieran o no influir en su situación. Así le cuenta en carta del 20 de abril: *"Estas cosas que acaban de suceder con los vocales, me son un puñal en el corazón, porque veo que cada día Saavedra se asegura más en el mando, y tu partido se tira a cortar de raíz. Pero te queda el de Dios. No ceso de encomendarte para que te conserve en su Gracia y nos vuelva a unir cuanto antes porque ya sabés que no soy gente sino estando a tu lado."* Y el 9 de junio le informa: *"La Colonia la desampararon los de Montevideo y tomaron los nuestros los cañones que dejaron clavados y dicen que están ya muy cerca de Montevideo. Dios quiera que pronto se unan, y que puedas volver cuanto antes. De la expedición del Perú, escribe Rufino a su padre con fecha 2 de mayo, que sale con su regimiento de caballería otro regimiento de la Paz, seis mil cochabambinos, y el regimiento de Viamonte, todos a acuartelarse seis leguas de Goyeneche, y dice que dentro de un mes se batirán, Dios les dé acierto; los diputados de arriba no aparecen, yo no sé cuál será el motivo de su tardanza. [...] Lo que concluyas con la comisión arrastraremos con nuestros huesos donde no se metan con nosotros y gozaremos de la tranquilidad que antes gozábamos, pero lo mejor será que me hagas llevar porque no puedo vivir sola."*

A pesar de su aparente fragilidad, Guadalupe estaba decidida a ir en busca de su marido, pero ¿a dónde, si por el momento no había tenido más noticia que la de un capitán inglés cuyo barco se había cruzado con el de los dos hermanos? En una de las últimas cartas afirmaba estar tentada de hacer lo de la mujer de Pérez, que, sin previo aviso a su marido, había viajado desde Luján con dos criaturas. Lamentablemente Londres no era Luján. *"Pero a la hora que yo vea que te has olvidado de mí, o no me escribas a menudo y tu ausencia sea muy larga, cuando menos lo pienses me tenés a tu lado, y así ve de hacerme llevar, o verte pronto, porque de lo contrario no es vida la mía sin vos."* En todas las cartas le habla del hijo de seis años, que ya va al colegio y parece ser tan inteligente como sus padres: *"Nuestro Marianito se acuerda mucho de vos; un día se puso muy enojado conmigo porque lo he retirado de la escuela para que sane bien y evitar que le dé fruta la hija de la maestra, y él le dijo a Marcela que yo quería que se críe como camilucho⁶ sin saber leer ni escribir, y así no podría escribirte."* En la siguiente le cuenta: *"Nuestro Marianito sigue en la escuela, sabe de memoria poco menos de la mitad del catecismo; anoche le estaba yo contando del hijo pródigo y se echó a llorar. Le pregunté de qué lloraba y me dice ´ay, mi madre, ¿dónde estará mi papá?, cuando lo veré?´ y a lamentarse, que me parte el corazón cada cosa de estas [...]"* Impresiona la autenticidad que transmiten estas cartas, llenas de amor y dolor: *"...apago*

---

⁶ Camilucho era sinónimo de gaucho en las provincias de arriba.

la vela y miro por todos lados y no te encuentro, me parece que estoy desterrada. Me veo sola, porque aunque duermen Marianito, Micaela[7] y la negra en el aposento, estoy sola siempre porque tu lugar no lo ocupa nadie[...]"

Varias veces, como en una premonición, se le cruza la idea de la muerte de alguno de los dos: *"me deja sin sentidos pensar en morirme desamparada de mi Moreno, del único consuelo que tengo, del único padre, y del marido más querido de su mujer, y de dejar a mi Marianito [...] ¿cuándo estaré a tu lado, Moreno de mi corazón?, no tengo vida sin vos, se fue mi alma y este cuerpo sin alma no puede vivir y si quieres que viva, vení pronto o mandame llevar. [...] no aspiro más que a estar a tu lado, servirte, cuidarte y quererte cada día, más de lo mucho que te quiero. Toda mi felicidad se funda en que vivas y yo a tu lado, y así, día y noche te encomiendo a Dios, para que te dé muchos años de vida, y nos veamos pronto."*

Por momentos intuye la verdad que no quiere creer y que incomprensiblemente tardaría tanto en llegar. Sus palabras, en boca de una joven de veintiún años, resultan entonces desgarradoras: *"Ya te puedes hacer cargo de cómo estaré sin saber de vos en tantos meses que cada uno me parece un año. Cada día te extraño más, todas las noches sueño con vos. Ah, mi querido Moreno, cuantas veces sueño que te tengo abrazado pero luego me despierto y me hallo sola y en mi triste cama. La riego con mis lágrimas al verme sola. No sólo no te tengo a mi lado sino que no sé si te volveré a ver y quién sabe si mientras dura esta ausencia no nos moriremos alguno de los dos. Pero en caso de que llegue la hora sea a mí Dios mío y no a mi Moreno, pero Dios no permita que muramos sin volvernos a ver".*

---

[7] Hermana menor de Moreno.

Cuando escribía estas palabras ya hacía seis meses que Mariano Moreno había partido a encontrarse con su Creador. La noticia debió llegar a Buenos Aires el 14 de octubre de 1811, nueve meses después de su partida. Los tres últimos meses habían sido un desgarro constante para Guadalupe que pasaba de la esperanza al desaliento, de la ansiedad a la desesperación, siempre apoyada por su familia política y el cariño de su hijo a quien no sabía ya qué decir.

Manuel explicaría de esta manera la sorpresiva muerte de su hermano: *"El accidente mortal que le costó la vida fue causado por una dosis de un emético (4 gramos de antimonio tartarizado)* [8] *que el Capitán de la embarcación le suministró en un vaso de agua una tarde que lo halló sólo y postrado en su gabinete."* Después de suministrado el remedio sufrió una terrible convulsión y apenas tuvo tiempo su hermano de llegar para oír sus últimas palabras. *"Pidió perdón a sus amigos y enemigos por todas sus faltas. A mí, en particular me recomendó el cuidado de su "esposa inocente" –con este dictado la llamó muchas veces–; bendijo a su hijo y declaró morir con confianza en la santa religión de Jesucristo. Sus últimas palabras fueron: Viva mi patria aunque yo perezca. [...] Murió el 4 de marzo de 1811, a los 31 años, seis meses y un día de su edad."*

María Guadalupe Cuenca de Moreno vivió hasta el 1º de septiembre de 1854. Nunca se volvió a casar. Nunca

---

[8] El antimonio tartarizado, sobre todo en esa cantidad, era algo contraproducente para lo que padecía Moreno, por lo que puede decirse que murió envenenado. ¿Intencionalmente? A muchos les convenía su desaparición, y Ana Perichon de O´Gorman, amante de Liniers, tenía motivos para odiarlo. No puede asegurarse pero tampoco negarse en forma enfática que ella o algún otro lo hayan mandado matar.

podría amar a otro hombre como había amado a su "Moreno", aquel primer amor que Dios le había mandado de manera tan providencial para luego, misteriosamente, arrebatárselo.

> *"¡Ay Guadalupe!*
> *las cartas tuyas*
> *se han vuelto nube.*
>
> *Un ángel ciego*
> *llevó tus cartas*
> *y se perdieron.*
>
> *¡Qué pena grande*
> *eres viudita*
> *y no lo sabes!"* [9]

---

[9] Félix Luna, "Las cartas de Guadalupe", en *Mujeres Argentinas*, Música de Ariel Ramírez, Poemas de Félix Luna.

El soltero más codiciado

Los amores
de Manuel Belgrano

La soltería de Manuel Belgrano es algo que sorprende a quienes tratan de adentrarse en su personalidad a través de sus actos y sus escritos. Sin embargo no era infrecuente para un hombre el hecho de casarse más allá de los cincuenta con alguna joven a la que se triplicaba en edad. Así es que resulta imposible saber qué hubiera hecho Belgrano de no morir en forma prematura. Hay también otros motivos que surgen de su propia historia. Indudablemente no fue uno de ellos el egoísmo: una de las principales características del creador de nuestra bandera era su indudable altruismo, que él resumía con sencillez en el deseo de *"ser útil a mis paisanos"*.

En el retrato físico y moral que de él nos traza un contemporáneo,[1] se destaca esta cualidad. *"Era tal la abnegación con que este hombre extraordinario se entregó a la libertad de su patria, que no tenía un momento de reposo, nunca buscaba su comodidad, con el mismo placer se acostaba en el suelo que en la mullida cama."* No podía entender el espíritu mezquino de quienes *"no conocen más patria, más rey, ni más religión que su interés propio"*, por eso renegaba de aquellos comerciantes que, durante

---

[1] José Celedonio Balbín, citado por Busaniche en *Estampas del pasado*.

la primera invasión inglesa, habían aceptado rápidamente la orden de retirarse del grupo de resistencia alegando *"nosotros no somos para eso".* [2]

Los ideales de Belgrano no le impedían tener los pies en la tierra: hijo de un próspero comerciante, secretario permanente del Consulado desde los veinticuatro años e imbuido de las nuevas ideas fisiocráticas y progresistas aprendidas en Salamanca, entendía el comercio como la principal fuente de riqueza de un país. Propuso a Liniers que permitiera el intercambio con Inglaterra para conseguir los fondos tan necesarios para el sostén de las tropas en formación. El trabajo y el comercio eran símbolos del progreso, *"en un pueblo donde reina la ociosidad, decae el comercio y toma su lugar la miseria."*

Durante sus años de estudiante en Salamanca y Valladolid, conoció e hizo suyas las ideas libertarias de la Revolución Francesa, como él mismo lo afirma: *"se apoderaron de mí las ideas de libertad, igualdad, seguridad, propiedad, y sólo veía tiranos en los que se oponían a que el hombre fuese donde fuese, no disfrutase unos derechos que Dios y la naturaleza le habían concedido[...]"*

Debería conocer, además, las ideas revolucionarias de los jesuitas Suárez y Mariana y del dominico Vitoria, españoles los tres, quienes declaraban que ningún régimen político es de derecho divino: el poder va de Dios al pueblo y éste lo transmite al monarca. La monarquía, para ser justa, debía ser parlamentaria, nunca absoluta. Para defender estas ideas y la necesidad de civilizar su tierra por medio de la educación generalizada y el trabajo, era necesaria la paz, pero la paz estaba supeditada a la libertad,

---

[2] Frases de sus memorias.

y la libertad había que conquistarla por medio de las armas. Manuel Belgrano, joven abogado recibido en Salamanca, terminó siendo lo que nunca hubiera pensado: un buen general.

La triste experiencia de la rendición ante los ingleses le había mostrado la necesidad de tener tropas bien adiestradas, *"tomé con otro anhelo el estudio de la milicia y traté de adquirir algunos conocimientos de esta carrera, para mí desconocida en sus pormenores"*. Al mismo tiempo preparaba a los soldados voluntarios, paisanos que nunca habían vestido uniforme, a quienes tuvo que convencer de la necesidad de esos ejercicios militares en la plaza de la Victoria, mientras las mujeres los espiaban y se reían. ¿Qué necesidad tenían de hacer esas piruetas para defender el suelo patrio? Llegada la oportunidad, con la revolución de mayo, todos tuvieron ocasión de ver su eficacia en la formación de los ejércitos al Paraguay y al Alto Perú, comandados por dos primos hermanos: Manuel Belgrano y Juan José Castelli.

Antes de llegar a este punto, el polifacético Belgrano había sido redactor del "Diario de Comercio". Sus artículos *"no eran otra cosa más que una acusación contra el gobierno español; pero todo pasaba y así creíamos ir abriendo los ojos a nuestros paisanos"*.

Toda esta gama de ocupaciones: políticas, periodísticas, comerciales y militares, ocupaban el tiempo de Manuel Belgrano. Nada se dice de sus actividades sociales pero sin duda las tendría. Estaba muy bien considerado por la elite porteña. Era inquieto, progresista, luchador y físicamente atractivo, de aspecto más germano que latino, con su pelo castaño claro, ojos azules, cara y nariz finas y de buen color.

¿Qué lo alejaba del matrimonio? Muchos opinan que la enfermedad venérea contraída en sus juergas salmantinas eran un impedimento, más moral que físico, para formalizar un matrimonio. Quién sabe qué temores habrían infundido los médicos y hasta los mismos amigos, sobre las posibles consecuencias de contagio a su mujer o a sus hijos. Estos temas no se trataban en la correspondencia y si hubiera llegado a hacerlo no faltarían parientes que por "velar el honor" del sujeto y de la familia, destruyeran todo testimonio. Este mismo prurito fue el que impidió a Belgrano reconocer a sus hijos. No estaba en juego sólo su honor sino el de dos mujeres casadas.

Belgrano estaba en el campo cuando sus amigos le mandaron decir que había llegado la hora de la libertad: había que aprovechar la coyuntura de la invasión francesa a Cádiz y la disolución de la Junta Central. Ya estaba apalabrado Cornelio Saavedra, comandante criollo de los patricios, para cuando llegara ese momento. Los acontecimientos se precipitaron y el 25 de mayo *"apareció una Junta de la que yo era vocal, sin saber cómo ni por dónde"*, afirma en sus memorias. Todo sucedió como sabemos, sin derramarse una gota de sangre *"todo caminó con la mayor circunspección y decoro"*. Lamentablemente, esta situación cambió con el levantamiento de Liniers, su inicuo fusilamiento y la división, cada vez más profunda, de los revolucionarios. Ni siquiera sabían los hombres de mayo cuál iba a ser el territorio sobre el cual iban a gobernar, ni cuál iba a ser la forma de gobierno, ni qué provincias reconocerían a la Junta. Todo estaba por hacerse.

Belgrano se dirigió al Paraguay, donde pudo propagar las ideas de la revolución pero no lograr la obediencia a la Junta por más que, consciente de los intereses económicos les prometiera, junto con la libertad, *"desterrar de esa rica provincia el estanco del tabaco, dejándolos poder comerciar con ese puerto y los demás que poseen."*

Fue al volver hacia Buenos Aires, cuando en la villa del Rosario tuvo Belgrano la gran inspiración: era necesario un símbolo que demostrara que había terminado una era y comenzaba otra; un símbolo donde se materializara el coraje, el amor a la tierra, a la familia y a la libertad. Estos conceptos difíciles de definir con palabras podían en cambio ser asimilados por una forma: este era el significado de las divisas y banderas. El 27 de febrero de 1811, al inaugurar las baterías Libertad e Independencia, sobre la barranca del Rosario y a su frente, *"siendo preciso enarbolar una bandera y no teniéndola, la mandé hacer celeste y blanca conforme a los colores de la escarapela nacional; espero que sea de la aprobación de V.E."* Pero "V.E.", el primer Triunvirato, no estaba de acuerdo con lo actuado por iniciativa propia y Belgrano tuvo que guardar el símbolo patrio para mejor ocasión.

En los meses que van desde la llegada de Belgrano a Buenos Aires y su partida hacia Tucumán, debe haberse producido el encuentro con María Josefa Ezcurra, hermana de Encarnación y cuñada de Rosas. Quizás la conociera de antes, de alguna de las tantas tertulias donde los porteños alternaban con las porteñas. María Josefa, la mayor de las Ezcurra, se había casado a los dieciocho años con un primo, Juan Esteban Ezcurra, llegado de Navarra. Después de nueve años de matrimonio, sin haber tenido hijos, Ezcurra, disconforme con la revolución de mayo, había vuelto a su tierra para seguir desde allí sus negocios de comercio de ultramar. Esta separación de hecho se prolongaría para toda la vida pero sin rencores, ya que él, al morir, la nombraría su heredera, dejándola en muy buena situación económica.

María Josefa, pues, era a los veintisiete años, una casada con la libertad de una viuda. Aunque los enemigos de Rosas la pintaran años después como una bruja, María

Josefa era muy buena moza, decidida y apasionada. Su retrato, ya mayor, la muestra con una irónica sonrisa que revela sentido del humor, mientras sus cabellos lacios y negros, rostro fino y lindos ojos y su inmaculada mantilla sobre el vestido de raso, revelan una mujer que ha sido bella y coqueta.

María Josefa se enamoró del apuesto general, que no representaba los cuarenta y pico de años que tenía, e iniciaron un romance. Cuando Belgrano partió con el Ejército del Norte, ella tuvo la valentía suficiente para seguirlo hasta Tucumán, pero no tanta como para reconocer al hijo de ambos, que fue adoptado por Encarnación Ezcurra y Juan Manuel de Rosas, poco tiempo después de haberse casado. *"El idilio habría sido breve y la amante regresó embarazada a tener un hijo. Este sería el origen del coronel Pedro Rosas y Belgrano, nacido en Santa Fe en julio de 1813, hijo natural (o adulterino) del creador de la bandera y una porteña de encumbrada estirpe"*.[3]

Si el niño nació en julio debe haber sido concebido en octubre, es decir, poco después de la batalla de Tucumán. Belgrano, pues, tenía amantes pero las ocultaba. No sabemos cuando llegó ella desde Buenos Aires. Belgrano se había dirigido primero a Jujuy donde se enteró de que la vanguardia del ejército realista avanzaba desde la Quiaca. El 25 de mayo de 1812 creyó que había llegado el momento de enarbolar por segunda vez aquella bandera vivada por las tropas y despreciada por el Triunvirato. Esta vez la exhibiría ante todo el pueblo. Ni bien asomó el sol del 25 el general seguido de su ejército en formación entregó al alférez la bandera celeste y blanca. Todos se dirigieron al Cabildo en cuyos balcones fue enarbolada y saludada con

---

[3] María Sáenz Quesada, *Mujeres de Rosas*, Planeta, Bs.As. 1992.

una salva de 15 cañonazos. Bendecida por el canónigo Gorriti allí tremoló todo el día y al ponerse el sol el general la volvió a tomar y se dirigió al pueblo y a los soldados: *"[...] por primera vez veis en mi mano la bandera Nacional que os distingue de las demás naciones del globo [...] No olvidéis jamás que vuestra obra es de Dios; que él os ha concedido esta bandera y que nos manda que la sostengamos."* De este modo Belgrano daba al ejército y al pueblo ideales e ilusiones que engendrarían las victorias.

Los patriotas estaban dispuestos a dar batalla pero el gobierno de Buenos Aires, al enterarse de la caída de Cochabamba y el avance de Goyeneche para reforzar a Tristán, ordenó a Belgrano que se retirara hasta Córdoba. Tuvo lugar entonces el famoso "éxodo jujeño". El 23 de agosto de 1812 un pueblo entero se puso en marcha. En mulas y carretas cargaron todas sus pertenencias. Cuando llegara el enemigo no encontraría ni una gallina para comer.

Belgrano dudaba si seguir retrocediendo como le ordenaban desde Buenos Aires o presentar batalla como le indicaba su intuición. Tucumán era un lugar clave. Allí se terminan las montañas y empieza la inmensa llanura: ningún obstáculo detendría al enemigo ¿Por qué no esperarlos y atacar? Cuando se acercó a la ciudad el pueblo entero salió a su encuentro, hombres, mujeres y niños, rogándole que no los abandonara. Esto terminó de convencerlo. En tres días se reunieron 600 jinetes más entre los paisanos de Tucumán. Los hacendados colaboraron con caballos. Las lanzas se fabricaban atando los propios puñales a las tacuaras, con correas de cuero crudo. La ciudad se fortificó con fosos y cañones. Era el destino de la revolución lo que estaba en juego.

Manuel Belgrano.
Litografía de Hipólito Bacle
(Museo Histórico Nacional)

Mientras tanto, ajena a las guerras de los hombres la naturaleza se vestía de colores: había llegado la primavera. La vieja ciudad colonial se aromaba con el perfume de los naranjos en flor. La urgencia de vivir hacía más intensos los sentimientos. El amor y la guerra están misteriosamente unidos.

Y llegó el 24 de septiembre, día de Nuestra Señora de la Merced. Las mujeres rezaban: ellas habían dado todo su entusiasmo para que llegara ese día porque la sinrazón de la violencia adquiere sentido si es en defensa de la familia y de la tierra. La batalla se libró en el Campo de las Carreras.

En el caos del encuentro comenzó a perfilarse un dominio de los criollos. Sus cargas de caballería eran arrolladoras. Belgrano pidió la rendición a Tristán quien no la aceptó, pero abandonó el campo durante la noche dejando cañones, fusiles, banderas y estandartes. Los realistas habían sufrido 450 bajas. Los patriotas 80 y 200 heridos. El dolor de las pérdidas no podía superar el júbilo de la victoria. Tucumán cantaba su alegría.

¿Dónde estaría María Josefa mientras su amante, laureado por el triunfo, asistía al baile dado en su honor por la crema de la sociedad tucumana? La tradición dice que ese día brillaba como nunca la belleza adolescente de María Dolores Helguera; que sus ojos negros, su pelo rubio, su fragilidad y su juventud, atrajeron a Belgrano como un imán, y cuando las damas allí presentes le pidieron que bailara, él contestó que lo haría: *"Con la condición que niña tan gentil quiera honrarme con su gracia"*. Dolores quedó profundamente enamorada del vencedor, y él muy impresionado con ella. Desde entonces las notas vibrantes del piano tocando *La Condición* recuerdan aquel baile dado en honor de la patria y evocan los blancos vestidos femeninos, las casacas militares, la luz de las velas brillando en los grandes espejos, los rostros radiantes por la alegría del triunfo.

Pero la guerra recién empezaba: había que reponer las fuerzas para seguir hacia Salta en busca del general Tristán y el ejército realista, y antes había que agradecer dignamente el triunfo a Nuestra Señora de la Merced. El 24 de octubre, pueblo y ejército se dirigieron en procesión al Campo de la Victoria. Bajaron las andas que llevaban a Nuestra Señora. Belgrano, conmovido, se acercó a la imagen y le ofreció su bastón de mando: desde entonces ella sería la Generala del Ejército de la Patria.

Buenos Aires recibió con júbilo el triunfo de Tucumán. La noticia aceleró la caída del triunvirato centralista y la creación del segundo, que convocó a la Asamblea que debería preparar la constitución, la Asamblea del año XIII.

Antes de partir de Tucumán, donde quedaban tantos recuerdos, el general Belgrano ordenó realizar funerales por todos los muertos, patriotas y realistas y se repartieron entre los soldados cuatro mil escapularios de Nuestra Señora de la Merced –hechos por las monjas de la Merced de Buenos Aires–, que cada uno colgó a su cuello.

La partida del ejército en enero de 1813 llenó de nostalgia a Tucumán, especialmente a las mozas al ver partir un amor que había dejado huella en sus entrañas. La población tucumana reviviría en nuevos hijos del amor y uno de ellos sería el del General. Pero María Josefa no podía seguir al ejército y tampoco la convencería quedarse en Tucumán y esperar a que su hijo naciera. Menos aún podía volver a Buenos Aires en ese estado. Mucho deben haber cavilado entre los dos lo que sería más conveniente hacer. Finalmente resolvió partir en su coche, utilizado en su viaje desde Buenos Aires, y dirigirse a Santa Fe. La estancia de unos amigos de la familia era el lugar más indicado para mantener en secreto el nacimiento.

Mientras tanto Belgrano, al llegar al río Pasaje, en el límite con Salta, volvió a enarbolar la bandera azul y blanca. Los soldados juraron obediencia a la nueva Asamblea y uno a uno pasaron a besar esos pliegues que recordaban el manto de la Virgen y el cielo de la patria. Formidable intuición la de Belgrano al dar a estos hombres los símbolos que necesitaban. Desde entonces el río se llamó Juramento.

Con nuevo entusiasmo recorrieron las tropas la distancia hasta Salta, en manos de los realistas. La vanguardia tomó el fuerte de Cobo, que aún puede visitarse, a 40 kilómetros de la ciudad. Allí descansaron para seguir luego bajo intensos chaparrones, pues era tiempo de lluvias. La intención era sorprender a Tristán y sus hombres. Para esto, por indicación de Apolinario Saravia, tomaron un atajo desconocido que pasaba por la finca de Castañares, propiedad de su familia.

Belgrano no estaba bien ese día. Aquella dolencia de antigua data se presentaba con distintos síntomas en los momentos más inoportunos. Debilitado por fuertes accesos de vómitos, el general insistió en dirigir la batalla desde una carreta hasta que pudo volver a montar su caballo.

El ejército realista, superior en número pero tomado por sorpresa, no alcanzó a rebatir la fuerza de los patriotas que a pie o a caballo seguían a su bandera que tremolaba en el viento de la batalla. Los batallones de Cazadores, Pardos y Morenos entraron en la ciudad y se apoderaron de la iglesia de la Merced pero no sabían cómo hacer para comunicar a Belgrano que allí estaban. Fue entonces cuando Superí, que vestía un poncho celeste y blanco, lo puso en la punta del fusil agitándolo desde el campanario como criolla bandera. La señal fue advertida por todos. Poco después, un emisario de Tristán se presentó a parlamentar con Belgrano: querían capitular. Belgrano podía haber seguido la lucha pero no quiso derramar más sangre americana. Se conformó con desarmar a los vencidos, sin hacer prisioneros, y hacerles prometer bajo juramento que no volverían a tomar las armas contra las Provincias Unidas. El maltrecho ejército de Tristán fue desfilando frente al de Belgrano dejando el armamento a sus pies. En Buenos Aires se le reprochó esta medida, pero lo cierto es que sólo siete oficiales y trescientos soldados entre cerca de tres mil serían perjuros y volverían a pelear contra quienes los habían perdonado. El resto, muchos de ellos indígenas (o cuicos, como los llamaban los salteños) siguieron su camino hacia sus ciudades del Perú y el Alto Perú, contando a su paso lo sucedido y alentando a muchos a la insurrección.

La batalla de Salta se llevó a cabo el 20 de febrero de 1813.

En su *Vida de Belgrano*, Mitre, con su experiencia militar, afirma que *"Después de Tucumán lo más indicado hubiera sido auxiliar al Ejército del Norte con medios materiales e imponerle una inmediata ofensiva para liquidar a Tristán y desalojarlo de Salta, manteniéndose a la defensiva en Jujuy, para pasar después de haber obtenido la decisión en la Banda Oriental".* Era muy difícil comandar operaciones   militares desde Buenos Aires. Las distancias eran inmensas y aunque los chasques iban a todo galope, las noticias tardaban semanas en llegar. ¿Cómo podía explicar Belgrano que las tropas estaban exhaustas y carecían de lo elemental después de ese despliegue de heroísmo? ¿Cómo hacerles entender que los pueblos habían dado de sí todo lo que tenían, que las provisiones eran escasas y que la estación de las lluvias era la peor para emprender el camino hacia Potosí con destino al río Desaguadero, límite con el Perú? El divorcio entre idea y realidad que había caracterizado al gobierno de la metrópoli y sus colonias se estaba repitiendo entre Buenos Aires y las provincias. Es cierto que la bandera llegó a los confines de las Provincias Unidas alentando a su paso a las poblaciones, lo que más tarde daría su fruto, pero el precio fue muy caro en vidas y la guerra que había empezado Belgrano con las características señoriales del siglo XVIII, fue tomando los rasgos de crueldad y saña propias de las guerras civiles del XIX.

No le quedaba a Belgrano más que obedecer. El 10 de junio llegó a Humahuaca con la retaguardia y tres días después era recibido gloriosamente en Potosí. El Alto Perú era una región muy rica por sus minas de plata pero esa riqueza no se reflejaba en la mayoría de sus habitantes, antiguos pobladores de esas tierras. Mitre, en su *Historia de San Martín*, explica así la situación: *"La raza europea se había afincado en seis ciudades fundadas en sitios privilegiados. (Chuquisaca, La Paz, Potosí, Oruro, Cochabamba y Santa Cruz de la Sierra), dando por mansión a los vencidos las punas heladas o los valles ardientes, en que, reducidos a la condición de siervos de la gleba, trabajaban para sus señores en la agricultura o en las minas. La plebe de las seis ciudades, que representaban la mayoría de la población, se componía de la raza mezclada, raza enérgica, que era el eslabón intermediario de la cadena étnica entre conquistadores y conquistados. Todo el resto del país estaba exclusivamente poblado por la raza indígena sometida más bien que asimilada a la ley común; sujeta a pagar tributos y despojada de todo derecho civil y hasta de toda personalidad social [...]".* Aunque geográficamente era la continuación de la región montañosa del Perú, el Alto Perú estaba espiritualmente identificado con las Provincias del noroeste argentino con las que comerciaba y estaba en permanente comunicación, como lo prueban los casamientos entre familias alto peruanas, jujeñas y salteñas. Zona de grandes contrastes, la desolada aridez de las alturas se troca en eterna y verde primavera al llegar a los valles regados por ríos y rodeados de árboles y maizales. Esta rica región fue la que más sufrió el rigor de las guerras.

En la Casa de la Moneda de Potosí se acuñaron por primera vez monedas con las armas de la Patria. Las damas regalaron a Belgrano una lámina de plata que valía 7.200 pesos fuertes y que él regalaría luego a la Municipalidad de Buenos Aires.

Muy lejos de las punas y valles potosinos, en un campo litoraleño vecino al Paraná, estaba por nacer el primer hijo del general, sin que éste pudiera verlo ni darle su nombre.

El parto fue difícil –quizás por las angustias sufridas por la madre– y debieron dar al niño el "agua del socorro"[4] el

---

[4] Se llama así al bautismo dado por cualquier persona, en caso de peligro de muerte. Cuando esto sucede después sólo falta dar los santos óleos, por lo que, en lugar de llevarlo a bautizar, lo llevan a "olear", como en este caso.

mismo 30 de julio de 1813, día de su nacimiento. Ya repuestos madre e hijo, el 26 de agosto del mismo año, el niño fue "oleado" en la catedral de Santa Fe, recibiendo el nombre de Pedro Pablo, sin apellido. Sus padrinos eran don Rafael Ricardos y doña Trinidad Mauana. Curiosamente, el niño anotado como huérfano, tenía cinco importantes personajes como testigos, entre ellos, María Josefa Ezcurra.

Poco después los Rosas, recién casados y todavía sin hijos, adoptaron al pequeño huérfano que se crió en sus estancias, con el nombre de Pedro Rosas y Belgrano, siempre bajo la vigilante supervisión de su "tía", María Josefa.[5]

Mientras tanto, varios sucesos desgraciados que no son del caso referir hicieron que el enfrentamiento de los patriotas y los realistas en Vilcapugio, a punto de ser un triunfo, se convirtiera en derrota. Poco después la derrota de Ayohuma y la dura retirada, pusieron a prueba la grandeza de Belgrano, triunfando *"la serenidad en la adversidad"*.

El 20 de enero de 1814 se produjo en Yatasto el encuentro de nuestros héroes máximos. San Martín llegaba para preparar el nuevo Ejército del Norte y reemplazar a Belgrano. Sin quedarse un instante en Tucumán acudió al encuentro del héroe en desgracia para reconfortarlo con su solidaridad. Los relatos de Belgrano confirmaron a San Martín en su idea de que eran insalvables las dificultades para llegar a Lima por tierra y que la única posibilidad era cruzar la cordillera de los Andes y llegar por el mar.

Con la humildad que lo caracterizaba, Belgrano asistió un tiempo a la Academia de San Martín en la Ciudadela, cerca de la ciudad. ¿Volvería a ver a Dolores Helguera en

---

[5] Datos extraídos del trabajo de Isaías J. García Enciso en "Los hijos de Belgrano", Separata del Segundo Congreso Belgraniano, Bs. As. 1994.

alguna de las reuniones con que los hospitalarios tucumanos obsequiaban a los militares porteños? Poco tiempo después partía en misión diplomática a Río de Janeiro y a Londres en compañía de Rivadavia: iban a buscar un monarca para estas tierras que todavía no habían llegado a un acuerdo sobre la forma de gobierno que deseaban. Es necesario, para entender esta búsqueda de monarcas para nosotros incomprensible, situarse en la mentalidad y las ideas de la época: acababa de ser derrotado Napoleón y el Congreso de Viena propiciaba el retorno de las monarquías "legítimas". Los criollos querían una monarquía, limitada por una constitución, porque no concebían otra forma de gobierno.

Las negociaciones fracasaron, pero el intermedio londinense serviría a Belgrano para trabar conocimiento con una extraña dama que se hacía llamar *madmoiselle* Pichegru. Esta historia muestra a un Belgrano muy distinto. ¿Qué podía haber en común entre el piadoso general y la alocada aventurera que se decía hija de un héroe de la revolución francesa y había logrado convencer de esto –por un tiempo– a Luis XVIII, recibiendo por este motivo una pensión? El contenido de la única carta de Isabel Pichegru que se conserva [6], más político que romántico, demuestra que entre ambos existió una corta relación cimentada en discusiones que deberían divertir al general. Por lo que allí cuenta, había decidido visitarlo y conocer su país. No logró su objetivo porque en ese año de 1817 Belgrano estaba en Tucumán, nuevamente a cargo del Ejército del Norte y después de pasar un tiempo en Buenos Aires, como otros aventureros franceses en busca de

---

[6] La carta es de quince carillas se encuentra en el Museo Mitre. Está citada por Héctor Viacava y por Juan Méndez Avellaneda en sendos trabajos publicados en la revista *Todo es Historia*.

fortuna, Madame Pichegru volvió a su tierra dejando como recuerdo a su ocasional amigo argentino, la carta de marras. *"Por esa época,* afirma Viacava, *el fin de las guerras napoleónicas arrojaba sobre nuestras playas una peculiar turbamulta de inmigrantes [...] Predominaban los franceses y los de los estados vasallos a quienes Waterloo les había acortado el mapa[...] Casi todos eran impostores –si es lícita la palabra– de ocasión".*

En 1870 el coronel Mariano Moreno –hijo del malogrado secretario de la Junta– que había llegado a conocer a Madame Pichegru, contaba, a pedido de Juan María Gutiérrez, que *"era reputada como una antigua querida"* de Belgrano , y hacía de ella la siguiente descripción: *"no era bonita ni hermosa pero si airosa y provocativa al caminar, lo que se agravaba con la moda de llevar muy corto el vestido y muy ceñido al cuerpo."* No deja de resultar curioso que un hombre como Belgrano tuviera este tipo de "amistades". Lo más increíble es la anécdota que quedó grabada en la memoria de Marianito Moreno: se hospedaba la Pichegru en una fonda de la calle San Martín, frente a la catedral desde donde *"escopeta en mano, se entretenía en bajar a tiros a las palomas de los canónigos, pacíficas inquilinas de la cúpula y cornisas de la Catedral".* No puede negarse que era un personaje pintoresco y que Belgrano, al enterarse de su llegada se haya felicitado por no estar en Buenos Aires. En efecto, desde julio de 1816, asistía al congreso reunido en Tucumán y discutía con los diputados sobre la clase de monarquía que convenía a las Provincias Unidas. *"El citado general Belgrano expuso todo lo que sigue –dice el Acta de la sesión secreta del Congreso de Tucumán del día 6 de julio– que había acaecido una mutación completa de ideas en Europa en lo respectivo a forma de gobierno: que como el espíritu general de las naciones en años anteriores era republicarlo todo, en el día se trataba de monarquizarlo todo, [...] que conforme a estos principios en su concepto la forma de gobierno más conveniente sería la de una monarquía atemperada, llamando a la dinastía de los Incas, por la justicia que en sí devuelve la restitución de esta casa inicuamente despojada del trono [...]".* San Martín desde Cuyo, Güemes desde Salta y varios diputados del interior como Acevedo, representante de Catamarca, se pronunciaron también por la unidad de las Provincias del Río de la Plata, Chile y Perú, bajo el signo del Incario. En cambio el Litoral, por tradición federal y republicana, veía absurda la idea; sobre todo los porteños estaban aterrados de llegar a ser gobernados *"por uno de la casta de los chocolates"*, como decía con sorna Tomás de Anchorena, único diputado que votó en ese momento por la forma republicana de gobierno. En Buenos Aires los periódicos se hacían cruces por que alguien pudiera pensar en restituir una dinastía que habiendo dejado de existir hacía más de trescientos años *"apenas ha dejado algunos vástagos sin poder, sin opinión y sin riquezas"*. Finalmente, por sugerencia de fray Justo Santa María de Oro, la cuestión de la forma de gobierno quedó para ser tratada más adelante, cuando las cosas estuvieran más claras. En ese momento lo que urgía era declarar la independencia. El 9 de julio de 1816, *"un día claro y hermoso"* según las Actas, un grupo de americanos tuvo el gesto de audacia de autoindependizarse sin dejarse acobardar por el horizonte cargado de amenazas. *"A la pregunta formulada en alta voz por el secretario Paso: Si querían que las Provincias de la Unión fuesen una nación libre e independiente de los reyes de España, los diputados contestaron con una sola aclamación, que se transmitió como repercutido trueno al público apiñado desde las galerías y patio hasta la calle."* Así sintetizaba Paul Groussac lo que sus amigos tucumanos le habían contado, tal como lo recibieron de sus mayores. También le hablaron muchas veces con entusiasmo del baile del día siguiente del cual, según sus palabras: *"[...] sólo conservo en la imaginación un tumulto y revoltijo de luces y armonías, guirnaldas de flores y emblemas patrióticos, manchas brillantes u oscuras de uniformes y casacas, faldas y faldones en pleno vuelo, vagas visiones de parejas enlazadas, en un alegre bullicio de voces, risas, girones de frases perdidas que cubrían la delgada orquesta de fortepiano y violín. [...] Y desfilaban ante mi vista interior, en film algo confuso, todas las beldades de sesenta años atrás: Cornelia Muñecas, Teresa Gramajo y su prima Juana Rosa, que fue "decidida" de San Martín; la seductora y seducida Dolores Helguera, a cuyos pies rejuveneció el vencedor de Tucumán, hallando a su lado tanto sosiego y consuelo, como tormento con madame Pichegru [...]"*. Así pues, el general y la niña se habían vuelto a encontrar, pero ¿era ella la misma de antes o, según se desprende de los datos, estaba ya casada con Rivas y era madre de dos niños? [7]

Nadie discute la filiación de Manuela Mónica Belgrano, hija del general y María Dolores Helguera, hermana de Jerónimo Helguera, ayudante de Belgrano desde los catorce años. Por éste y otros motivos, el general frecuentaba el hogar de la *"prestigiosa familia tucumana"* de don Victoriano Helguera y María Josefa Liendo, padres de seis hijos que vivían en lo que ahora son las esquinas de San Martín y Maipú.

Belgrano, según Ventura Murga, había prometido casamiento a la niña cuando la conoció en 1812, pero las

---

[7] Un artículo escrito por Ventura Murga y publicado por la *Revista de la Junta de Estudios Históricos de Tucumán*, Nº 3, año III, contiene interesantes y contradictorios datos sobre este tema.

obligaciones de la guerra le impidieron llevarlo a cabo y cuando volvió a Tucuman *"se encontró con lo irremediable: a su novia la habían hecho casar con un hombre que luego nomás la abandonó"*.[8] Lo interesante de este dato es que hicieron casar a la joven Dolores con un señor Rivas *"que luego nomás la abandonó"* ¿Cuánto tiempo es "luego nomás"? Murga menciona algo muy importante para poner luz en este asunto: *"el largo pleito que sobrevino entre Manuelita (Belgrano) y sus medio hermanos de apellido Rivas Helguera, por la cuadra de terreno que el general había dejado a su hija, conforme a la nota que envió al cabildo el 22/1/1820 [...] María de los Dolores Helguera de Rivas, fue fiel a la voluntad de Belgrano: declaró que los terrenos pertenecían exclusivamente a Manuela Mónica y no a sus hijos."* Si Dolores estaba separada de Rivas cuando tuvo a Manuela Mónica, indudablemente los hijos varones debieron nacer antes.[9] Pudo haberse casado a los quince o dieciséis años, cosa muy frecuente en esos tiempos, haber tenido dos hijos y estar resplandeciente a los dieciocho años, en el esplendor de su maternidad, para la fiesta del 10 de julio de 1816, en la cual se volvieron a encontrar... estando ella casada. ¿Estaba ya separada? ¿O la causa de la separación fueron sus amores con Belgrano? ¿O se separó después que nació la niña? En cualquier caso, ella estaba casada en 1816. Esta sería entonces la razón por la cual el general no pudo ni siquiera reconocer oficialmente a su hija en su testamento.

---

[8] Ventura Murga, "Los afectos de Belgrano en Tucumán", *Revista de la Junta de Estudios Históricos de Tucumán*, 1970, año III, N° 3.

[9] Estos testimonios aparecen también en un artículo de fray Jacinto Carrasco quien se carteaba con el doctor Mario Belgrano, nieto de Manuela Mónica y recibió las versiones familiares de las hijas de su primo, don Marcelino Liendo.

En su artículo sobre la hija de Belgrano, Mendez Avellaneda aclara más este asunto. Después de citar su testamento donde éste declara *"ser de estado soltero y no tener descendientes"*, añade *"Si revisamos los protocolos de escribanos y las testamentarías de la época encontraremos muy pocos casos donde el testador, en el momento de dictar su testamento al escribano y frente a los testigos, generalmente amigos o conocidos, confiese la existencia de hijos naturales. Sin embargo, de acuerdo a los archivos parroquiales del siglo XIX, abundaban los nacidos que detentaban ese estado. Aproximadamente un tercio de los bautizados registrados en los llamados Libros de Españoles figuran como "hijos de padres no conocidos" [...] Aún no había llegado la era victoriana, y eran muy rudimentarios los métodos de control de la natalidad."*. ¿Por qué no se los reconocía en los testamentos? Por no dañar la honra de la madre, soltera o casada con otro, ya que en el acto estaban presentes amigos y parientes que no tenían por qué saber lo que quería guardarse en secreto. En otro tipo de documento se podía expresar la última voluntad, como lo hizo Belgrano en una carta dirigida al ayuntamiento de Tucumán en la que decía: *"La cuadra de terreno contenida en la donación que me hizo la MI [...] con todo lo en ella edificado por mí, pertenece por derecho de heredad a mi hija Da. Mónica Manuela del Corazón de Jesús, nacida el cuatro de Mayo de 1819, en esta Capital, y bautizada el siete, siendo sus padrinos Dña. Manuela Liendo y Dn. Celestino Liendo, hermanos y vecinos de la misma para que conste lo firmo hoy, veintidós de enero de 1820 en la Valerosa Tucumán, rogando a las Juntas Militares como a las Civiles, le dispensen toda justa protección. M. Belgrano."* [10]

---

[10] Citado por Isaías J. García Enciso en "Certificación filial de Manuela Mónica, la hija menor del general Belgrano", Bs. As., 1977.

Otro testimonio de la filiación es un escrito citado por Mitre, en el cual Belgrano recomienda a su hermano, el clérigo Domingo Estanislao, *"secretamente que, pagadas todas sus deudas, aplicase todo el remanente de sus bienes a favor de una hija natural llamada Manuela Mónica, de edad de poco más de un año, que había dejado en Tucumán"*.[11] A su vez, el clérigo escribió en 1824 a su hermano Miguel, dándole instrucciones para que empleara los saldos de los réditos de 40.000 pesos otorgados a Manuel por el gobierno nacional *"en la educación física y moral y en el mantenimiento y vestuario de la niña doña Manuela Mónica que se halla en la edad de cinco años y que debe residir en Tucumán en poder de Dolores Helguera y Liendo, haciendo con dicha niña las veces de Padre hasta que llegue a tomar estado, a cuyo efecto adoptarás todas las medidas que juzgues oportunas y nada omitirás para que la dicha niña reciba la más distinguida educación en todo respecto."*[12]

La familia Belgrano cumplió con el encargo del más glorioso de sus miembros: Manuelita vivió en Tucumán con su madre hasta 1825, en que fue llevada a Buenos Aires para vivir con su tía Juana Belgrano de Chas, que la trató con cariño dándole una buena educación. Ella misma había tenido dos hijos naturales a quienes su marido diera luego el apellido. También Domingo, el hermano clérigo, era padre de un hijo, en este caso sacrílego, habido con Mauricia Cárdenas. Que en una familia burguesa de buen pasar, firmes convicciones religiosas y buenas costumbres como lo eran los Belgrano, haya habido tantos casos de hijos naturales, es debido a que no existía a principios

---

[11] Citado por Juan Méndez Avellaneda en "La hija de Belgrano", *Todo es Historia*.

[12] Ibid.

del siglo XIX la represión sexual, condenada moral y socialmente, de fines de ese siglo y principios de éste.

Manuela Mónica del Corazón de Jesús se casó en 1853 con un pariente político, Manuel Vega Belgrano, *"hijo de portugueses, hombre de empresa y pionero del Azul"* y tuvieron tres hijos. En Azul estaba viviendo también aquel niño huérfano adoptado por Rosas y medio hermano de Manuela: Pedro Rosas y Belgrano. ¿Casualidad? No, unión familiar. En esos tiempos la solidaridad de las familias era el arma más poderosa contra las dificultades y la adversidad. La extensa familia de los Belgrano había acogido en su seno –es decir, en la casa paterna–[13] a todos los hermanos y a sus hijos naturales o legítimos.

Si bien Pedro Rosas y Belgrano no necesitaba protección, su padre había dejado dicho que, a su mayoría de edad lo informaran de que era su hijo. Así lo hizo Rosas en 1837, cuando el muchacho tenía veinticuatro años y había sido nombrado Juez de Paz del Azul, donde poseía extensas tierras, regalo de su padre adoptivo. Desde entonces empezó a firmar Pedro Belgrano y trabó relación con sus recuperados parientes, especialmente con su medio hermana Manuela Mónica. No sería raro que hubiera sido el mismo Pedro quien presentara a su medio hermana, ya de treinta y tres años, a su futuro marido Manuel Vega Belgrano, que tenía cuarenta y vivía en el Azul.

Que la relación entre los hijos de Belgrano fue muy fluida lo demuestra la correspondencia entre ellos. El 24 de diciembre de 1860, Manuela le escribe: *"Mi querido hermano: Siendo imposible a Manuel y a mí asistir a que le pongan el óleo a nuestro ahijado Manuel Casimiro del Corazón de Jesús, te pido admitas a Pedrito en nombre*

---

[13] Quedaba en la actual Av. Belgrano, a treinta metros de la iglesia de Santo Domingo.

del padrino que haga sus veces, así como que Dolorcitas
me represente, para lo cual, creo, no haya dificultades
[...] Mi tía Juana [14] *y demás Familia envían sus afectos y*
yo la bendición para mi ahijado y para ti, el afecto de tu
hermana." [15]

Pedro Belgrano, que se había convertido en un rico
estanciero, se había casado en octubre de 1851, a los
treinta y ocho años, con Juana Rodriguez en la iglesia de
Azul, siendo sus padrinos María Josefa Ezcurra y Manuel Angel Medrano. De este matrimonio nacieron nada
menos que dieciséis hijos, de los cuales sobrevivieron
Pedro, Dolores, Juana Manuela, Braulia, Melitona, María
Josefa, Manuel, Juan Manuel, Francisco y Emiliano. Los
nombres perpetuaban también la unidad familiar.

Mónica Manuela murió en 1866, dejando a su marido, según carta a su pariente tucumano Marcelino de la
Rosa, *"un vacío imposible de llenar, porque puedo decir a*
Ud. que además de todas las bellas dotes con que Dios la
había favorecido, era el modelo más cumplido de las es-
posas y de las madres. Ya puede Ud. Valorar cuál será mi
pena con semejante pérdida". [16] Tenía cuarenta y siete años
y su hijito mayor, Carlos, apenas había cumplido siete.

Muchas preguntas quedan sin contestar sobre la rela-
ción amorosa entre Belgrano y María Dolores Helguera.
Marcelino de la Rosa, que se carteaba asiduamente con
Manuela Mónica y su marido, era casado con Gertrudis
Liendo, hija del general Pedro Liendo, tío y padrino de
Manuela Mónica. Por él se saben algunos detalles más,
como por ejemplo que el general mandaba muchísimas

---

[14] Se trataba de Juana Belgrano, la tía que la criara, a la sazón, de ochenta
años.
[15] García Enciso, Certificación de filiación, etc.
[16] Ventura Murga, Op. cit

cartas desde la Ciudadela, para averiguar la salud de la niña a la que llamaba *"su palomita"*. El cuartel quedaba a pocas cuadras de la casa pero, para evitar la maledicencia, no podía visitar a la hija. *"Todas esas cartas fueron destruidas"*, termina diciendo don Marcelino a Vega Belgrano. Decían que la relación había comenzado en 1816, a raíz de aquella fiesta de la independencia. [17]

Durante esos últimos cuatro años en Tucumán, Belgrano se carteó asiduamente con Güemes y a través de esas cartas nos llegan ecos de sus inquietudes, preocupaciones y deseos. Era el jefe del ejército pero lo tenía inactivo por falta de medios para emprender la gran ofensiva que sería necesaria. Lo único que podía hacer era aconsejar y ayudar con lo poco que conseguía a Martín Miguel de Güemes que era el que llevaba la guerra. *"Deseo que Ud. me diga qué fuerzas hay en vanguardia* –escribía el 18 de agosto del 16– *cuáles tiene, así el Marqués (Fernández Campero) como Uriondo y cuántas existen en la provincia; qué número es el del enemigo, qué jefes lo mandan, qué puntos ocupan. Mi ánimo es proceder con acierto, y sin datos no es posible conseguirlo, como usted conoce."* El 3 de septiembre del mismo año mostraba su preocupación por lograr un ejército de hombres honestos: *"Estoy empeñado en limpiar al ejército de hombres indignos de llevar el uniforme, porque es preciso que sepamos que sin milicias honradas y en orden es imposible que se sostenga nuestra nación. Además se hace odioso el uniforme cuando lo visten hombres inicuos"*.

La pobreza de Belgrano era cierta. Vivía en forma muy espartana y su único lujo era, según José Celedonio Balbín que lo trató en Tucumán, una volanta inglesa de

[17] Ibid.

dos ruedas con un caballo que él manejaba. La casa que se mandó hacer en la Ciudadela, tenía techo de paja y por todo mobiliario dos bancos de madera, una mesa ordinaria y un catre de campaña con un colchón raquítico y siempre doblado. *"Se hallaba siempre en la mayor escasez, así es que muchas veces me mandó pedir cien o doscientos pesos para comer. Lo he visto tres o cuatro veces en diferentes épocas con las botas remendadas [...]"* [18]

Los dos últimos años fueron muy amargos. A sus malestares físicos se sumaban los del alma: le dolía la ingratitud de un pueblo por el cual había sacrificado su vida. El fiel doctor Redhead, que Güemes le enviara por sus muchas dolencias, evitó que sufriera la postrera humillación de que los sublevados tucumanos que restituyeron el poder a Bernabé Araoz, pusieran grillos en sus piernas hinchadas.

Ya nada tenía que hacer allí. Sólo lo retenía el afecto secreto por su hija y por la mujer que más había amado. Casi nunca las veía. Su amigo Balbín le prestó unos pesos para que pudiera volver a morir a Buenos Aires, cuidado por los suyos. Lo acompañaban sus fieles de siempre: sus ayudantes Jerónimo Helguera y Emilio Salvigny, su capellán y el doctor Redhead. Antes de irse quiso ver por última vez a su hijita: *"La víspera de la partida, postrado en cama como estaba, hizo que se la llevaran por la noche para acariciarla por última vez. Fue una escena que poquísimos amigos presenciaron, con lágrimas en los ojos."* [19] Después de un largo y penoso viaje llegó a casa de su hermana Juana, casada con Francisco Chas, con quien años más tarde viviría la pequeña Manuela. Allí por lo menos

---

[18] Citado por Busaniche en *Estampas del Pasado*.
[19] Relato de la familia a fray Jacinto Carrasco, citado por Ventura Murga en Op. cit.

moriría rodeado del cariño y los cuidados que no había podido recibir de la mujer amada.

Sus palabras, plenas de esperanza en la adversidad, nos llegan desde el pasado: *"[...] sólo me consuela el convencimiento en que estoy, de que siendo nuestra revolución obra de Dios, él es quien la ha de llevar hasta su fin, manifestándonos que toda nuestra gratitud la debemos convertir a su Divina Majestad y de ningún modo a hombre alguno."* [20]

Manuel Belgrano murió el 20 de junio de 1820, el día más anárquico del anárquico año 20. Sus últimas palabras fueron para la revolución. Pero quizás su último suspiro haya sido para aquel amor contrariado, al que llegó tarde, ocupado como estaba en forjar un destino grande para la patria que tanto amaba.

---

[20] *Memorias de Belgrano*, Eudeba.

La más bonita de Salta

Siempre se nos presentó a Güemes como "el defensor de la frontera norte", partiendo de una base falsa, ya que ni Salta ni Jujuy estaban al norte de las Provincias Unidas ni eran frontera, más que con los indios del Chaco.

La independencia que nuestros próceres juraron era la de "las Provincias Unidas del Río de la Plata", es decir, lo que quedaba del virreinato después de la separación del Paraguay. La frontera norte estaba en el río Desaguadero y la frontera sur, lindera con los indios pampas, se iba corriendo hacia el Salado mediante la línea de fortines. Con lo que el noroeste argentino venía a constituir el mismo centro. Al norte estaban las provincias del Alto Perú, hoy Bolivia, donde la insurrección contra los españoles había sido ahogada en sangre en 1809, sin ser nunca del todo sofocada. Allí habían sido fundadas la ciudad más rica, Potosí, y la más culta del virreinato, Chuquisaca. Sin embargo, por su posición estratégica, Buenos Aires había sido elegida capital de ese coloso que fue el virreinato del Río de la Plata, y había ido creciendo y progresando de acuerdo a su jerarquía.

Las regiones que abarcaba este inmenso virreinato eran tan distintas por su geografía y por los pueblos indígenas que las habitaban antes de la conquista, que ha sido un milagro que dicho virreinato no se desmembrara aún más de lo que lo hizo. Ese milagro lo debemos a hombres de grandes miras como San Martín, Belgrano y Güemes, que tenían una visión amplia de lo que era la Patria, no limitada por intereses mezquinos y localismos de campanario. Esta visión era compartida por muchos provincianos y porteños que pelearon en las guerras del Alto Perú codo a codo defendiendo su territorio con la misma convicción. Por eso era tan natural que el cadete Güemes, de la 7ª Compañía del Batallón de Fijos, hubiera actuado en las invasiones inglesas cuando abordó a caballo el barco "Justina" aprovechando la marea baja,[1] o como cuando vigilaba por las noches que no entraran lanchas de contrabando. Tenía entonces veintiún años y la humedad del río afectó a sus pulmones acostumbrados al aire seco de Salta, a donde volvió enfermo y dolorido por la muerte de su padre.[2]

Don Gabriel de Güemes y Montero, hidalgo español nacido en Santander, había llegado al flamante virreintato del Río de la Plata en 1777 para ocupar el cargo de Oficial de las Cajas reales en la ciudad de Jujuy. De buena posición y apostura, pudo casarse con una niña de la sociedad tradicional, María Magdalena de Goycochea y la Corte, descendiente de Francisco Argañaraz y Bernardina Mejía Miraval, fundadores de la ciudad. Cuando en 1738 se creó la intendencia de Salta del Tucumán, fue ascendido a Tesorero de la Real Hacienda, con asiento en Salta. Su segundo hijo, Martín Miguel, nació el 8 de febrero de 1785 y fue bautizado dos días después en la catedral de

---

[1] Según cuenta Pastor Obligado.
[2] Casi todos los documentos citados, proceden de la monumental obra en siete tomos *Güemes documentado*, de Luis Güemes, Plus Ultra, Bs.As., 1979.

Salta. Martín y sus ocho hermanos se criaron alternando la vida en la ciudad con largas estadías en los campos que había heredado doña Magdalena. Allí pudieron conocer a fondo a los paisanos, humildes y dignos, y aprendieron a gozar de la libertad de los anchos espacios y las largas cabalgatas. Macacha, la hermana preferida de Martín, compartía con él la estima del "pobrerío" criollo. Pero el ser diestro jinete y experto en las cosas de campo no impidieron a Martín recibir una sólida educación, como lo prueban sus cartas y partes de batalla en los que no faltan citas clásicas, seguramente aprendidas de su maestro, Manuel Antonio Castro de quien se decía *"apasionado discípulo y amigo"*.

Al producirse la revolución de mayo, Güemes, de veinticinco años, acababa de participar en una expedición al Chaco salteño destinada *"a recorrer las fronteras [...] y concertar la paz que solicita el cacique chiriguano Cumbay"*, según informaba al virrey el gobernador Nicolás Severo de Isasmendi. Su siguiente misión, en septiembre de 1810, fue impedir la llegada de tropas reales o la posible evasión de realistas por la quebrada de Humahuaca. En pocos meses pasó de la exuberante fronda tropical del Chaco salteño, donde había que abrirse paso a machete, a las áridas montañas de colores de la quebrada. En ese escenario grandioso de cielos siempre azules, piedras y cardones, transcurriría gran parte de la gesta emancipadora. Los caminos que unían aquellos pueblitos serían recorridos una y otra vez por las tropas criollas y las realistas. Cada pueblo de la quebrada guarda un recuerdo: Volcán, Tumbaya, Purmamarca, Tilcara, Huacalera, Uquía, Tres Cruces, Abra Pampa, Yavi... ecos de un rico pasado indígena, de una prosperidad que se mostraba en interminables recuas de mulas. Desde aquel septiembre de 1810, serían testigos de heroicos embates por la libertad.

Por su primera acción en el paraje de Cangrejos, Güemes fue ascendido a capitán. De allí pasó a Tarija, en la vanguardia del ejército del Norte, comandado por Balcarce, con el objetivo de preparar una fuerza de milicianos tarijeños que se unirían a los salteños y jujeños. Ya se podía apreciar en él un especial carisma para tratar a sus hombres y un espíritu compenetrado con sus problemas y conocedor de su sensibilidad.

El 7 de noviembre Balcarce se decidió a dar batalla en los llanos de Suipacha. Sería el primer gran triunfo de la revolución *"con la total dispersión de las fuerzas enemigas y la toma de su artillería y cuanto llevaban"*, según indicaba el parte oficial. La actuación de Güemes y sus hombres había sido decisiva y sin embargo, ni Castelli ni Balcarce lo mencionaban; pero sí lo hacía el coronel Lorenzo Lugones: *"El valiente coronel Balcarce, jefe de nuestra retaguardia, perseguido por los enemigos hizo una rápida retirada hasta Nazareno, donde pudo hacer pie con la reunión de dos o tres divisioncillas que marchaban a una misma dirección, siendo la mayor de las que se replegaron la que mandaba el teniente coronel de milicias de Salta, don Martín Miguel de Güemes: con este refuerzo volvió Balcarce en busca de los que lo perseguían, les dio encuentro en Suipacha y los batió y derrotó completamente."*

Días después, Castelli encomendaba a Güemes una importante misión de la que daba cuenta a la Junta: *"Ayer he mandado destacar [...] una partida de 150 hombres montados, armados y municionados, con sus correspondientes oficiales, al mando del capitán don Martín Güemes con destino a ocupar la cabeza del partido de Cinti, provincia de Charcas [...] No dudo del feliz éxito de esta disposición cuando está a cargo del capitán Güemes (uno de los oficiales de provincias incorporados al ejército) y manda tropas tarijeñas que son superiores."* ¿Por qué, luego, esa mezquindad de no mencionar en el parte al joven capitán salteño? Supone el autor del "Güemes documentado" que esto se debe a la actitud crítica del joven que no pudo ocultar su impaciencia ante la *criminalísima demora, después del triunfo en Suipacha, lo que dio lugar a que Goyeneche reforzase su ejército con siete mil combatientes"*, según él mismo afirmaba en 1815.[3] La Junta era la responsable de esta actitud, pues había ordenado no avanzar y luego firmar un armisticio con Goyeneche, por temor a un descalabro del Ejército Auxiliar. Esa era la gran desventaja de mandar desde tanta distancia. Por eso los grandes, como San Martín, no obedecían órdenes de Buenos Aires cuando eran insensatas. El descalabro llegó el 20 de junio de 1811 en la derrota de Huaqui, donde se perdió casi todo lo logrado en Suipacha. La guerra, que hasta entonces era ofensiva, se tornó defensiva. El general Belgrano pasó a hacerse cargo del Ejército Auxiliar del Norte, instalando en Jujuy su cuartel general. La quebrada de Humahuaca volvía a convertirse en el lugar clave para las comunicaciones con el Alto Perú. Desde Volcán, Güemes con sus milicias gauchas fue otra vez destacado para impedir el paso de las probables avanzadas realistas.

Martín Güemes, por entonces de veintisiete años, tenía como todos, sus aventuras galantes. Lo malo era que había elegido una mujer casada y para peor, con un compañero militar, el teniente de dragones Sebastián Mella.

---

[3] Hay en nuestra historia oficial muchas cosas inexplicables que por lo tanto no convencen, no se entienden o "no cierran". La paciente labor de los historiadores de este siglo está recomponiendo de a poco esa trama tan retocada por los historiadores del siglo pasado que solían mezclar historia con política callando algunos hechos o tergiversando otros.

Ella se llamaba Juana Iguanzo y, según la tradición, tenía el bello tipo criollo–andaluz que caracterizaba a las mujeres salteñas: pelo lacio y negro, ojos brillantes y oscuros, color blanco aceitunado...y una gracia especial para hablar, moverse y reír. El romance venía de larga data, pues el marido había declarado que *"en tiempos del general Pueyrredón había puesto en él la queja y no sacó otra cosa que ser burlado y vejado; de cuyas resultas se había resuelto ya abandonarla."* Esta figura poco atractiva de "marido complaciente" explica el apasionamiento de Juana por la opuesta figura del capitán Güemes, varonil y bien plantado, que cautivaba a todos con su elocuencia y su sonrisa pero al mismo tiempo no temía a nadie y sabía decir las verdades a los poderosos. Era también enemigo de toda simulación y confundiendo hipocresía con prudencia, no ocultó a nadie esos amores adúlteros. La sociedad perdonaba esas relaciones cuando no eran explicitadas –el propio Belgrano las tenía– pero en este caso, en la inconsciencia de su juventud, los amantes no hicieron ningún recato de sus amores. Algunos enemigos de Güemes aprovecharon la ocasión para llenarle la cabeza al honesto general Belgrano, quien, pensando cortar de raíz el mal, lo envió a Santiago del Estero. Pero el remedio fue peor que la enfermedad pues, como dice Cesar Perdiguero, *"seguidora era la moza"* y allí fue ella a instalarse... con su marido y en la misma casa del capitán castigado.

"Habiéndome informado el alcalde de la ciudad de Santiago, don Germán Lugones, de la escandalosa conducta del teniente coronel graduado don Martín Güemes con doña Juana Iguanzo, esposa de don Sebastián Mella, teniente de dragones en el ejército de mi mando, por vivir ambos en aquella ciudad aposentados en una sola mansión y habiendo adquirido noticias de que este oficial ha escandalizado públicamente mucho antes de ahora con

esta mujer en la ciudad de Jujuy, llamé a su esposo Mella, y le reconvine porqué estaba separado de ella, a lo que me contestó haciéndome presente la amistad ilícita que ella tenía con el expresado Güemes, quien le había amenazado repetidas veces que le había de quitar la vida por haber intentado poner remedio a ese exceso[...] he tomado la resolución de mandarle a Güemes [...] que dentro de veinticuatro horas de recibida mi orden se ponga en camino para esa ciudad [...] Espero que vuestra excelencia se dignará aprobar estas medidas en que sólo he tenido por objeto la conservación del orden, el respeto a la religión y el crédito de nuestra causa, que ha padecido sobremanera por la tolerancia de algunos jefes y magistrados en la comiseración de esta clase de delitos. Dios guarde a vuestra excelencia muchos años. Tucumán, 10 de noviembre de 1812. Manuel Belgrano, al Excelentísimo Superior Gobierno de las Provincias Unidas del Río de la Plata."

Fue así como Martín Güemes, héroe máximo del noroeste argentino, no pudo demostrar su valor y su patriotismo en las fundamentales batallas de Tucumán y Salta. En su viaje a Buenos Aires, conduciendo ocho prisioneros, tuvo tiempo de reflexionar sobre la jerarquía de sus acciones, madurar y obrar en consecuencia. Después de la derrota de Ayohuma, Belgrano desde Humahuaca pidió ayuda a los pueblos de Jujuy y Salta. Tras de ellos avanzaba el ejército realista al mando de Pezuela. Don Pedro José Saravia organizó la resistencia desde Guachipas. Hacia allí se dirigieron todos los hombres aptos para la lucha.

Mientras tanto el gobierno de Buenos Aires designó al coronel San Martín para reemplazar a Belgrano y reorganizar el Ejército que estaba desmoralizado y sufriendo continuas deserciones. Con él iba Martín Güemes a quien el Libertador, sabedor de su conocimiento de la gente y del terreno, encargó la misión de *"sostener la línea del río Pasaje"* y no dejar pasar de allí a los realistas que habían avanzado hasta Salta. El campamento militar se reunió en La Ciudadela, cerca de la ciudad de Tucumán, donde San Martín se dedicó a adiestrar al anárquico Ejército Auxiliar del Norte para pasar otra vez a la ofensiva. Ya había tenido ocasión de felicitar a Güemes y sus milicias "de paisanos" por los *"ataques a la brusca"* o de guerrillas, que habían retomado con todo éxito sembrando la confusión entre los realistas. *"Es imponderable la intrepidez y el entusiasmo con que se arroja el paisanaje sobre las partidas enemigas, sin temor del fuego de fusilería que ellas hacen. Tengo de esto repetidos testimonios"*, escribía San Martín a Posadas. Este informe le valió a Martín Güemes ser ascendido a teniente coronel efectivo del ejército, *"concediéndole las gracias, excepciones y prerrogativas que por este título le corresponden"*.

A todo esto los continuos hostigamientos de Güemes y sus gauchos habían obligado a Pezuela a retirarse de Salta y luego de Jujuy, para adentrarse en la quebrada de Humahuaca.

A mediados de 1814 se suscitó una contienda entre Martín Rodríguez y Martín Güemes, por cuestiones de celos y envidias entre los soldados de línea y las milicias gauchescas. Güemes mandó entonces a Rodríguez un enérgico oficio reprochando su actitud. Entre otras cosas le decía: *"Absténgase V.S de tener diferencias ni incomodar a mis gauchos atendiendo a sus distinguidos servicios y meditando los acaecimientos que sobrevendrían de tenerlos inquietos y de incomodarlos."* Al día siguiente recibía la indignada respuesta de Rodríguez: *"¿Quién es usted, señor comandante de gauchos, para apercibirme?"* Esta anécdota es ejemplo de lo que sucedía entre el gobierno de Buenos Aires y las provincias, por disímiles intereses difíciles de conciliar.

Como consecuencia de esta reyerta, Güemes y sus milicias se separaron del Ejército Auxiliar y el "comandante de gauchos" lanzó una proclama a sus coprovincianos, pidiendo que se incorporaran a la causa de la libertad: los que no tomaban las armas deberían hacer contribuciones en dinero, caballos, trigo, etc.[4] Jefe natural de la provincia, Güemes avanzó por la quebrada y el 14 de abril de 1815 sorprendió a Pezuela en el Puesto del Marqués,[5] derrotándolo por completo y volvió a Salta donde fue aclamado y elegido gobernador por el Cabildo.

1815 sería fundamental en la vida de Güemes. Ya había cumplido treinta años, estaba en la plenitud de su vida y de su gloria y había madurado lo suficiente como para querer fundar una familia. Era el gran candidato de Salta, codiciado por todas las jóvenes de abolengo. Juana Manuela Gorriti que lo conoció siendo muy niña, lo describía de esta manera: *"[...] un guerrero alto, esbelto y de admirable apostura. Una magnífica cabellera negra y una barba rizada y brillante cuadraban a su hermoso rostro de perfil griego. [...] A su lado una espada fina y corva semejante a un alfanje, brillaba a los rayos del sol como orgullosa de pertenecer a tan hermoso dueño. Montaba éste un fogoso caballo negro como el ébano, cuyas largas crines acariciaba distraídamente. [...] Aun en la corta edad que yo tenía, había visto a los hombres más hermosos de Buenos Aires, ese país de los hombres hermosos. Los había contemplado*

---

[4] En Salta vivían muchos comerciantes españoles enriquecidos por el intenso intercambio con el Alto Perú y el tráfico de mulas. En la feria de Sumalao se vendían desde fines del siglo XVIII, más de 60.000 mulas por año. Salta era una ciudad próspera y su distrito comprendía a Jujuy, Tarija y Catamarca.

[5] Llamado así por el marqués de Tojo, Fernández Campero, primo de Güemes y único título nobiliario en la gobernación del Tucumán.

doblemente bellos bajo el espléndido uniforme de aquella época, blanco, azul y oro; pero jamás ni aun en mi fantástica imaginación de niña, había soñado la brillante aparición que tenía ante los ojos [...]" [6]. Aunque el entusiasmo por Güemes, tan amigo de su padre, haya hecho exagerar a la mujer que escribía esto en 1858, es indudable que algo de cierto habría.

Se había corrido la voz de que este espléndido candidato se casaría con una de las hijas de don Pedro José Saravia, gran amigo suyo, que había sido jefe de la avanzada de Guachipas cuando él era jefe de la avanzada del Pasaje. Todo parecía muy apropiado.

Güemes y sus gauchos fueron agasajados en la hermosa finca de Castañares, propiedad de los Saravia, donde se dijo una misa en acción de gracias por el triunfo de Puesto del Marqués. Pero sucedió un imprevisto: Güemes quería casarse por amor, y la niña de Saravia no le gustó. *"Hubieron empeños, aunque infructuosos"*, y la familia Saravia quedó muy dolida. Quienes estaban acostumbrados al antiguo régimen en el que los padres arreglaban los casamientos, no podían entender esto más que como un agravio. Para las nuevas mentalidades románticas y libertarias que preconizaban los casamientos por amor, la actitud de Martín Güemes fue vista con comprensión y simpatía.

Macacha Güemes, que conocía bien a su hermano, se las arregló para presentarle en un baile a Carmen Puch, la niña más linda de Salta, aquella a quien el general Rondeau había llamado *"la divina Carmen"*. Era una deliciosa joven de dieciocho años, más bien menuda, de ojos azul oscuro y abundante cabellera rubia y enrulada como un ángel de Botticelli. Según Bernardo Frías, *"era la mujer*

---

[6] Juana Manuela Gorriti, *Páginas literarias*, El Ateneo, Bs. As., 1930.

más bella de su tiempo y tenía una bondad tan elevada como su hermosura." Un amigo de Güemes, José Andrés Pacheco de Melo, al enterarse de su casamiento, lo felicitó con estas palabras: *"Te doy la enhorabuena por la elección tan acertada que has hecho, tanto por la hermosura de esa señorita cuanto por las virtudes que la adornan."* También la entusiasta Juana Manuela Gorriti pondera la belleza de Carmen Puch: *"[...] con sus grandes ojos de un azul profundo, sus negras pestañas, sus dorados rizos que ondulaban voluptuosamente en torno de su blanco cuello mientras ella hablaba alegre y festiva [...]"*[7]

Güemes quedó flechado. Ella, que ya lo admiraba, se enamoró perdidamente de este hombre que tenía todas las cualidades de un príncipe de cuento de hadas: era valiente, noble, muy buen mozo, gran jinete y ¡gobernador de Salta! Tenía además una corte fiel de gauchos que morirían por él. El problema era que tendría que compartirlo con ellos y con la Patria. Pero Carmen estaba dispuesta a todo, y se casaron el 10 de julio de 1815, a los dos meses de haberse conocido.

Los tiempos de la Patria eran muy exigentes y al marchar para el combate no se podía estar seguro de volver. La mujer de un soldado de la independencia debía tener el temple necesario para hacer de madre y padre a la vez cuando su marido estuviera ausente. Debería ocuparse de los negocios, de la administración y economía del hogar y, por sobre todo, alentar a su marido y tragarse la angustia de las separaciones, la incertidumbre de la soledad. No es difícil imaginar lo que debían sentir estas jóvenes, criadas austeramente pero sin ninguna preocupación, habituadas a la vida muelle anterior a la revolución de mayo, al verse separadas de aquel que era y sería su único hombre.

---

[7] Ibid

Aparecían estos semidioses en los bailes, teatros, tertulias, o a la salida de la iglesia, semejantes a príncipes en sus uniformes de gala, haciendo alarde de valor y derrochando simpatía y seguridad. Ellas se enamoraban perdidamente, se casaban, venían los hijos; ellos se iban a la guerra en interminables viajes por tierras lejanas. Ellas cerraban la puerta y se quedaban solas. Rezaban por el ausente y trataban de reemplazarlo en todo lo que pudieran.

Eran tiempos difíciles, no sólo para los que peleaban sino también para aquellas que continuaban la vida en medio del dolor de la ausencia, pendientes de las cartas que llegaban de tarde en tarde, careciendo de un afecto imposible de suplir, sintiendo la quemazón de los celos cuando mencionaban demasiado a alguna "niña" del lugar en donde estaban –por guerra o exilio– y teniendo que resolver solas los problemas cotidianos. Ellas, ayudadas por sus criadas negras o criollas, eran quienes educaban a los hijos en esos años trascendentales de la primera infancia y trataban de inculcar los valores cristianos que habían recibido de sus mayores. Un buen día volvían "ellos", con el prestigio de una batalla ganada o una misión cumplida y ellas retomaban la adoración del héroe, no sabiendo si alegrarse demasiado para sufrir menos en el momento en que, inexorablemente, deberían despedirse otra vez. Salvo excepciones, todas estaban al tanto de las maniobras políticas y compartían los ideales de su marido. La fe religiosa y estos ideales las ayudaban a vivir y las sostenían en los momentos de aflicción profunda.

Cuatro días después de la boda, Güemes comunicaba al Director Supremo la novedad: *"Excelentísimo señor: Consultando la tranquilidad de mi espíritu, el mejor servicio de Dios y de la patria, he contraído matrimonio el día diez del corriente con doña María del Carmen Puch, hija legítima, y de legítimo matrimonio del teniente coronel graduado don Domingo Puch, y de doña Dorotea de la Vega Velarde, de las principales y más antiguas familias de este pueblo. Sus virtudes morales, su acrisolada conducta y su decidido amor al sistema de América y demás bellas cualidades que la adornan, son bien notorias a cuantos la han tratado. Tengo el honor de comunicarlo a V.E. para su superior inteligencia y fines conducentes, ofreciendo como ofrezco, su sinceridad, afecto y respetos. Dios guarde a V.E. muchos años. Salta, julio 14 de 1815."* Todo militar tenía la obligación de pedir permiso para casarse y en ocasiones, si la dama no era bien vista, trataban por todas maneras de impedirlo, trasladando al novio o aconsejándole que desistiera. Se suponía que un mal casamiento deshonraba al ejército entero.

Martín Miguel
de Güemes.

Carmen Puch
de Güemes.

Se han conservado apenas un par de cartas entre marido y mujer, posiblemente porque, a pesar del continuo movimiento de sus milicias, Güemes no estaba demasiado tiempo fuera de su hogar. Carmen no quería dejarlo ni para irse a veranear a casa de su padre, como lo prueban varias cartas de Güemes a su suegro, donde le transmite las negativas de su mujer a marcharse: *"Su salida a encontrar a mi Carmencita no tendrá el efecto que usted desea, pero así que lleguen los caballos haré que marche a pesar de su insubordinación en esta parte."* [8] Pero no logra convencerla, pues en la siguiente carta dice: *"Mi Carmen, no he podido conseguir despacharla, pero pronto lo verificaré".* Carmen se niega a separarse de su marido, y un mes después Güemes confiesa: *"Carmencita no quiere moverse de la Chacarita, bien que no hay motivo para otra cosa. Está buena y robusta".*

Poco después de su casamiento, Güemes había creado con sus hombres la "División de Infernales de Gauchos de Línea". Así lo hizo saber a las autoridades de Buenos Aires: *"No dudando del beneplácito de V.E. he organizado una división de caballería, [...] Sólo falta la aprobación de V.E. para la consolidación de este cuerpo compuesto de voluntarios patriotas, cuyo objeto es el de asegurar la independencia de nuestras Provincias Unidas, defender la dignidad de su gobierno y los sagrados derechos de la patria."* Pero Balcarce le hace saber que el gobierno de Buenos Aires *"no encuentra motivo para crear en Salta un cuerpo de línea que allí no hace falta; que si consistiera en esto, arruinaría nuestros escasos fondos con el aumento de oficiales".*

Como San Martín al embarcarse para Perú, como Belgrano al dar la batalla de Tucumán, Güemes hizo caso

---

[8] Escribe el 26 de enero de 1817.

omiso a las mezquinas órdenes de Buenos Aires y los Infernales siguieron jalonando de triunfos la historia de la patria.

No es extraño que hubiera desinteligencias entre los jefes porteños y provincianos. Esto redundaba en perjuicio de la gesta emancipadora, por eso los grandes visionarios como San Martín lamentaban tanto la desunión y se alegraban con los pactos de amistad, como cuando en marzo de 1816 Güemes y Rondeau, que volvía de ser derrotado en Sipe Sipe, firmaron el Pacto de los Cerrillos, después de haber estado a punto de combatir entre ellos. También Güemes aspiraba a la reunión de un Congreso que proclamara la independencia y redactara una Constitución. Así lo expresaba en un oficio dirigido a Alvarez Thomas en septiembre de 1815: *"¡Válgame Dios! ¿Cuándo llegará el suspirado día en que veamos reunido nuestro Congreso y que compuesto de sabios y virtuosos formen una constitución libre, dicten sabias leyes y transijan las diferencias y relaciones de las provincias?"*

En 1816 Pueyrredón, nombrado Director Supremo por el Congreso, encomendó a Güemes la defensa de las provincias y la seguridad del Ejército. Desde ese momento las milicias pasarían a cumplir las funciones de un verdadero ejército *"no eran agrupaciones de paisanos sino verdaderos cuerpos fijos y reglados, con fuero militar propio"*, afirma Luis Güemes.

En el mes de julio llegó Belgrano de Europa para comandar el Ejército Auxiliar pero éste no se movería de Tucumán hasta que lo llamaran de Buenos Aires para combatir a los caudillos del Litoral en 1919. Todo el peso de la defensa del territorio cayó sobre Güemes, sus gauchos y los pueblos de Salta y Jujuy, cuyos vecinos debieron contribuir, en forma voluntaria u obligatoria, para mantener a las milicias. Faltaban caballos, faltaban municiones y pólvora, faltaba ropa para los gauchos... faltaba todo. A través de la copiosa correspondencia entre Güemes y Belgrano, podemos enterarnos de la precariedad de medios.

En el Alto Perú las cosas andaban muy mal. Los caudillos que aguijoneaban constantemente a las fuerzas realistas con las guerrillas, fueron sucumbiendo uno a uno. [9] Faltaba lo peor: la invasión del mariscal José de La Serna. [10] Este mariscal había prometido a Pezuela que, para mayo del año siguiente, podría llegar a Buenos Aires con sus tropas. Dejó a Olañeta en Jujuy con 600 hombres y se dirigió a Salta con el ejército de cinco mil con que pensaba poder llegar a la capital. Pero los *Infernales de Güemes* conocían el terreno y en sucesivas emboscadas en Carril, la quebrada de Escoipe y otros lugares fueron diezmando y desmoralizando al ejército realista.

Mientras esto sucedía en Salta, San Martín y su ejército cruzaban los Andes y triunfaban en Chacabuco. [11] La Serna debió iniciar la retirada a principios de mayo, cuando había calculado llegar a Buenos Aires. Los gauchos los fueron persiguiendo hasta que, al llegar a Tilcara, se quedaron sin caballos. [12]

---

[9] Vicente Camargo, que fue descuartizado, Manuel Ascencio Padilla, marido de Juana Azurduy, Ignacio Warnes, gobernador de Santa Cruz de la Sierra. Juan José Fernández Campero, el marqués de Tojo fue derrotado en Yavi y hecho prisionero.

[10] Se había hecho cargo del Ejército realista cuando Pezuela sucedió a Abascal en el virreinato del Perú.

[11] Exaltado escribía Güemes a su suegro: *"Ya estará usted impuesto de la victoria completa de nuestras armas en Chile. Ayer he recibido esta noticia que me la comunica el General, y por momentos espero el detalle de la acción, la que concluyó el mismo San Martín cargando con su caballería, sable en mano, en la cuesta de Chacabuco, a 12 leguas de la capital. ¡Viva la Patria!"*

[12] Desde el mes de marzo clamaba Güemes por ellos: *"caballos y municiones, por Dios, compañero, que vengan con prontitud para que no pare la hostilidad..."* escribía a Belgrano el 20 de marzo de 1817.

El ejército invasor estaba aún peor. Llegó a Tupiza a pie. Se habían tenido que comer casi todos los caballos. La historiografía no ha reconocido suficientemente la importancia de estos hechos, como tampoco al papel que jugó Güemes en el plan y desarrollo –frustrado por su muerte– de la acción ofensivo–defensiva llevada a cabo, no sólo en el noroeste sino en el Alto Perú. En junio del 17 Belgrano y Güemes habían tenido una importante entrevista en el Pasaje.[13] Los dos patriotas se encontraron y Belgrano conoció a la bella esposa de Güemes. A partir de entonces preguntaba por ella en sus cartas, queriendo saber especialmente si ya había sido madre.[14]

A fines de 1817 pasó algo muy importante para los Güemes: el nacimiento de su primer hijo, que llamarían también Martín Miguel. En una carta escrita desde el campamento de la Chacra, él menciona a este primer hijo: *"Mi Carmen adorada: Sin embargo que tú debías haberme escrito, yo soy siempre el primero, convéncete de que mi cariño es, sin disputa, más consecuente que el tuyo. Ahora mismo marcho sin ninguna novedad a pesar de la tormenta de anoche. [...] cuídame mucho a mi idolatrado ñatito y tú cuídateme mucho para ver pronto a tu invariable. Martín."*

---

[13] Entrevista confirmada en dos cartas que Belgrano escribió a Güemes antes y después de realizada. *"El 16 (de junio) salgo sin falta alguna a encontrarme con Ud. en cualquier parte del camino que Ud quisiera; deseo que hablemos porque tengo cosas interesantes que decir a Ud. y sin cuyo acuerdo no podemos hacer cosa de provecho...Yo iré a entrevistarle donde estuviere".*

[14] Después del encuentro, el General Belgrano escribe a Güemes: *"Me afirmo en el concepto que ya tenía, de que sus miras por el bien general son conforme a las mías [...] es preciso esperar a que el gran Ejército de los Andes haga su movimiento, como ya hablamos".*

Pueyrredón concedió a Güemes el grado de Coronel Mayor de los Ejércitos de la Patria, por haber rechazado la invasión de La Serna y días después agregó una pensión vitalicia para su primogénito.

Salta había quedado exhausta después de la incursión de La Serna. El peligro de una nueva invasión realista estaba siempre latente pero el triunfo de San Martín en Chacabuco traía nuevas esperanzas a los patriotas. Belgrano y Güemes habían tenido una entrevista a fines del 17 para hablar del plan de San Martín: llegar a Perú por mar y tomar Lima mientras por el Alto Perú, Belgrano y Güemes cerraban las pinzas al sur del virreinato. Para esto era necesario preparar una expedición con la ayuda de todas las provincias. [15] Pero no todos los gobernantes y caudillos tenían la amplitud de miras necesaria para una acción común, aferrados a sus intereses personales y a sus patrias chicas. Contrastando con esa actitud, el Libertador seguía fielmente su plan, y así se lo comunicaba a Güemes después de la victoria de Maipú. [16] Lamentablemente el movimiento de pinzas planeado no pudo realizarse: en 1819 el Ejército Auxiliar de Belgrano fue llamado a Buenos Aires para reprimir a los caudillos del Litoral y en 1821 la muerte de Güemes terminó con las esperanzas de liberar

---

[15] En un oficio a Belgrano, Güemes describe así la situación: *"las provincias, dice Cicerón, deben mirarse como los diferentes barrios de una misma ciudad, y tener por objeto en sus acciones el bien general de la república, porque de otra suerte en vano es aspirar a un feliz establecimiento"*.

[16] Carta de San Martín a Güemes: *"Mi amigo amado hemos triunfado completamente de los godos y hemos asegurado la libertad de Chile. Sé cuanto agradará a usted esta noticia. Probablemente la Serna se retirará precipitadamente y las provincias del Perú serán libres; vamos amigo a trabajar con tezón ya que la causa de la patria va ganando terreno."*

las provincias altoperuanas. Esta gloria correspondería a otros libertadores que bajaban del norte: Bolívar y Sucre. Por esta razón Argentina perdió ese rico y tradicional territorio que tomó el nombre de Bolivia.

Sin presentir el infausto futuro, Carmen y Martín celebraron en 1819 el nacimiento de Luis, su segundo hijo. La amenaza de invasiones realistas por la quebrada no daba tregua a los salteños. A principios de 1820 el general Ramírez Orozco convenció al virrey de la necesidad de un ataque definitivo sobre Salta y Jujuy. A fines de febrero Güemes, enterado de la inminente invasión, escribió a Bustos, gobernador de Córdoba pidiéndole *"el más acelerado auxilio de caballos [...] sables y útiles de guerra"*, mientras el Cabildo de Salta pedía ayuda a los cabildos de todas las Provincias Unidas: se estaba jugando el destino de la revolución. [17] Era el año 20, el año de la anarquía, y las provincias, demasiado ocupadas en resolver sus problemas locales, no pudieron responder al angustioso llamado de los salteños. Otra vez hubo que recurrir a las contribuciones. [18]

Güemes planeaba dejar avanzar esta vez a las fuerzas enemigas, para que no pudieran volver rápidamente cuando se les informara el desembarco de San Martín en el Callao. Era un juego peligroso en el que la propia familia del gobernador estuvo en riesgo: se corría la voz de que Carmen y sus hijos serían secuestrados para poder

---

[17] *"Todo falta, todo se necesita* –decía el comunicado– *y cualquier especie de auxilios, principalmente cabalgaduras y los de guerra, será recibida como una demostración viva de los sentimientos de patriotismo de los ciudadanos."*

[18] Ante las protestas de gran parte del vecindario, el Cabildo decidió que *"la contribución forzosa directa sea y se entienda por vía de empréstito, siendo las rentas del Estado en todo tiempo responsables de su pago."*

manejar a Güemes. Carmen, con dos chiquitos y un avanzado embarazo, tuvo que huir de Salta al Chamical y luego a la estancia de Los Sauces, propiedad de su padre en Rosario de la Frontera. Casi no hay testimonios de lo que debió ser esta huida a caballo a través del campo, sin más ayuda que la de una criada y un muchachito como guía, temiendo en cualquier momento ver aparecer alguna avanzada del ejército enemigo, sin saber a ciencia cierta dónde estaba su marido. *"La Carmen escapó, a Dios misericordia, caminando hasta Los Sauces y lo mismo Francisquito, pues fueron perseguidos por dos mil hombres..."* dice un fragmento de carta citada por Luis Güemes. "Mamá Gabriela", la criada que los acompañaba, contaba años después a la familia, *"las angustias de este viaje a caballo, perseguidas por el enemigo, trepando y descendiendo cuestas, con dos niños, Martín de tres años y Luis de menos de un año, a quien ella cargaba"*.

Otro testimonio de esta huida es el del muchacho, Francisco Valverde –el Francisquito de la carta–: *"...yo ahora mismo me marcho con la familia del señor gobernador hasta ponerla en seguridad, y de ahí regresarme al campamento"* (del Chamical), declaraba en un oficio del 28 de mayo a las 8 de la mañana.

Las fatigas y temores de esta huida en el octavo mes de embarazo –pues Ignacio nació el 31 de julio– serían fatales para la salud de la madre y el hijo. En medio de los cruentos combates que se libraron en el Chamical del 2 al 8 de junio, Güemes, preocupado por su esposa, le escribió que se alejara aún más, hacia la Candelaria. Ha quedado la respuesta de ella, precioso testimonio de la vida de estas mujeres que hacían patria criando y educando a sus hijos, y al mismo tiempo alentaban a sus maridos demostrándoles su amor sin condiciones. Está escrita en Los Sauces, el 9 de junio del año 20.

"*Mi idolatrado compañero de mi corazón: Acabo de recibir tu apreciable en la que me dices que me vaya a la Candelaria, no lo hago con brevedad, por esperar alguna noticia de que se mueva el enemigo, por dos bomberos (espías) que tengo, uno en el camino del río Blanco y el otro en el Carril. Ahora mismo he mandado a don Juan Rodríguez hasta donde está Gorriti, a que le diga que en el momento que haya algún movimiento me haga un chasqui.*

El principal motivo de no irme es estar mi Luis mío enfermo con la garganta llena de fuegos y con unas calenturas que vuela. Hoy me he pasado todo el día llorando de verlo tan malito. Ahora se ha mejorado mucho con una toma de magnesia que lo ha hecho vomitar y evacuar mucho, aunque ha quedado muy caidito, pero se le ha aminorado la calentura. No creas que estas sean disculpas por no irme. Preguntale a mi tío cómo está mi Luis. No tengas cuidado por mí, estoy con seguridad.

Mi vida, mi cielo, mi amor, por Dios, cuidate mucho y no vayas a estar descuidado. Mi rico, cuándo será el día que tenga el gusto de verte y estrecharte en mis brazos y darte un millón de besos en tu boca. Recibe un millón de besos de tu rico Martín que cada día está más lleno de gracias y picardías y de tu Luis, mil cariños. Y el corazón más fino de tu afligida compañera que con ansias desea verte. Tu Carmen."

Los Infernales, algunas tropas de línea y las milicias gauchas, lucharon sin descanso en distintos puntos hasta el 19 de junio: Cerrilllos, El Chamical y la frontera del Río Pasaje fueron escenario de estos heroicos encuentros. Una vez que los realistas, agotados, iniciaron la retirada, los fueron persiguiendo hasta que en La Caldera (Jujuy) se quedaron sin caballos de repuesto y se agotaron las municiones. Fue esta la última invasión realista a las provincias argentinas: de ahí en más la preocupación del virrey iba a ser enfrentar a San Martín. Faltaba la liberación del Alto Perú. Allí quedó el general Olañeta para no permitir el paso y hostilizar a los patriotas criollos.

No había llegado aún el descanso: era necesario, según el plan conversado con el Libertador, organizar otro ejército para ayudarlo en la campaña del Alto Perú. Esa era la misión que había encomendado a Güemes al nombrarlo Jefe del Ejército de Observación. Las provincias reconocieron el nombramiento pero no pudieron mandar la ayuda solicitada. No había más remedio que seguir recaudando en Salta y Jujuy.

En el año 21 Güemes se encontró rodeado de enemigos: Bernabé Aráoz se negaba a remitirle las armas y municiones dejadas por Belgrano, el Cabildo de Salta lo deponía acusándolo de tirano y apoyando al gobernador de Tucumán. Enterado de lo que estaba ocurriendo, el general Olañeta se puso en comunicación con los enemigos de Güemes. Eran estos los comerciantes que integraban el partido llamado "Patria Nueva", muchos de ellos españoles a quienes sólo interesaba poder vender sus productos en el Alto Perú como habían hecho siempre. Güemes había prohibido comerciar con el enemigo y muchos pensaban que no habría recuperación posible de la provincia si se cercenaba este derecho ya que Salta, como es sabido, desde el siglo XVIII debía su creciente prosperidad al comercio entre el Río de la Plata y el Alto Perú. Sus fértiles valles eran ideales para la cría de mulas, único medio posible de movimiento por esas ásperas quebradas. Pero si la economía era muy importante, la libertad era lo primero. Así pensaban los partidarios de Güemes que, por oposición, adoptaron para su partido el nombre de "Patria Vieja".

De esa época son las últimas cartas de Güemes y su familia que revelan la ansiedad de Carmen por la suerte de su marido. La primera fue escrita desde Los Sauces por Domingo Puch a su hija, que estaba en Salta, para tranquilizarla y enterarla de las novedades:

"*Amantísima hija y todo mi amor: llegué aquí el martes sin novedad y al otro día llegó mi hijo Martín* (Güemes) *lo mismo sin novedad. Ha tenido que trabajar mucho y con su trabajo ha conseguido montar toda la caballería a su satisfacción. Ayer fue al campamento con Manuel* (Puch), *toda la artillería y todas las tropas [...] Si tienes que emigrar venite en tu coche hasta Guachipas, pues no pueden andar ruedas por Cobos, de ninguna manera. Y si acaso tienes que emigrar, saldrá Manuel a encontrarte con animales y gente [...] No tengas cuidado de Martín pues acabo de tener carta de él y le mando unos caballos [...]*"

Carmen, a su vez, escribe a su padre el 29 de marzo, preocupada por la falta de noticias. Su inquietud parece presentir algo malo: "*Me hallo muy cuidadosa por no saber nada de usted ni de Martín, ni de Manuel. Hágalo a Manuel que me escriba cuatro letras para sosegar. Que no sea sonso, que no se exponga, y avísenos algunas noticias que aquí nada sabemos. Mil besos de sus nietos que se acuerdan mucho de usted [...] reciba el corazón afligido de su humilde hija que le pide su bendición.*"

Inmerso en todos esos problemas, Güemes tiene apenas tiempo para mandar unas líneas a su mujer. Será su última carta.[19]

"*Mi idolatrada Carmen mía: Es tanto lo que tengo que hacer que no puedo escribirte como quisiera, pero no tengas cuidado de nada, pronto concluiremos esto y te daré a ti y a mis hijitos mil besos, tu invariable Martín.*"

El 31 de mayo Güemes, de vuelta en Salta, recuperaba el poder después de arengar a las tropas pagadas por el partido del comercio, que se habían pasado a su lado. Pero

---

[19] Fechada el 26 de marzo de 1821.

había cometido el error de subestimar la capacidad de odio de sus enemigos. Uno de ellos, el comerciante cordobés Mariano Benitez, tomó el camino del Despoblado para ponerse en contacto con Olañeta y guiar a la partida encargada de asesinar a Martín Güemes.

La romántica Juana Manuela Gorriti afirmaba que fue en casa de su padre, en Los Horcones, la última vez que Carmen y Martín estuvieron juntos antes de su muerte. Güemes estaba preocupado por los rumores de traición que le habían llegado. *"Su bella esposa vino luego a distraerlo de su meditación. Acercósele risueña, enlazó con sus dos brazos el brazo de su esposo y alzando hacia él sus hermosos ojos 'Mi valiente caballero —le dijo— tienes que cumplir un voto que ayer hice por ti. He ofrecido a la Virgen que oirías a mi lado una misa en honor suyo'. Respondióle él con un beso y ambos se encaminaron al gran templo jesuítico donde el sacerdote esperaba [...] Jamás vi orar con tanto fervor como a aquella hermosa mujer que, de vez en cuando se volvía hacia su esposo posando en él una mirada inefable de amor."*

La partida realista llegó por el camino del Descampado al mando del español Velez. En la noche del 7 de junio los efectivos rodearon la manzana donde estaban situadas la sede del Gobierno y la casa de Macacha. Según la Gorriti, él había acudido a visitarla por un mensaje falso.

Macacha relató luego lo ocurrido: acababa de salir un ayudante del gobernador cuando se oyeron unos disparos. En seguida éste se dio cuenta de lo que estaba pasando. *"¡Por la puerta falsa!"*, gritó Macacha. Pero Güemes no podía abandonar a su escolta. Abalanzándose sobre su caballo salió a la calle y la escolta lo siguió. De todas las esquinas salieron descargas cerradas. Una de las balas dio a Güemes en la cadera. Sin caer del caballo se dirigió hacia el sur por las faldas del San Bernardo. En La Cruz, Güemes poseía una estancia pero sus paisanos, temiendo que los siguieran hasta allí, pasaron de largo y se internaron al fondo de la quebrada del Indio, el sitio más selvático de la región, conocido como Cañada de la Horqueta. Allí lo esperaba una larga pero lúcida agonía. Sus gauchos llevaron al doctor Antonio Castellanos para que lo asistiera pero ya no había nada que hacer: la bala había provocado una gangrena en el intestino, imposible de curar. Se llegaron hasta el lugar dos enviados de Olañeta ofreciéndole *"garantías, honores, empleos y cuanto quisiere, siempre que él y sus tropas rindieran las armas al rey de España"*. Güemes levantando la voz, pero sereno, se dirigió a su segundo en el ejército: *"Coronel Vidt: tome usted el mando de las tropas y marche inmediatamente a poner sitio a la ciudad y no me descanse hasta no arrojar fuera de la Patria al enemigo!"* [20]

Juana Manuela Gorriti, cuyo padre había asistido a la agonía y muerte de Güemes, cuenta que el 17 de junio, día de su muerte, le recomendó que velara por sus hijos, por sus soldados y por su Carmen. Y añadió: *"Ella vendrá conmigo [...] y morirá de mi muerte, como ha vivido de mi vida."* ¡Qué bien la conocía! Esa joven mujer de veinticinco años había puesto en él lo mejor de su vida. Su hijito menor, Ignacio, murió al poco tiempo. Ella, enferma y abatida, fue a refugiarse con los otros dos a casa de su padre, en Los Sauces. Una carta de doña Juana Torino, escrita en Salta el 28 de noviembre de 1821, lo testifica: *"La Carmen está en la Isla, donde ha salido a curarse. Se va para Los Sauces porque no siente alivio alguno y dice que quiere ir a morir al lado de su padre. El médico le da*

---

[20] Relato de Bernardo Frías en su Historia de Güemes, citado por Luis Oscar Colmenares en *Martín Güemes el héroe mártir*, Separata del boletín Nº23 del Instituto Güemesiano de Salta, 1998.

corto plazo." La patética relación que hace Juana Manuela Gorriti de la agonía y muerte de Carmen en su lenguaje de anacrónico romanticismo, muestra una persona en un estado de profunda depresión: *"[...] sin escuchar a su padre y a sus hermanos que la rodeaban llorando, cortó su espléndida cabellera, cubrióse con un largo velo negro, se postró en tierra en el sitio más oscuro de la habitación y allí permaneció hasta su muerte, inmóvil, muda, insensible al llanto inconsolable de su anciano padre, a las caricias de sus hermanos que la idolatraban, a los ruegos de sus amigos y a los homenajes del mundo, alzando sólo de vez en cuando su velo para besar a sus hijos [...] Un día llamó a su padre, y echándose en sus brazos lo besó y acarició con la dulce efusión de otro tiempo. El anciano miró a su hija lleno de gozo y esperanza; pero ¡ay! Sus ojos vieron radiar en aquel bello rostro una luz que no era de este mundo[...]."*

Era el 3 de abril de 1822. Había sobrevivido menos de diez meses a su marido, y parecía dispuesta a cumplir con sus palabras: murió de su muerte como había vivido de su vida.

"¡Ay, la niña preferida,
ella, a quien nada le falta,
la gala de las hermosas,
la más bonita de Salta!" [21]

---

[21] León Benarós: *Romances Argentinos*, Plus Ultra, Bs. As., 1981.

Elisa Brown, la niña que murió de amor

La gente de esta tierra no es muy marinera. Teniendo la Argentina cientos de kilómetros de costa Atlántica, los gauchos prefirieron siempre galopar por las llanuras y rara vez se acercaron al mar para pescar. Hasta fines del siglo XVIII no se fundó ninguna ciudad frente al mar. La industria naviera estaba en manos de españoles y pocos fueron los jóvenes patricios que, como el salteño Gurruchaga, combatiente de Trafalgar, o el alférez Martín Jacobo Thompson, habían estudiado en la Real Armada española.

Sin embargo, después de 1810 los patriotas comprendieron la necesidad de tener una escuadra para defenderse de los barcos realistas que burlaban el sitio de Montevideo y podrían llegar a bombardear Buenos Aires. Para fabricar los primeros bergantines, Gurruchaga tuvo no sólo que poner su capital sino también comenzar por crear astilleros y enseñar a algunos paisanos los secretos de la navegación. En 1814, al partir con Belgrano hacia el norte, la tarea de construir una escuadra recayó en Juan Larrea, el catalán que había seguido el partido de la revolución. Lo más importante era encontrar quien la comandara.

Por esos años estaba instalado en Buenos Aires Guillermo Brown, genuino marino irlandés, con su mujer y dos hijitos. Nacido en el pueblito de Foxford, desde los diez a los diecinueve años las circunstancias lo habían llevado a hacer de los barcos su escuela de vida. Huérfano de padre y con su madre en la lejana Irlanda, su familia y sus maestros fueron los viejos marineros que recorrían el Atlántico y las Antillas con distintos fines. De familia de marinos era también su mujer, Elizabeth Chitty, a quien convenció de emprender la riesgosa aventura de buscar un futuro en las tierras del Plata, cuyo comercio marítimo se estaba intensificando desde fines del siglo XVIII.

Se casaron el 29 de julio de 1809 y embarcaron a fines de ese año. Durante el cruce del océano Elizabeth quedó embarazada por primera vez. Se instalaron en Montevideo y, en abril del año 10, vísperas de la revolución, Brown cruzó el ancho río y conoció Buenos Aires. En seguida se sintió atrapado por el clima libertario que bullía en la ciudad virreinal. Hasta los negros y mestizos que pregonaban sus mercancías en la Recova de la Plaza de la Victoria, tenían algo que decir sobre la invasión napoleónica a España, la todopoderosa metrópoli. Se respiraba la tensión entre conservadores y americanistas. Jóvenes abogados, curas y militares discutían proyectos y medidas a tomar. Grupos de bellas mujeres de tipo criollo comentaban las noticias en las tiendas o en los atrios de las iglesias.

A Brown le gustaron las casonas coloniales de grandes portones y rejas, la cantidad de campanarios que medían el tiempo, el sencillo cabildo, la Casa de Comedias y el pintoresco fuerte sobre el río, en cuyas orillas retorcían la ropa entre risas y cantos, las lavanderas negras. Le tocó la experiencia de asistir al nacimiento de un pueblo en la semana de Mayo y pensó que le gustaría instalarse con su familia en una ciudad tan vital. Así lo conversó con su esposa, pero el destino retardaría su decisión: los portugueses habían confiscado la nave con que hacía comercio de cabotaje con los puertos de Brasil y no tuvieron más remedio que volver a Inglaterra. Otra vez la criatura por nacer iba a hacer el cruce del Océano en el seno de su madre. Guillermo pensó que era buen comienzo para un marino. Pero la que nació en octubre de 1810, en la ciudad de Londres, fue una preciosa niñita a quien bautizaron Elisa.

Las dificultades parecían incentivar a Brown en lugar de abatirlo: su nuevo barco, La Elisa, en que volvía solo a Buenos Aires, naufragó en Barragán. Consiguió rescatar la mercancía y fue por tierra hasta Chile para venderla; luego se asoció con el norteamericano Guillermo White y compraron la fragata Industria, que haría el primer servicio de cabotaje entre Buenos Aires y Colonia. Ya estaba en condiciones económicas como para traer a su familia que esperaba en Inglaterra, aumentada con el nacimiento del pequeño Guillermo.

Mientras tanto Montevideo, foco realista, había sido sitiada por los criollos. La Armada española vigilaba el estuario del Río de la Plata dando apoyo logístico a la ciudad. El marino mercante, injustamente tratado por los realistas que le confiscaron su mercancía y obligaron a su tripulación a empedrar las calles de Montevideo, se acercó más aún a la causa patriota y comenzó a transportar víveres y armas para los criollos sitiadores. *"Sin habérselo propuesto claramente, se convierte en el brazo armado de los patriotas sobre el Atlántico Sur. Gana celebridad entre la gente del río y entre las autoridades, asombradas por su agilidad de maniobra y su rápido y minucioso conocimiento del lugar."* [1]

Estas razones movieron a Gervasio Posadas, Director Supremo, a nombrarlo Jefe de la Escuadra patriota. La

---

[1] Marcos Aguinis, *El combate perpetuo*, Sudamericana, Buenos Aires, 1996.

tripulación era muy heterogénea pero Brown tenía el don de mando y se hacía respetar por sus subalternos. La flota, bastante precaria como la tripulación, estaba compuesta por dos goletas, tres bergantines y una zumaca.

El 10 de mayo de 1814, frente a la isla de Martín García, empezó el desigual combate que se prolongó hasta la mañana siguiente. Las andanadas de proyectiles realistas causaron muchas bajas y la falta de los elementos necesarios para las curas de urgencia, acentuaron la sensación de desastre. Cuando todo parecía perdido, Brown, desde la cubierta del Hércules, mandó tocar al pífano y al tambor la marcha de San Patricio. El entusiasmo de su jefe contagió a los hombres que en una última arremetida consiguieron tomar la isla mientras la armada española, ya sin municiones, resolvía volver al puerto. Faltaba lo más riesgoso: tomar Montevideo.

Unos días después, la audaz flotilla se alineaba frente a la ciudad sitiada pidiendo la rendición de la plaza. Los barcos realistas se lanzaron al ataque. El combate duró varios días. Brown resultó herido en una pierna pero la escuadra patriota había triunfado en El Buceo, un nuevo nombre para la historia. [2]

Esta importante victoria fue el comienzo de la brillante carrera de Guillermo Brown, el irlandés que abrazó con entusiasmo la causa revolucionaria. Al año siguiente, sin esperar la autorización del Gobierno de Buenos Aires,

---

[2] Las consecuencias ventajosas para la causa de la revolución fueron enormes: la falta de un puerto de operaciones contra Buenos Aires torcería el rumbo de la expedición de castigo que España mandaba al mando del general Morillo y el cierre del importante frente del Litoral permitiría reforzar la ayuda a los Ejércitos que se preparaban en Mendoza y en el norte. Se estaba más cerca de proclamar la Independencia.

atacaba por la espalda la fortaleza del Callao bloqueando el puerto durante veintitrés días, después de un peligrosísimo cruce del Estrecho de Magallanes.[3] Estuvo a punto de tomar Guayaquil pero el río Guayas le hizo una mala jugada y fue perseguido por los cocodrilos y los españoles al mismo tiempo. Con una antorcha encendida amenazó al barco enemigo con hacer estallar la santabárbara y cuando tuvo que rendirse lo hizo envuelto en la bandera, con la dignidad de un príncipe. Su presencia en las costas del Pacífico serviría como fermento de la revolución ansiada y postergada por los pueblos mestizos y criollos de América del Sur. Volvió por el Cabo de Hornos y en Las Antillas estuvo enfermo de tifus, al borde de la muerte. Tales fueron sus "aventuras".

Mientras tanto, en Buenos Aires, Elizabeth, casi sin noticias, vivía su propia e ignorada epopeya doméstica, debiendo cuidar, educar y alimentar a cuatro hijos de siete a tres años, sin tener noticias de su marido ni medios suficientes, por lo que, en 1817, decidió volver a Inglaterra. Allí se reunirían, casi milagrosamente y en 1818 volverían a estas tierras, que eran las de sus hijos, aun sabiendo que por su "desobediencia" al Gobierno de las Provincias Unidas el marino estaba expuesto a represalias. Como Brown era generoso y de sentido común, no imaginó que ocurriera lo que iba ocurrir.

A pesar de que probos funcionarios, como Juan José Paso, propusieran que *se mande sobreseer y archivar el proceso de esta causa, restableciendo sin nota al coronel Brown procesado, a su libertad, empleo y prerrogativas,* tres días después de su llegada lo fueron a buscar para meterlo en prisión por casi un año. Enfermo y desmoralizado,

---

[3] Allí se separa de Hipólito Bouchard, quien con sus naves, Carmen y Consecuencia, daría la vuelta al mundo.

sobre todo por la situación de desamparo en que nuevamente había quedado su familia, escribió al gobierno
exponiendo su caso. Finalmente lo absolvieron, pero re-
tirándolo del servicio *"con sólo goce de fuero y uniforme"*.
¡Cuán cierto es que las revoluciones se comen a sus propios hijos!

A Dios gracias, al futuro almirante le había quedado
la gran casa quinta de Barracas, en las afueras de Buenos
Aires, a orillas de ese increíble río leonado que en amane-
ceres y atardeceres se plateaba y doraba con rara belleza.
Un oleaje tranquilo y constante marcaba un tiempo sin
prisas al golpear contra los murallones del jardín que rodeaba la casa en forma de castillo, con almenas y torreón.
Allí pudo Brown dedicar a su mujer y a sus hijos todas
las horas que la vida en el mar o en la prisión les había ro-
bado. Allí también pudo volver a la antigua vocación
agrícola de su familia irlandesa, mientras Elizabeth se dedicaba a los parterres de flores como había aprendido a
hacerlo en la vieja Inglaterra. Sin embargo, sentía que algo
le faltaba.

Así pasaron siete años de relativa paz familiar en su retiro de Barracas, con el país desangrándose entre la anarquía y las guerras de la independencia.

En diciembre de 1825 el emperador Pedro I declaraba
la guerra a las Provincias Unidas por haber éstas reconocido en forma oficial lo que siempre fue así: que la Banda
Oriental del Uruguay formaba parte de ellas. Los portugueses, alentados por Inglaterra, disputaban desde fines
del siglo XVII esa orilla del Río de la Plata por motivos
geopolíticos y comerciales. Una impresionante flota
imperial, compuesta de cincuenta buques de guerra, fue
enviada para bloquear el puerto de Buenos Aires. Los
porteños, con poca visión y escasa vocación naviera, no
tenían en ese momento más que doce cañoneras y dos

bergantines. Ante el peligro todos recordaron al olvidado héroe del Buceo, y después de siete años de indiferencia, representantes del Gobierno de Buenos Aires se acercaron a su casona de Barracas a pedirle, a rogarle, que organizara una nueva flota, facilitándole todo lo necesario para comandarla.

El 11 de junio de 1826, en un día azul y helado, los porteños madrugadores pudieron contemplar con ansiedad el despliegue de 31 buques imperiales con 266 cañones y 2.300 hombres. La flota de Brown sólo contaba con 4 buques y 7 cañoneras con 750 hombres animosos entre los que el veterano Jefe de la Escuadra repartió esta proclama: "*¡Marinos y soldados de la República! ¿Véis esa gran montaña flotante? Son 31 buques enemigos. Pero no creáis que vuestro general abriga el menor recelo, pues no duda de vuestro valor y espera que imitaréis a la 25 de mayo, que será echada a pique antes que rendida. Camaradas ¡Confianza en la victoria, disciplina y tres vivas a la Patria!.*"[4]

En la ciudad la gente subía a las terrazas o se refugiaba a rezar en los templos. Era David frente a Goliat. La ventaja estaba en que David conocía a fondo los bajos del río y que sus hombres combatían frente a sus familias y su tierra.

Recién al atardecer, cuando el humo de los cañones comenzó a disiparse, la gente de Buenos Aires observó lo increíble: todas las naves estaban intactas y el enemigo se había retirado. Después vendrían los triunfos decisivos de Juncal y Carmen de Patagones, pero ninguno como este memorable "Combate de los Pozos".

---

[4] Marcos Aguinis, op. cit.

Junto a todos estos testimonios de coraje, existe además un motivo triste y a la vez poético para recordar al Almirante: el destino de su hija de diecisiete años. Elisa Brown, en la melancolía provocada por la muerte de su primer amor, contestó dramáticamente al llamado del agua.

Poco se sabe de ella, pues aunque fue real, pertenece a la leyenda. Dicen que tenía los ojos de un azul intenso como sus padres y el pelo de un oro rojizo y ensortijado como el del Almirante. Su grácil figura adolescente tenía el encanto alado de las jóvenes imaginativas y soñadoras.

Retrato de Elisa Brown.
(Archivo General
de la Nación)

Durante los meses de formación de la flota muchos marinos iban a consultar o simplemente visitar a su padre a la vieja quinta de Barracas: Juan Bautista Azopardo –que había estado preso en España– Tomás Espora, Leonardo Rosales, Seguí y muchos otros. Entre ellos estaba

Francisco Drummond. Con sus veinticuatro años, era el capitán más joven de la escuadra y también el más apuesto. Sus azules ojos de escocés miraron con simpatía a la joven de dieciséis años, un tanto tímida, que contemplaba el río al atardecer con mirada soñadora. Eran tiempos de guerra, tiempos de urgencias y aunque eran muy jóvenes no dejaron sin manifestar ese amor a primera vista, alimentado en conversaciones frente al fuego de la chimenea o paseos bajo los sauces del río. Los padres miraban con simpatía el romance, aunque Elizabeth hubiera querido para su hija un destino con menos incertidumbres que las que podía traerle el casamiento con un marino.

> *Tenía Brown una hija*
> *cabellos color de bronce,*
> *los ojos un claro azul,*
> *las mejillas unas flores,*
> *niña del reír alegre,*
> *niña de saber canciones:*
> *que dieciséis años cuenta*
> *y hace encantos de derroche,*
> *desde que prendada está*
> *de Drummond, y no lo esconde,*
> *orgullosa de su amor*
> *porque él es flor de varones."* [5]

¿Cómo había llegado este joven escocés del condado de Forfar a las costas del Río de la Plata? Muchos marinos europeos, atraídos por mayores posibilidades de ascenso de las que tendrían en sus flotas vernáculas, e impulsados por

---

[5] Arturo Capdevila, "Romance de Elisa Brown", en *Romances*. Losada, Bs.As., 1950.

el espíritu de aventura propio del romántico siglo XIX, habían presentado sus servicios a las flotillas en formación de los pueblos de América. El padre y los hermanos de Francisco habían muerto en las guerras europeas y él quiso probar otros horizontes. Era casi un adolescente cuando se incorporó a la escuadra de lord Cochrane, en 1822, para luchar por la independencia del Brasil. Pero cuando este país declaró la guerra a las Provincias Unidas, solicitó su baja y pidió incorporarse a la flota comandada por Brown, a la que se sumó con el grado de capitán.

En la jornada del 8 al 9 de febrero de 1827, una islita situada al norte de Martín García daría nombre a la batalla de Juncal, que hirió de muerte a la escuadra brasileña. Desde la goleta Maldonado, Francisco Drummond se preparaba para combatir con su escuadra y demostrar a su amada y al mundo de lo que era capaz. Comenzó el combate pero una sudestada separó los barcos. No bien amaneció, la nave Sarandí, donde iba el Almirante, inició el fuego. Drummond, al frente de la Maldonado, atacó a la fragata Bertiega destruyendo con un cañonazo el palo mayor y obligando a su comandante a la rendición. Mientras tanto el capitán Seguí, al mando del bergantín Balcarce, persiguió y destrozó la nave capitana. Las otras huyeron en medio de la confusión.

El recibimiento que el pueblo de Buenos Aires hizo a sus héroes fue apoteósico. La gente se arrojaba a las calles. Prendían fogatas y antorchas que se pudieran ver desde los barcos mientras en el puerto las orquestas alternaban marchas con música popular y el gentío agrupado allí hacía volar sus pañuelos blancos. En el estrépito de la victoria y las promesas de un amor compartido, Francisco Drummond vivió su hora más gloriosa.

Ascendido a sargento mayor de Marina por su valeroso comportamiento en la batalla de Juncal, Francisco junto a su novia comenzó a hacer planes para el futuro: se casarían cuanto antes y él se la llevaría a Escocia para que conociera las montañas, lagos y castillos de esa tierra de leyenda. Después podrían instalar una chacra en algún lugar cerca de Buenos Aires y del río, pensaba Elisa feliz. Lo único que le importaba era tener a su lado a ese príncipe de cuento de hadas que le había traído el mar. Con ilusión empezó a cortar, coser y bordar su vestido de novia.

Lamentablemente, Juncal no iba a ser la última batalla. Continuaba la guerra con el Brasil. Brown recibió patentes de corso para incursionar por las costas del país vecino, con el objeto de debilitar la armada imperial. En uno de estos encuentros lo acompañó Francisco, que en esta operación tenía a su mando el bergantín Independencia, una de las cuatro naves elegidas por Brown para sorprender, como acostumbraba, a la armada imperial. Esta vez, sin embargo, la suerte no los favorecería: 16 buques brasileños les interceptaron el camino e intimaron a la rendición.

Es muy difícil saber cuándo el valor se convierte en temeridad, más aún si uno es joven y se cree inmortal. Cuando Drummond vio que la pólvora se le acababa, ordenó arrojar pedazos de cadenas y otros elementos. Al observar lo que estaba sucediendo Brown indicó a gritos al muchacho que prendiera fuego al casco y abandonara la nave. Drummond le contestó, también a gritos, pidiendo más municiones y se embarcó en un bote para conseguirlas desafiando el nutrido fuego enemigo. El Almirante le hizo saber que ya no le quedaban. Lo único que cabía en una situación así era emprender la huida. Pero Francisco, obcecado en su propósito, intentó pasar a la tercera goleta. En el camino sintió que la pierna no le respondía: lo habían herido en una arteria y la hemorragia no paraba. La pérdida de sangre le provocó un desmayo. Cuando reaccionó sintió que las fuerzas lo abandonaban y comprendió:

no vería más a Elisa ni a su tierra natal. Casi sin poder hablar mostró el anillo que estaba en su dedo y dijo a su amigo Juan Coe: *"Entrégaselo a Elisa Brown"*. Luego señaló su reloj: *"Hazlo llegar a mi madre"*. En ese instante llegaba Brown. Conmovido lo tomó de la mano: *"Pancho, ¿me reconoces?"* Intentando incorporarse Drummond respondió en un susurro: *"Almirante, muero cumpliendo con mi deber."* Brown alcanzó a darle un beso en la frente, el que no pudo darle Elisa, y luego, con lágrimas en los ojos, dijo: *"Es otro valiente que perdemos."*

> *" Veinticuatro años tenía*
> *Él en aquella ocasión.*
> *Dio su bravura al país*
> *y a Elisa su corazón".* [6]

Era el 8 de abril de 1827. Nadie se atrevía a dar a Elisa la cruel noticia, pero la tristeza en la mirada de su padre herido le hizo intuir el absurdo de lo que había pasado: otra vida segada en flor en nombre del deber. ¿Qué es el deber? —pensó Elisa— ¿Qué es la Patria para que tantas atrocidades se cometan en su nombre? ¿No se hace más patria creando vidas que ofrendando la propia antes de tiempo? Tampoco puede ser la voluntad de Dios que se termine de esa manera violenta una vida creada por El. No hay sentido; en estas tragedias no hay sentido. Todo es misterio.

Elisa se envolvió en un silencio apático. Nada de lo que hicieran sus padres, hermanos o amigos podía sacarla de su mutismo. Con dolor la veían acercarse cada día más a esa débil línea que divide lo que los hombres llaman "cordura" de lo que es "locura".

---

[6] León Benarós, *Elisa Brown*, Cuadernos de la Banderita, Buenos Aires, 1973.

Al llegar la primavera todo pareció renacer: el verde nuevo de los sauces, el rojo intenso de los ceibos, el blanco de los lirios y jazmines que embalsamaban el aire. Elisa cortaba flores del jardín y en sus largas caminatas por la orilla, las iba arrojando una a una en el suave oleaje del río. El 27 de diciembre se puso su vestido blanco. Atardecía y el río estaba tomando esas tonalidades rosa y plata que admiraban en sus paseos con Francisco. Como siempre cortó flores, se aproximó a la orilla y entró en las tibias ondas del Río de la Plata. Al llegar a la altura del canal de las Balizas se dejó llevar por el río. Su cabellera de oro y su vestido vaporoso la sostuvieron un momento *"cual nueva Ofelia del Plata"*, al decir de los diarios de entonces.

> *"Año de mil ochocientos*
> *veintisiete, año de duelo.*
> *Elisa Brown se suicida*
> *en las aguas del Riachuelo.*
>
> ....
>
> *Ay, la niña valerosa*
> *de la quebrantada fe.*
> *Ya posa su pie en el barro,*
> *ya el río lame su pie.*
>
> *Blanco era su pensamiento,*
> *blanco su amor floreció,*
> *de blanco se fue hacia el río*
> *y de blanco se metió".* [7]

Cumpliendo un deseo no expresado de los dos jóvenes, sus padres enterraron a Elisa junto a Francisco Drummond, en el cementerio protestante de Buenos Aires.

---

[7] Ibid.

En el mármol de su tumba escribieron: *"Tus padres, admiradores de tus virtudes y que lloran tu desgraciado destino, inclinándose ante los mandatos de Dios, levantan este mármol sobre la tierra que cubre tus despojos."* [8]

"Elisa Brown: pocos meses
sobreviviste a tu pena.
Ya se enluta con rebozo
el oro de tu melena.

Entre azucenas y adelfas,
un sauce te da su sombra.
Amor y dolor confiesa
la lápida que te nombra." [9]

---

[8] Citado por Marcos Aguinis en Op. cit.
[9] León Benarós, ibid.

El amor en las
guerras civiles

La revolución de mayo fue realizada por personas cuyos objetivos se unían en algunos puntos y divergían en otros. Por eso en cierto momento los criollos empezaron a pelearse entre ellos, a sublevarse, romper tratados, invadir provincias y matarse con más saña aún que cuando peleaban contra los realistas. Nadie negaba la necesidad de independizarse de España, pero estaban en discusión las formas de gobierno y de administración de las que todavía eran las Provincias Unidas del Río de la Plata.

Desde comienzos de la revolución de mayo –y antes aún– dos tendencias dividían a la sociedad rioplatense: una más conservadora, destacaba los valores tradicionales hispánicos, la religión, la importancia de la tierra y sus hombres en la formación de una nación; la otra, más liberal, se caracterizaba por poner énfasis en "las luces de la razón", en lo intelectual, europeo y ciudadano para lograr el orden y el progreso. La necesidad de concordar ambas tendencias en una forma de gobierno, había profundizado las divisiones hasta el punto de provocar disturbios y quiebres en el poder, que llevaron a la anarquía y las guerras civiles.

Tanto en el Litoral como en el Noroeste, en Cuyo como en las provincias centrales, la falta de un poder central y de una Constitución que clarificara las ideas, favoreció la aparición de los caudillos, jefes naturales que adherían a determinados principios y eran seguidos, más por su carisma personal que por lo que pensaban. Como se vivía en forma urgente, estos guerreros protagonizaban intensas historias de amor con mujeres que, en la mayoría de los casos, demostraban ser tanto o más bravas que ellos.

Pancho Ramírez
y la Delfina

Gervasio José de Artigas y su lugarteniente Pancho Ramírez, el Supremo Entrerriano, eran personalidades fuertes y carismáticas, con un gran ascendiente entre las clases rurales y populares. Sus planes diferían en algunos puntos del proyecto de Buenos Aires. No se resignaban a que los porteños fueran sucesores del poder de la metrópoli ni que manejaran asuntos tan importantes como la forma de gobierno que irían a adoptar las Provincias Unidas. Tampoco querían que el gobierno central se instalara en la antigua capital del virreinato. Por estas razones algunos porteños muy localistas y partidarios de un gobierno central fuerte –los futuros unitarios– llegaron a temerlos más que a los propios portugueses que limitaban sus pretensiones a la Banda Oriental.

Francisco Ramírez nació y vivió en Arroyo de la China, antiguo nombre de Concepción del Uruguay. Era hijo de Juan Gregorio Ramírez, marino fluvial de origen paraguayo, descendiente del conquistador Ramírez de Velazco, fundador de La Rioja, y de Tadea Florentina Jordán, famosa por su carácter fuerte y la perfección de sus facciones, que heredaría su hijo junto con la alta estatura y los ojos azules de su padre. Heredó también sus campos en Entre Ríos y se dedicó a trabajarlos hasta que la revolución cambió su vida. Como otros jóvenes criollos, había alentado una rebeldía contra los privilegios otorgados a los españoles o "chapetones". A esto se sumaba una molestia por el monopolio del puerto de Buenos Aires cuyas rentas de aduana aseguraban la prosperidad de la ciudad.

Los pueblos hispanoamericanos estaban acostumbrados a un poder central fuerte. Por habitar la capital del Virreinato del Río de la Plata, los porteños se sintieron herederos de ese poder y en ningún momento pensaron promover una descentralización como la que proponían Artigas y otros caudillos.

Al llegar la noticia de la revolución de mayo, Francisco Ramírez, que a la sazón tenía veinticuatro años y casi había nacido sobre el caballo, se ofreció a hacer de mensajero entre Artigas y Rondeau –sublevados contra el gobernador realista de Montevideo– y de Díaz Vélez, delegado por Belgrano en Paraná cuando iba camino al Paraguay a llevar las nuevas de Mayo. Se convirtió así en *"el chasque de la Patria"*. A toda velocidad y sin dar resuello a su cabalgadura cruzaba las verdes y onduladas llanuras entrerrianas tratando de ser útil a la causa. Había quedado muy bien impresionado por el porte recio pero a la vez tan criollo y cordial de Artigas y pronto, entusiasmado con sus ideas, se convertiría en su lugarteniente.

Después del desastre de Huaqui en el Alto Perú, el gobierno porteño temió no poder combatir en dos frentes y pactó con los realistas un armisticio, levantando el sitio de Montevideo. Al mismo tiempo las tropas portuguesas avanzaban sobre la Banda Oriental. La población de la campaña se fue entonces replegando sobre el campamento de Artigas en el Ayuí, en un verdadero éxodo de familias enteras que no querían admitir la autoridad española ni la portuguesa. Desde allí escribía Artigas: *"El pueblo de Buenos Aires es y será siempre nuestro hermano, pero nunca su gobierno actual"*.

La Asamblea del año XIII, intentando superar el conflicto, pidió a Artigas, jefe de los Orientales, que enviara sus diputados al Congreso reunido en Buenos Aires. Pero la Asamblea, mayoritariamente porteña, consideró inaceptables algunas peticiones de orden político y económico. Los diputados fueron rechazados con pretextos burocráticos y Artigas se desentendió del gobierno porteño. Su influencia se fue extendiendo por el Litoral a medida que su proyecto, alternativo al de Buenos Aires, era conocido por los Cabildos y personas influyentes del interior.

Desde 1818 Ramírez gobernaba Entre Ríos como delegado de Artigas. El también tenía su propio proyecto: considerando al antiguo virreinato como una fraternidad de pueblos, pretendía volver a incorporar al Paraguay y formar una alianza liderada por Artigas... o por él mismo.

Retrato de Francisco Ramírez.
(Casa de Gobierno de la
provincia de Entre Ríos)

Por los años de la invasión portuguesa, iniciada en 1816, los montoneros orientales y entrerrianos se dedicaban a asolar en rápidas razias las haciendas riograndenses, al sur del Brasil, para robar ganado y bastimentos. Con frecuencia tomaban prisioneros para sumarlos a sus montoneras.

Fue en uno de esos asaltos cuando encontraron a "la Delfina", joven de unos veinte años, de quien nunca se supo ni el apellido ni el origen, aunque se rumoreaba que era hija natural de un virrey portugués. Los montoneros quedaron deslumbrados por su fuerte personalidad y su extraña belleza y decidieron llevarla ante su comandante. Cuentan que esa primera noche de prisión hechizó a esos hombres rudos con la magia de su voz, cantando canciones de su tierra en el dulce idioma portugués.

La tarde en que llegaron los prisioneros, el gobernador de Entre Ríos tomaba mate sentado bajo un sauce. Delfina apareció ante él como un relámpago de belleza. Su mata de pelo color bronce nimbaba una cara fresca y rosada, donde los ojos dorados, a la vez altaneros, pícaros y desdeñosos daban mil mensajes distintos, mientras la boca perfecta se entreabría en una sonrisa. Su porte era el de una reina, una princesa, que es lo que su nombre significa.

Ramírez había sido amado por muchas mujeres. Admiraba la belleza y la inteligencia de algunas; y amaba también el delicado candor de Norberta Calvento, su novia o casi novia, según arreglos familiares a los que él no hacía mucho caso. Pero con la Delfina fue distinto: un súbito deslumbramiento, una revelación instantánea de que esta vez sería para siempre.

Le preguntó cómo la habían tratado y mandó que la acompañaran a casa de su madre. Esa noche hablaron en el jardín perfumado de azahares y él se dejó atrapar por la magia de su conversación y de su risa. Con cierto remordimiento recordaría quizás a Norberta, que sin ninguna promesa de su parte lo esperaba fielmente desde que eran adolescentes. Norberta era como un arroyo cristalino para calmar la sed del caminante, pero Delfina... ella era como un torrente que hipnotizaba con sus aguas revueltas que golpeaban contra las rocas y al mismo tiempo quedaban suspendidas en un arco iris de brillantes gotas diminutas. Y el torrente no podía dejar de mirarse, arrastraba la voluntad del hombre más hombre de su tiempo, lo dejaba inerme. No había otra manera de describir la sensación que Delfina le producía.

A su vez la prisionera parecía haber encontrado algo que buscaba desde hacía mucho tiempo: no era sólo la apostura varonil, la inteligencia brillando en sus ojos azules, el encanto de su sonrisa irrumpiendo como un rayo de sol en sus facciones talladas en piedra. Era algo más, una sensación a la vez física y espiritual que la colmaba con sólo imaginar que ese hombre podría ser suyo.

Lo inevitable sucedió. Al poco tiempo Delfina y Ramírez eran amantes. Pero Delfina no era de aquéllas que esperaban en la penumbra del hogar. Compenetrada con la naturaleza salvaje que la había rodeado desde niña en su *fazenda* de Río Grande, galopaba con ansia por la llanura, incansable y siempre fresca. El viento en la cara, el olor a campo y a sudor de caballo, el ruido de los cascos en loco galopar... ése era su elemento. Pronto aprendió a pelear. Era la única manera de evitar la angustia de la separación. Allí donde él iba estaba ella, ceñida en su chaquetilla roja con galones dorados que brillaban al sol, botas negras en sus largas piernas y sobre la cabeza un chambergo adornado con una pluma de ñandú, la misma que Ramírez empleó luego en su divisa. ¿Cómo podrían competir contra esta diosa los atractivos de Norberta? Sus dulces ojos negros, su piano y su reposera eran buenos para algunos momentos, pero la vida corría por otros cauces y Pancho Ramírez amaba la vida. Las tropas, identificadas con su jefe, admiraban la belleza y el porte de la "prenda" de su general, la aclamaban con gritos cuando, a la par del Supremo, recorría el campamento. Desde entonces lo acompañaría siempre, en la guerra y en la paz.

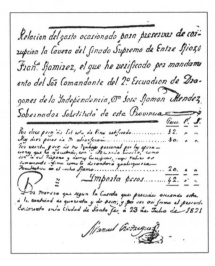

Documento donde se lo menciona a Ramírez.

El armisticio que había firmado Buenos Aires con Entre Ríos y Santa Fe duró poco. Rondeau mandó llamar al Ejército del Norte para reprimir a estas dos provincias, pero los oficiales[1], se rebelaron en la posta de Arequito al grito de "¡Federación!", declarando que las tropas no pelearían contra sus hermanos del Litoral. Con las fuerzas que le quedaban, Rondeau salió con algunas tropas a combatir a López y a Ramírez reunidos en la cañada de Cepeda.

El 1º de febrero de 1820, los montoneros, desarrapados como mendigos pero cabalgando como centauros, lograron la victoria en ocho minutos, según el parte de

---

[1] Los cordobeses Bustos y Paz y el tucumano Heredia.

batalla. Después del combate, Ramírez hizo circular entre los paisanos de Buenos Aires una proclama afirmando que el Directorio *"nos vendía a la corona portuguesa"*. Lamentaba las pérdidas humanas: *"[...] dolorosamente veo regado este campo de batalla con la sangre de compatriotas conducidos al sacrificio por caudillos tan ambiciosos como criminales."* En el parte de batalla constaba que *"nuestra pérdida no excede de 40 hombres entre muertos y heridos; la del enemigo pasa de 300 muertos, incluso catorce oficiales, y ha dejado en nuestro poder treinta prisioneros, entre ellos tres oficiales y nueve carretas de equipaje, víveres y monturas."* No era una guerra popular, y desde las pulperías y los arrabales se levantó un clamor de triunfo. Muy otro era el ánimo de los ricos vecinos, aterrados de las turbas andrajosas que vendrían a saquear la ciudad. Nada de eso sucedió. Los caudillos vencedores se sentaron con los vencidos a la mesa de las negociaciones y firmaron el Tratado del Pilar en el cual se proclamaba el fin de la guerra, la unidad nacional y la adopción del sistema federal. Ramírez aprovechó la estadía de sus hombres en Buenos Aires para hacerles confeccionar uniformes. Para desilusión de las jóvenes porteñas, casi no participó en reuniones sociales. Prefería estar en compañía de su amante portuguesa a quien no podía presentar en los salones. Después de la vorágine de la guerra, Ramírez y Delfina gozaban con nueva vitalidad las posibilidades de la paz.

Mientras tanto Artigas, derrotado en Tacuarembó por los portugueses, había recibido muy mal la noticia del Tratado del Pilar. Es evidente que había de por medio ambiciones personales. Ramírez comenzó a chocar con Artigas *"porque éste quería el gobierno del país para engrandecimiento de la provincia Oriental, y aquél lo quería a su vez para reconstruir una gran Argentina con todos los territorios del virreinato, para llegar a una confederación sudamericana."* [2]

De vuelta en su tierra Ramírez fue designado por aclamación Jefe Supremo de la república de Entre Ríos, a la que pronto incorporaría los territorios de Corrientes y Misiones.[3] En ese momento lo tenía todo pero ambicionaba lograr la incorporación del Paraguay y de la Banda Oriental para después imponerse a la ciudad porteña. Quizás lo hubiera logrado si el caudillo de Santa Fe no se hubiera aliado con Buenos Aires en el pacto de Benegas. El Supremo Entrerriano llamó a sus hombres a reunirse en su campamento de la Bajada del Paraná. Los paisanos de Montiel corrieron a dar la orden de alistarse. El encuentro tuvo un aire festivo. Hubo bailes y guitarras para la despedida. Muchas mujeres, siguiendo el ejemplo de la Delfina, se unieron a las tropas para pelear junto a sus hombres.

Ramírez mandó a su vanguardia cruzar el Paraná y ordenó al coronel Mansilla, con su escuadra de río, que desembarcara y ocupara la ciudad de Santa Fe, mientras él invadía la provincia por el sur. Pero los planes fallaron por la derrota de la escuadra y la negativa del coronel Mansilla a tomar Santa Fe. Desde ese momento la estrella del Supremo pareció apagarse. Galopando hacia Córdoba con cuatrocientos de sus hombres fue derrotado por Bustos en Cruz Alta y sólo unos pocos pudieron escapar reventando sus caballos. De golpe todo había cambiado. Con amargura pensaba Ramírez que en esas luchas fraticidas se estaba desperdiciando el gran ejército que podría haber logrado,

---

[2] Así lo afirma Vicente Fidel López.
[3] En su corto gobierno, Ramírez fundó escuelas, decretó la instrucción primaria obligatoria, ordenó un censo y hasta invitó a su tierra al sabio francés Bonpland que estaba recorriendo la América del Sur.

con las fuerzas unidas, su sueño de una Patria Grande. A su lado Delfina lo alentaba a no dejarse vencer. Pero también ella estaba desanimada. ¡Qué distinto este árido desierto de polvo y piedra de las verdes llanuras natales! Y qué distinta era la sensación de la victoria a esta continua fuga.

Bustos había mandado en su persecución una división de caballería santafecina al mando del coronel Bedoya. Durante días los amantes y las tropas la fueron esquivando, hasta que el 10 de julio de ese fatídico 1821, los alcanzaron y derrotaron en Río Seco. Había que pensar en sobrevivir, tomar distancia de los perseguidores... El caballo de la Delfina tropezó, no acostumbrado a esos pedregales. Los soldados de López, saltando de sus cabalgaduras, se le fueron encima. Manotearon su chaquetilla colorada, mientras ella gritaba y pataleaba en medio de su furia y su impotencia. Al oírla, Pancho Ramírez frenó su caballo y voló en su ayuda seguido de algunos fieles. *"¡Saquen a Delfina!"*, les gritó mientras, sable en mano, arremetía contra la partida. El teniente Galarza le acercó el caballo y ella, de un salto subió a grupas, confiada en la habilidad de su amante para dispersar a los enemigos. Mientras se alejaban la estremeció el ruido seco de un pistoletazo. Al darse vuelta, alcanzó a ver a Ramírez aferrado al cuello del caballo y luego cayendo con su cabeza envuelta en el poncho colorado. Le habían dado en medio del pecho. Algarabía infernal de los montoneros. Todos competían para degollarlo y llevar de trofeo su cabeza a López, aliado de ayer y enemigo de hoy. Y como se acostumbraba en tiempos de barbarie, esa noble cabeza sería expuesta al escarnio público, dentro de una jaula, bajo las arcadas del cabildo de Santa Fe.

Francisco Ramírez, el Supremo Entrerriano, a los treinta y cinco años había jugado su vida para salvar a la mujer amada.

Con Galarza y Anacleto Medina, los fieles de Ramírez, volvió la Delfina a Concepción del Uruguay para no salir nunca más.[4] Cerca de allí pero distanciada por barreras infranqueables, otra mujer también lloraría al Supremo durante el resto de su larga vida, pidiendo usar como mortaja el vestido blanco que en algún momento de ilusión pensó vestir.

En el viejo camposanto de la parroquia de Arroyo de la China, hay un pequeño monumento de piedra con una cruz, donde una lápida recuerda: *"En este lugar que fue camposanto, reposan los restos de doña Delfina, La Legendaria Coronela del Ejército Federal del Supremo Entrerriano. Falleció el 28 de junio de 1838."*

Quedan relatos que pasan de boca en boca, tradición que se nutre en la historia y que vive en las cuerdas de las guitarras, cuando alguien entona las estrofas que los evocan:

"Pancho Ramírez, ¡ay, la Delfina!
Viene la muerte con la partida, con la partida
Pancho Ramírez, por su Delfina
Por sus amores pierde la vida, pierde la vida".

Angel Vicente Peñaloza
y Victoria Romero

Aunque el final de esta historia sucedió más de cuarenta años después de la anterior, sus protagonistas eran

---

[4] En *La muerte romántica del general Ramírez*, Horacio Salduna afirma que siete meses después de la muerte de Ramírez, Mansilla trató de convencer a la Delfina de que fuera a vivir con él en Paraná "para su diversión", siendo rechazado por ella.

contemporáneos, sólo que Peñaloza y Victoria Romero vivieron más que Ramírez y la Delfina. No fue el momento histórico lo único que tuvieron en común.

El Chacho –diminutivo de muchacho, como lo llamaba su viejo tío sacerdote– había nacido en Guaja, de una vieja familia afincada en los Llanos de La Rioja, como Quiroga. Fueron sus padres don Esteban Peñaloza, nieto de aragoneses, y doña Ursula Rivera, ambos riojanos. Era muy rubio y de ojos azules, tipo frecuente en los Llanos, y desde mozo se caracterizó por su hombría de bien y su generosidad. Estas cualidades, unidas al hecho de ser valiente y muy diestro jinete, eran condiciones propias de un caudillo.

El hecho de pertenecer a una familia humilde y de ser analfabeto, era lo que más lo diferenciaba de Pancho Ramírez. Tampoco tenía, como éste, un plan definido, pero sabía muy bien lo que quería para su tierra y su gente.

Empezó a pelear junto a Quiroga en la batalla del Tala (1826). Tenía entonces veintiocho años y recibió una grave herida de lanza, que le valió ser nombrado capitán. En otra batalla llegó a enlazar un cañón del bando contrario y arrastrarlo al propio, junto con una caja de municiones, atado a la cincha de su caballo. Por esta hazaña Quiroga lo nombró teniente coronel. El Chacho era uno de sus hombres más fieles y uno de los que más lloró su muerte, llegando a sospechar que hubiera sido el propio Rosas quien la ordenara.[5]

En el año 40, cuando Lavalle se pronunció contra Rosas, ambos federales lo siguieron uniéndose por un

---

[5] Otro motivo de resentimiento contra don Juan Manuel estaba en que: *"Los años de sistema federal bajo la conducción del dictador porteño no habían satisfecho los anhelos de los pueblos del interior. La ley porteña de aduanas, de breve vigencia, no alcanzó a evitar la creciente miseria de las provincias."* Félix Luna: *Los caudillos.*

tiempo a los unitarios. El Chacho sublevó los Llanos y comenzó con sus hombres una terrible guerra de guerrillas contra el fraile Aldao, aliado de Rosas, que había ocupado La Rioja. Comenzaba así una larga y sangrienta lucha contra la tiranía de Buenos Aires sobre las provincias, encarnada en ese momento en Rosas. Después de Caseros, volvería a sus orígenes federales y defendería a los suyos contra el "modo de vivir y pensar" de los porteños liberales.

Ese año, el Chacho, ya cuarentón, decidió casarse, y eligió como compañera a una mujer fuerte, que lo acompañaría durante toda su vida, cabalgando a su lado. Victoria Romero, joven de unos veinte años, llamada por sus enemigos "la gauchona", se adaptó a las circunstancias que le tocaron vivir y pidió a su marido que le hiciera una lanza un poco más pequeña que las habituales, en proporción a sus fuerzas. Doña "Victo", como le decían, tampoco era mujer de quedarse en su casa mientras su hombre corría peligros.

Grabado del Chacho Peñaloza. (Archivo *Todo es Historia*)

Muerto Lavalle, el Chacho quedó a la cabeza de la resistencia y *"sin más elementos que su prestigio, sin más tácticas que las que le aconsejaba su genio, luchó diariamente, durante tres meses consecutivos, contra numerosas fuerzas que se le oponían de los ejércitos del general Oribe, el padre Aldao y el general Benavídez."* [6]. Generalmente, estos encuentros terminaban en derrota por la disparidad de fuerzas y armamento.

Después del revés de Rodeo del Medio, donde pelearon junto a La Madrid, el Chacho y Victoria decidieron emigrar a Chile cruzando la Cordillera. Pero no se acostumbraban al exilio. De entonces es la famosa anécdota en la que, al ser interrogado sobre cómo le iba, contestó. *"Cómo quiere que me vaya, pues, ¡en Chile y a pie!".*

Seis meses después con su mujer y unos pocos hombres inició la vuelta a la patria. A su paso los paisanos se le arrimaban engrosando sus fuerzas. Su poder de convocatoria era notable: en Catamarca le bastó gritar "¡Viva la patria!", para que la mayor parte del ejército del gobernador se pasara a su bando. Con ellos se dirigió hacia Tucumán y comenzó a preparar sus huestes para enfrentar a Benavídez, gobernador de San Juan, que comandaba fuerzas de cuatro provincias. El encuentro fue el 18 de julio de 1842, en Manantiales, una verde llanura tucumana donde las tacuaras entrevesadas en reñidísimo combate se tiñeron una vez más con sangre de hermanos.

Entonces sucedió algo que podría ser la contrafigura de Pancho Ramírez y la Delfina: lanza en mano, doña Victo se precipitó sobre un grupo que había rodeado a Peñaloza con intención de acabar con su vida. Llegó justo a tiempo para recibir ella el sablazo destinado a su marido, que la hizo caer del caballo. Felizmente, el capitán

---

[6] José Hernández: *Vida del Chacho.*

Ramón Ibáñez, que la había seguido en su valerosa corrida, atravesó con su lanza al agresor y pudo sacar del entrevero a la semidesvanecida joven, cegada por la sangre. De entonces es la copla que dice:

"Doña Victoria Romero
–si usté quiere que le cuente–
se vino de Tucumán
con un hachazo en la frente" [7]

Esa gloriosa cicatriz les recordaría toda la vida su heroico acto de amor.

Derrotado y nuevamente en Chile, Peñaloza, tratando con los unitarios exiliados, se dio cuenta de que poco tenían que ver las ideas de ellos con las suyas y resolvió sincerarse con Benavídez. Se presentó de incógnito en San Juan y se puso a sus órdenes. Cuando Rosas reclamó al Chacho como prisionero, Benavídez se hizo el sordo.

Al tiempo, los esposos pasaron de San Juan a los Llanos. Recién entonces tuvieron un respiro. Instalados en su hogar de Guaja pudieron ver crecer a su hijita Ana María y a su hijo adoptivo Indalecio.

El Chacho era un hombre pobre en bienes pero rico en amigos. Su situación mejoró después de Caseros, cuando Urquiza lo ascendió a coronel Mayor de caballería. Desde entonces comenzó entre ambos una amistosa correspondencia. *"Yo soy un gaucho que nada de otra cosa entiendo que de las cosas del campo [...] las gentes de mi clase no sé por qué me quieren, ni por qué me siguen [...] Si yo le recibo, mi general, el título que me manda, es porque quiero ser su amigo por la gran batalla que ganó en Caseros y la Constitución que nos ha dado."* [8]

---

[7] Citado por Fermín Chávez en *Vida del Chacho*.
[8] Citado por Beatriz Bosch en *Vida de Urquiza*.

Esta sencillez agradó a Urquiza. Con el tiempo llegaron a intimar tanto que, a su pedido, el Chacho mandó a Indalecio a estudiar al Colegio de Concepción del Uruguay. No terminó sus estudios porque doña Victo, que lo extrañaba mucho, lo hizo volver a fines de la década del 50.

Hasta la batalla de Pavón, la provincia de La Rioja vivió en relativa calma y prosperidad. *"En la década de 1853–1863, La Rioja y Catamarca cumplían un importante papel dentro de la economía nacional y su comercio con Chile y Bolivia era activo y permanente."* [9] Por esos años el Chacho era respetado por todos. Así lo describe un contemporáneo: *"llevaba montura chapeada de plata, con pretal, freno de grandes copas y riendas del mismo metal. Su traje era: pantalón doblado para lucir los calzoncillos bordados; el chaleco de terciopelo negro, sin saco, desabrochado; la cabeza atada con un pañuelo de flores punzó y encima un sombrero blando de felpa de color marrón, con el ala de adelante levantada y la de atrás quebrada para abajo."* [10] Su pelo y barba rubios, por entonces estaban blancos, pero sus ojos azules seguían tan vivos y penetrantes como siempre.

Todo esto iba a cambiar con el discutido triunfo de Mitre en Pavón , el retiro de Urquiza y el nombramiento de Sarmiento como gobernador de San Juan. De alguna manera fueron ellos los responsables de lo que iba a pasar.

Mitre quería la unión nacional pero a través de la primacía de Buenos Aires y estaba dispuesto a lograrlo a toda costa. Urquiza, que había sido jefe del caudillismo federal y era el símbolo del enfrentamiento por la supremacía de Buenos Aires, entre las provincias y el puerto, renunció a

---

[9] Fermín Chávez, Op. cit.
[10] Salvador de la Colina, "Crónicas riojanas y catamarqueñas", citado en ibid.

sus pretensiones, por sugerencia de la logia masónica y por propio convencimiento. Sarmiento, dando otra vuelta de tuerca al amor por la civilización y el progreso, creó la antinomia "civilización o barbarie": en Buenos Aires, ciudad europea, predominaba la civilización, en las provincias pobres y atrasadas, la barbarie. Era necesario llevar la civilización a todo el país aunque para esto debiera regarse la tierra con *"sangre de gauchos"*, según escribió poco felizmente en una ocasión. Entre estos personajes, el Chacho Peñaloza era el caudillo natural de unas comarcas que habían conocido mejores momentos, empobrecidas por las guerras y toda su secuela de calamidades. Su mirada se dirigía hacia el interior del país, hacia la tierra y sus hombres. Quería vivir en paz pero con dignidad y libertad.

Mientras todo el país iba cayendo ante las tropas de los vencedores de Pavón, el Chacho tomó nuevamente las armas y, como en otras ocasiones, la gente lo fue siguiendo y formando espontáneamente un ejército para enfrentar las fuerzas que representaban el odiado poder de Buenos Aires. *"Derrotado decenas de veces, Peñaloza nunca será vencido [...] El encono de esta lucha será tremendo. Los civilizadores fusilarán prisioneros de guerra, pegarán fuego a las casas de los jefes montoneros y en su desesperación por triunfar de un enemigo inasible caerán en los más desesperados excesos."* [11]

Las montoneras del Chacho tenían agotadas a las fuerzas nacionales destacadas en La Rioja. Alarmados, Mitre y Paunero –jefe de las fuerzas– pensaron, cuerdamente, arreglar con el Chacho un armisticio. El tratado que se firmó en la estancia de La Banderita en mayo de 1862, sirvió más que nada, para que los oficiales de las

---

[11] Félix Luna, Op. cit.

fuerzas nacionales conocieran la hidalguía de Peñaloza, sus buenas intenciones, y el estado miserable en que había quedado la gente del pueblo. Pero se trataba de una paz precaria porque los problemas de fondo no habían sido ni serían solucionados. Cualquier roce, cualquier chispa, podía provocar el incendio. Lo que más molestaba a los liberales, herederos de los unitarios rivadavianos, era la cláusula del Tratado por la cual el mismo Chacho debía encargarse de recoger las armas y disolver las partidas, *"particularmente el gobernador de San Juan, que rehusa de todo punto la aprobación de los Tratados celebrados por V.E. y se parapeta con un pie de ejército que al presente está levantando"* escribe Peñaloza a Paunero, sólo dos meses después. En la misma carta, desde su hogar en Guaja, trata de explicarle *"la verdadera situación de miseria y orfandad a que han quedado reducidos mis paisanos"* por haberles consumido todo los ejércitos nacionales o *"por haber perecido en la guerra aquellas personas que pudieran proporcionarles subsistencia. Todos los días estoy recibiendo en mi casa a esos infelices y por más que desee remediar sus más vitales necesidades, no puedo hacerlo después de haber sufrido yo el mismo contraste; mis tropas impagas y desnudas, sin hallar recursos [...]"*.

En abril de 1863, a menos de un año del Tratado, el general Peñaloza escribía una carta a Mitre explicándole los agravios que había sufrido y al mismo tiempo mandaba un manifiesto a sus paisanos para informarlos de su última rebeldía de Quijote criollo.

Después de una derrota infligida por el coronel Sandes, famoso por su crueldad, el general Peñaloza con sus tropas mal vestidas y peor armadas, se escurrió de los vencedores y llegó a la ciudad de Córdoba ocupándola en forma pacífica y ordenada, sin cometer ningún acto de pillaje. Desde allí volvió a escribir a Urquiza, a su palacio de San José, pidiéndole que tomara rápidamente una decisión y contándole los excesos cometidos por el bando contrario.

Entre las miserias de la guerra, las tropas rescataban de vez en cuando momentos gratos de música y poesía. Se cantaba con guitarra y no faltaban poetas que improvisaran coplas como estas:

> *"Vengo de lejos, mi vida,*
> *ya se marcha el General,*
> *y con él nos vamos todos*
> *los bravos de Malanzán.*
>
> *Y mañana, si es que muero*
> *planta en mi tumba un rosal,*
> *espinas contra el olvido*
> *flores de mi soledad."* [12]

Coplas premonitorias de lo que vendría. No era posible seguir manteniendo una guerra de lanzas contra fusiles remingtons. La última derrota dispersó totalmente a los hombres del Chacho. Siempre acompañado por Doña Victo, que para entonces tendría unos cuarenta años, y por su hijo Indalecio, un adolescente, Peñaloza, de sesenta y cinco, se refugió en el caserío de Olta donde vivía su amigo Pablo Oros. Allí pensaba esperar la respuesta de Urquiza a su última carta y la propuesta de paz hecha a Paunero, o emigrar otra vez a Chile con su familia *"retirándome con mi ejército fuera de nuestro querido suelo argentino, pues éstos me dicen diariamente que si*

---

[12] Estrofas de unos versos escritos por Timoteo Maidana "capitán y poeta de la montonera de Peñaloza", en noviembre de 1863, recopilados por César Carrizo. Cita en Fermín Chávez, Op. cit.

V.E. se negase, con gusto irán conmigo a mendigar en el extranjero antes que poner la garganta en la cuchilla del enemigo".[13]

Pero había muchos que deseaban su muerte. No le perdonaban el miedo que les había hecho sentir. El coronel Irrazábal, digno sucesor del cruel Sandes, no fue más que un intérprete del sentir de sus superiores.

El 12 de noviembre de 1863 amaneció llovioso en Los Llanos. El comandante Ricardo Vera se fue acercando al rancho con su partida. Así contó lo sucedido: *"Llegar a gran galope, rodear la casa en que estaba acampado el general Peñaloza y la fuerza que lo acompañaba, fue obra de un instante, quedando todos detenidos por un cerco de soldados en la casa aquella. Yo mismo, que llegué de los primeros, fui quien personalmente intimé rendición al general Peñaloza, que a la sazón se encontraba sentado en un catre con un mate en la mano. El general no ofreció resistencia alguna, entregándose presos en el acto, con excepción de los pocos que pudieron huir por las huertas y en dirección al monte. Recuerdo, como si hoy mismo hubiera sucedido, que, a mi intimación, al rendirse, el general contestó más o menos en estos términos: "Estoy rendido", y me pasó su puñal, que era la única arma que tenía en ese momento."*

Una hora después, llegaba al galope el mayor Irrazábal a quien Vera había dado aviso. Desmontó de un salto, con la lanza en la mano, y se precipitó en el rancho rugiendo: *"¿Dónde está el Chacho?".* *"Yo soy el Chacho y estoy rendido",* contestó con dignidad el general. No pudo añadir más. Sin detenerse a pensarlo, Irrazábal lo derribó de un potente lanzazo en el pecho.

---

[13] Ultima carta del Chacho a Urquiza, escrita desde Olta dos días antes de morir. Citada por Luna en Op. cit.

Los gritos seguidos de llanto de doña Victoria, se mezclaron con los aullidos de gozo salvaje con que aquellos bárbaros celebraron la muerte del caudillo que parecía inmortal. Ya cebados en el odio, repitieron el macabro ceremonial de cortar su cabeza para clavarla en una pica en la plaza de Olta.

No conformes con esto algunos de sus enemigos o sedicentes amigos de tiempos buenos, fueron a reclamar por mercaderías que, decían, les habían sustraído montoneras del Chacho. Se llevaron así sus espuelas, freno y estribos de plata, un pretal con once piezas de plata, una onza de oro y un cóndor. Hasta incautaron bienes propios de doña Victoria, que tuvo que presentarse a la justicia para defenderlos.

Nueve meses después, doña Victoria escribía al general Urquiza una carta contándole sus penas *"con la esperanza de que aliviará en algún tanto mis padecimientos en que la desgracia me ha colocado con la dolorosa muerte de mi marido desgraciado, que la intriga, el perjurio y la traición, han hecho que desaparezca del modo más afrentoso y sin piedad, dándole una muerte a usanza del turco, de hombres sin civilización, sin religión [...] ¡despedazar a un hombre como lo hace un león! El pulso tiembla, señor general: haber presenciado y visto con mis propios ojos descuartizar a mi marido dejando en la orfandad a mi familia, y a mí, en la última miseria, [...] Me han quitado derechos de estancia, hacienda, menaje y todo cuanto hemos poseído [...] me tomaron dos cargas de petacas por mandato del señor coronel Arredondo, donde estaban todos mis papeles, testamentos, hijuelas, donaciones y cuanto a mí me pertenecía [...]".*

No sabemos cómo ni cuándo murió doña Victoria Romero de Peñaloza. Su hija, Ana María, se casó dos veces. La primera con Telmo González y la segunda con

Facundo Vera, hijo del que había hecho prisionero a su padre y testigo de su muerte. No tuvo hijos. A su vez, Indalecio se casó con Eudoxia Flores Vera y tuvieron un hijo que se llamó como su ilustre abuelo: Angel Vicente Peñaloza.

Una vez entrado en la leyenda, el Chacho fue inspirador de varios poetas, músicos y escritores, entre ellos José Hernández, el primero en escribir su vida, y Olegario V. Andrade, quien así lo recuerda:

"¡Mártir del pueblo! Tu cadáver yerto,
como el ombú que el huracán desgaja,
tiene su tumba digna en el desierto,
sus grandes armonías por concierto
y el cielo de la patria por mortaja."

Amor con Paz y sin paz

Fue una vida muy novelesca la que tuvieron el general Paz y Margarita Weild, su sobrina y mujer. En 1815, cuando ella nació, él tenía veintidós años y ya se había fogueado en el Ejército del Norte a las órdenes de Belgrano. Ese mismo año, peleando en plena puna, en el combate de Venta y Media, fue herido y perdió casi por completo el uso de uno de sus brazos, por lo que pasó a la posteridad con el apodo de "el Manco Paz".

Desde que tenía uso de razón, Margarita había amado a ese tío moreno y apuesto, de facciones enérgicas, distinguidas y algo arrogantes, al que veía muy de vez en cuando pero de quien su abuela, su madre y el resto de la familia hablaban constantemente.

El padre de Margarita, un médico escocés radicado en Córdoba, había muerto cuando ella era muy niña, pero en sus tíos Julián y José María había tenido fuertes figuras paternas. Le gustaba verlos en las reuniones de familia luciendo sus casacas militares, y más aún cuando en los pocos momentos de descanso en la sierra, le enseñaban a conducir su caballo por las estrechas sendas pedregosas o a lanzarlo a la carrera en las llanuras, repitiendo para que lo recordara:

*"En subida o pedregal, como manda el animal,
en bajada o llano, como manda el amo."*

José María era muy buen narrador y ella, sin entender mucho, escuchaba cautivada esa voz grave a la que la tonada cordobesa prestaba cálidos matices familiares. Sentada en silencio, no perdía palabra, clavando en él sus ojos azules que contrastaban con los del resto de la familia, lo mismo que sus rizos dorados. Con el tiempo fue entendiendo los temas de que hablaban.

Tenía catorce años cuando el general Paz volvía triunfante de la guerra del Brasil con la segunda columna del ejército y, por pedido de Lavalle, ocupaba el ministerio de guerra en enero de 1829. Hacía un mes que había sido fusilado Dorrego y la Convención nacional, reunida en Santa Fe, había condenado la revolución de diciembre que llevara a Lavalle al poder, por *"anárquica, sediciosa y atentatoria contra la libertad, honor y tranquilidad de la nación"*.

José María Paz venía de pelear junto a Lavalle, héroe de Ituzaingo. Sin embargo aunque era más bien favorable a la causa federal, por una cuestión de "clase" se sentía en contra de los caudillos de masas y más cerca del ideario "civilizado y progresista" de los unitarios porteños. Pero no quería acompañar a Lavalle en su impopular gobierno. Siguió rumbo a Córdoba con su disciplinado ejército, derrotó al general Bustos en San Roque y fue nombrado gobernador provisorio de la ciudad.

José María encontró a Margarita muy cambiada: ya no era una niña, sino una jovencita que lo miraba como una mujer y esto no dejaba de halagarlo. Curiosamente doña Tiburcia, madre de Paz y abuela de Margarita, no sólo veía esto con buenos ojos sino que alentaba el incipiente romance. Así lo relata el mismo Paz en sus Memorias:

"Desde que estuve en el ejército nacional, que hacía la guerra al Brasil, fue pensamiento de mi madre, mi casamiento con mi sobrina Margarita; cuando estuve en Córdoba algo se habló para que se realizase; más los sucesos se precipitaron y las cosas se dispusieron de otro modo [...]". Los sucesos fueron la invasión de Quiroga, las batallas de La Tablada y Oncativo –donde el general Paz triunfó ampliamente sobre aquél–, y la formación de la Liga Unitaria, que reunía a Córdoba, Tucumán, Salta, Santiago del Estero, Catamarca, Mendoza, San Juan y San Luis. Su propósito era repeler cualquier ataque de las fuerzas federales y formar un Congreso Constituyente. El general Paz ejercería *"el supremo Poder militar provisorio, como General en Jefe del Ejército Nacional"*.

Para contrarrestar su poder, las provincias del Litoral redactaron el Pacto Federal y nombraron a Estanislao López jefe de las fuerzas que deberían enfrentarlo. Al mismo tiempo que Quiroga invadía Córdoba por el sur, Paz decidió atacar a López y se adelantó con su ejército mucho más ordenado y profesional. Pero no había previsto que sucedería algo impensado: mientras iba reconociendo el terreno donde ocurrirían los enfrentamientos, en un paraje llamado El Fuerte del Tío, el general Paz, acompañado sólo por un baqueano, fue sorprendido por un grupo de enemigos que bolearon su caballo y lo tomaron prisionero. *"Todo fue obra de pocos instantes; todo pasó con la rapidez de un relámpago* –relataba Paz muchos años después–. *El recuerdo que conservo es semejante al de un pasado y desagradable sueño [...]. No obstante pude admirar la decisión de aquellos paisanos que se habían armado para sostener una posición política que no comprendían. [...] ¡Qué rapidez de movimientos! ¡Qué precauciones para no dejar escapar su presa! ¡Qué sagacidad para evitar los peligros que podían sobrevenirles! [...] En lo general fui considerado; hasta cierto punto y con pocas excepciones, no les merecí ni vejámenes ni insultos."* No dejaron sin embargo de vigilarlo constantemente. En un intento fallido de huida, el altivo Paz antes que sufrir una reconvención de parte de esos hombres pidió que lo mataran. *"Ni lo piense usted –le contestó el paisano– no se le ha de tocar un pelo; sanito lo hemos de llevar al señor López para que él haga lo que le parezca."*

Las perspectivas no eran para nada alentadoras en esos tiempos de odios y rencores en los que se fusilaba por meras sospechas; pero por otro lado, el máximo líder unitario era una importante baraja en el juego político de los mismos federales.

Ese 10 de mayo de 1831 la situación dio un vuelco radical: el ejército de Paz se desmoralizó al saber que él estaba prisionero y Lamadrid no pudo evitar la derrota a manos de Quiroga. Los gobernadores federales volvieron a ocupar sus puestos. Iba a pasar mucho tiempo antes de que se lograra la ansiada organización nacional.

Al llegar a Santa Fe con el preciado rehén, la escolta se dirigió al edificio de la Aduana, donde funcionaba también entonces la Casa de Gobierno. Santa Fe era una ciudad empobrecida por las guerras y eso se notaba hasta en la carencia de edificios adecuados. La Aduana servía también de cárcel, de cuartel, de almacén, proveeduría y parque de armamentos. Paraban allí las carretas que transportaban mercancías de una provincia a la otra y cantidad de vendedores pregonaban sus productos entre cacareos de gallinas y ladridos de perros. En dos o tres palenques varios caballos, a la espera de sus amos, se espantaban las moscas con la cola. Para acentuar el pintoresquismo del lugar, grupos de indios e indias del Chaco, traídos "en depósito", conversaban entre ellos o miraban al vacío en silencio, con amarga resignación. Ese sería el paisaje que día a día, durante más de cuatro años, contemplaría el general Paz desde su cuarto. *"Había en él una cama, una mesita y tres o cuatro malas sillas. Al día siguiente trajeron otros muebles mucho mejores que mandaba el señor Cullen. [...] cuando me vi finalmente confinado a una sala y una cama donde indefinidamente debía esperar la decisión de mi destino, y que éste se presentaba revestido de los tintes más siniestros, me acometió una intolerable congoja. ¡Qué mutación violenta la de mi estado!"*. Había pasado del momento de mayor gloria al de mayor humillación; de ser la autoridad máxima, no sólo de Córdoba sino de la Liga Unitaria, a estar esperando de un momento a otro su condena; de estar rodeado del cariño de su familia y sus soldados, a estar expuesto al escarnio o el sadismo de algunos de sus carceleros; de los preparativos de un casamiento que adivinaba venturoso, a una casi completa soledad. Se necesitaba mucho temple para superar semejante situación.

Los primeros meses pudo distraerse un poco, pues todos los personajes de Santa Fe quisieron visitarlo: los Galisteo, Leiva, el cura Amenábar, el coronel Pascual Echagüe y muchos otros. También recibió atenciones y obsequios de la esposa de Domingo Cullen, doña Joaquina Rodríguez, que cada tanto le mandaba algún dulce o algún abrigo para engañar el frío húmedo de la Aduana. Estas noticias, que comentaba en las cartas a su familia, servían de algún consuelo. Pero Margarita estaba desolada. Tanto su madre como sus amigas y sus primos juzgaban absurdo que, en lo mejor de sus años, siguiera esperando fielmente a un hombre que estaba en prisión y la doblaba en edad. José María era el primero en reconocer que *"en el estado en que me hallaba hubiera sido una insensatez hacer revivir aquel pensamiento, y en los primeros meses a nadie se le ocurrió semejante cosa,"* aunque en lo profundo de su ser, algo le impedía renunciar a esa dulce esperanza. Sólo doña Tiburcia creía en la firmeza de aquel cariño. Ella y Margarita se prometieron que, en cuanto pudieran, irían a visitarlo a la lejana Santa Fe.

Mientras tanto pasaban los meses para el prisionero que, viendo con ansiedad cómo otros presos eran trasladados sin saber cuál sería su fin, esperaba a cada momento la orden fatídica.

En octubre de 1833, llegó Estanislao López de su campaña sobre Córdoba. *"Su entrada fue triunfal, por debajo de arcos y trofeos, con músicas y aclamaciones. En esa noche y las siguientes hubo reuniones que recorrieron las calles con músicas, cohetes, iluminaciones y vivas"*, recuerda el prisionero que desde lejos atisbaría el jolgorio. López no se dignó ver a su principal enemigo y a los pocos días embarcó para el Rosario. En otra nave iban treinta presos que, después de haber viajado a pie desde Córdoba, habían compartido la cárcel de la Aduana. Poco después Paz se enteró que habían sido fusilados en San Nicolás. ¡Hacerlos caminar tanto para luego matarlos! ¿Qué podía esperarse de gente tan cruel?

En medio de su angustia tuvo el consuelo de recibir la visita de su hermano Julián, que tenía por cárcel la ciudad como algunos otros presos menores. Gracias a él pudo obtener algunos libros y alternar sus lecturas con la fabricación de jaulas para pájaros. Uno de sus carceleros, un hábil brasileño, le había enseñado a hacerlas con mimbres y cañas, y a pesar de su mano casi inutilizada, José María se dio maña para fabricarlas a la perfección.

Así pasaron tres años. En dos o tres oportunidades permitieron las visitas de su cuñada y sobrinos, pero, sorpresivamente, en septiembre del 33 se le ordenó a su hermano y su familia abandonar la ciudad. Paz vivió los meses más amargos. Hasta que el domingo 6 de abril de

1834, día de Pentecostés, sucedió el milagro que cambiaría para siempre su vida. Miraba por la ventana una de las horrorosas escenas de crueldad y sangre a las que no se podía acostumbrar: tratando de amedrentar a las indias, un ayudante traía un par de manos morenas ensangrentadas y se las mostraba para que las identificaran; luego pasaba otro llevando de los pelos la cabeza de un desgraciado indígena... Asqueado se alejaba Paz de la ventana cuando la figura de una negra aseadamente vestida le resultó familiar. Hablaba con su carcelero y éste le indicaba su ventana. Con incredulidad le pareció reconocer a Isabel, criada de su casa... Efectivamente, era ella la que, sin ocultar su alborozo, le hablaba a voz en cuello para que le oyera. Acababa de llegar acompañando a doña Tiburcia y a la niña Margarita. Le mandaban saludos y cuando lo permitieran, vendrían a verlo.

Un cúmulo de sensaciones lo invadió. ¿Margarita allí? ¿Su madre allí? A pesar de estar acostumbrado a las esperas, ésta se le hizo interminable. Recién a las ocho de la noche el chirrido de la llave lo hizo levantar de un salto; se abrió la puerta...y allí estaba ella: una aparición rubia y grácil que se precipitó con un gemido en sus brazos abiertos. *"¡Nada de lloros, nada de lloros!"* dijo él, quizá para evitar sus propias lágrimas. Margarita se repuso y rió feliz mientras doña Tiburcia que, según el propio Paz, *"había perdido la facultad de llorar"* abrazaba a su hijo preferido. Se sentaron a hablar dispuestos a contarse todo. ¡Había tanto que decirse, tanto de que sorprenderse y admirarse! Margarita quedó encantada con la jaula llena de pájaros. Eran como un símbolo: aún encerrados cantaban y volaban.

Con el correr de los días, con la perspectiva de una posible evasión o incluso de una liberación bajo fianza *"y aumentando progresivamente nuestro cariño, con el trato diario, pensé seriamente en ajustar nuestro enlace, y de acuerdo con mi madre, le hablé el 3 de agosto del 34 a Margarita, que no desechó mi proposición."* ¡Cómo iba a desecharla si para eso había viajado tantas leguas! Estaba encantada con este nuevo José María, mucho más cercano a ella que aquel semidiós en uniforme militar. Es verdad que le habían aparecido unas arruguitas alrededor de los ojos pero esto no hacía sino aumentar su encanto. Nada deseaba ella más que la seguridad de estar a su lado y recibir la mirada llena de amor y alegría con que seguía sus movimientos.

Comenzaron los preparativos para el matrimonio. Había que pedir una dispensa eclesiástica porque se trataba de tío y sobrina. Y Margarita tenía que preparar su ajuar y su vestido de novia ayudada por Isabel, su fiel servidora. Pero lo principal era saber si dejarían al prisionero asilarse en la Banda Oriental. Meses antes la madre del general había encontrado casualmente a López en el corredor y le había preguntado: *"Señor ¿Cuándo pondrá término a nuestros trabajos?"* A lo que éste había respondido: *"Señora, un día de estos, el que menos se espera, antes de lo que usted piensa."* Doña Tiburcia Haedo de Paz, acostumbrada a tratar con gente de palabra, empezó a preparar un cuarto para su hijo en la casa donde vivían, pero nada ocurrió. Evidentemente, López no era un caballero. Una de sus principales diversiones, que involuntariamente debían presenciar las atribuladas mujeres en los alrededores de la Aduana, era hacer luchar a las indias en crueles pugilatos donde se arañaban las caras hasta sacarse sangre. Peores cosas ocurrían entre los indefensos indios de la misión jesuítica de San Javier, a quienes los esbirros de López tenían encerrados y llevaban por las noches a degollar en pequeños grupos, echándolos luego en el río, en un lugar llamado el Remanso. No faltaba quien, al pasar bajo las ventanas del general Paz, exclamara: *"¡Que hayamos de estar incomodándonos en guardar a este hombre, cuando era mejor sacarlo una noche de estas para llevarlo al Remanso!"*.

José María no quería casarse mientras estuviera preso para evitar a Margarita la convivencia con esas miserias. Sin embargo un amigo sacerdote, el doctor Cabrera, pensó que el casamiento podría mejorar quizás en algo la situación del preso. Por otra parte, nadie podía convencer a Margarita de volverse sin haber logrado lo que quería. Estar cerca de esos brazos siempre dispuestos a rodearla, recibir sus caricias y hundirse en la apasionada mirada de sus ojos oscuros, era lo máximo que pretendía. Todo lo demás estaba supeditado a esto: la vida cotidiana en una celda con una sola ventana, apenas un biombo con que defender su intimidad de las entradas de los carceleros, las múltiples incomodidades que traería convivir en una cárcel...

Era costumbre acceder al pedido de una esposa que deseaba compartir la prisión con el marido, pero esto ocurría generalmente entre la gente humilde, no en los de su condición. *"Yo, a pesar del ardiente afecto que profesaba a Margarita,* –confesaba Paz– *lo rehusaba, pero ella, este ángel del cielo que Dios me destinaba por compañía, se avenía a todo: quizá ella y Cabrera conocían que su compañía iba a salvar mi vida, conservando mi salud que había empezado a quebrantarse. Para apoyar su opinión, añadía Cabrera, que creía firmemente que mi casamiento contribuiría a mi libertad, cuando menos, a que mi prisión fuera menos rigurosa. El mismo hizo los borradores del pedimento que debía hacerse al Obispo Diocesano, por la dispensa de parentesco, y quiso absolutamente, se pidiese también la autorización para que él nos echase las bendiciones. [...] El 31 de marzo de 1835, a las dos de la tarde, me casé con Margarita [...]"*.

Habían elegido la hora de la siesta por ser la más tranquila en la Aduana, para que nadie los interrumpiera. Las tradicionales palabras adquirían un sentido profundo en ese contexto: *"Yo, José María, te tomo a ti, Margarita, como esposa, en la salud y en la enfermedad, en la alegría y en la adversidad, amándote y respetándote durante toda mi vida..."* *"Yo, Margarita, te tomo a ti, José María, como esposo..."*

José María Paz. (Dibujo publicado en la *Revista del Plata,* 1854)

Margarita Weild de Paz. (Museo Colonial e Histórico Enrique Udaondo)

Pasaron seis meses desde ese día que cambió sus vidas. El encierro había adquirido una luz especial desde que estaba ella... pero no dejaba de ser encierro. Lo peor era la incertidumbre, más ahora que esperaban su primer hijo. El 17 de septiembre algo cambió la tranquila rutina.

El ayudante pidió hablar a solas con Paz: debía prepararse para marchar en el acto y él tenía prohibido decirle a dónde. ¿Habría llegado el tan temido momento del fusilamiento? Llorando, Margarita tuvo presencia de ánimo como para prepararle algo de ropa e ir a hablar con López o Cullen para pedir que le permitieran acompañarlo. Ambos se negaron a recibirla. ¿Sería lo peor? Acompañada por doña Tiburcia fue al puerto a despedirse. Se abrazaron dominando su emoción *"para no dar este motivo de entretenimiento a nuestros atormentadores y a una buena porción de curiosos que se habían reunido en la calle"*.

Margarita no quiso quedarse un minuto más en Santa Fe. Consiguió un barco maderero donde, entre frutas y otras mercaderías, los tripulantes improvisaron para ella y Tiburcia un rincón bajo un toldo y partieron hacia Buenos Aires. *"Salieron de Santa Fe con el corazón despedazado y esperando a cada momento tener noticias de mi fatal destino. En el Rosario tuvieron la certeza de que se me había conducido a Buenos Aires y no por eso fue menos su cuidado [...] todos saben los centenares de presos que han desaparecido en los suplicios a consecuencia de esas bárbaras entregas..."*.

Esta crueldad de separar a marido y mujer sin saber cuál sería su destino, fue un verdadero acto de sadismo de López y Cullen, puesto que Rosas había ordenado que le trajeran al general Paz con su familia *"en carretones o carretillas decentes que se pedirían al vecindario"*.

Después de cuatro años y medio de encierro Paz volvió a sentir el viento en la cara, el agua del río, las verdes orillas y volvió a andar a caballo. Pero nada podía calmar la duda desesperante y abrumadora de que su mujer no hubiera podido salir de Santa Fe. Al llegar a Luján, su nuevo destino, *"se me condujo al Cabildo y yo quedé luego instalado en una pieza alta con salida a un corredor o balcón*

y vista a la plaza del pueblo y al campo. El cuarto era de-
sahogado y tenía una ventana que caía al mismo corredor."
El lugar era mucho mejor que la Aduana de Santa Fe, pero
faltaba allí Margarita y sin ella la soledad de Paz era completa. La extrañaba, la deseaba y sufría al pensar lo que
ella estaría sufriendo. Recién en octubre la señora Rufina
Herrero, que llegaba de Buenos Aires, le hizo llegar en
secreto el mensaje de que su familia estaba bien. Pasaron,
sin embargo, cuatro meses en los que, cuenta Paz: *"devoré*
solo mis pesares y mis acerbas penas; lo peor es que en mi
amargura, o mejor diré, en mi delirio, llegué alguna vez
a sospechar que ella no haría el esfuerzo bastante o que le
fatigaría la vida que debía llevar a mi lado. Injusta sos-
pecha de la que me arrepentía luego pues es imposible
imaginar mayor abnegación ni mayor constancia que la
de mi joven esposa, mi incomparable Margarita".

A todo esto Margarita y su abuela esperaban en Buenos
Aires el permiso para pasar a la villa de Luján. Rosario
Paz, madre de Margarita y suegra de su propio hermano,
a quien no veía desde hacía siete años, se les reunió para
ayudar a su hija en el inminente parto, dejando a su marido, Elizalde, en Colonia de Sacramento.

En enero del 36 Margarita y José María volvieron a
encontrarse y a vivir sus amores, esta vez en la cárcel de
Luján. *"Querer pintar el consuelo que me dio su venida*
es superior a los esfuerzos de mi pluma; hay cosas que se
conciben mejor de lo que se dicen, y ésta es una de ellas.
[...] Gozando como nos era posible gozar, continuamos
hasta el parto de Margarita que fue el 10 de abril a las 6
de la tarde, dando a luz a mi primer hijo, José María
Ezequiel." Lo bautizaron en la iglesia de Luján, ante la
Virgencita criolla, vestida con los colores patrios, que
hacía doscientos años había elegido esos pagos para
quedarse a vivir.

En Luján vivieron verdaderos momentos de felicidad a pesar de los tiempos difíciles para el resto del país. Pero también tuvieron el intenso dolor de perder a su segunda hijita, Catalina, una criatura de belleza angelical que murió a los seis meses, de un día para otro, después de una fuerte convulsión. Margarita no fue la misma desde entonces. Por más fe que tuviera le era muy difícil aceptar el misterio de la muerte de un ser tan pequeño y bello.

Mientras tanto, a su alrededor todo hablaba de violencia y miedo: prisioneros políticos con las piernas torturadas por los grillos, ejecuciones, denuncias, azotes. También las ridiculeces propias de la demagogia, como los *"tres coches encarnados, tirados por cuatro caballos cuyos tiros estaban forrados en tela del mismo color, y adornados de testeras y coleras también encarnadas"*, que había mandado Rosas a Santa Fe para traer a López y toda su familia. Entre una cosa y otra el tiempo siguió pasando y Margarita volvió a dar a luz a una niña, a quien le pusieron su nombre.

Así imaginaba Sarmiento la vida del general Paz en la prisión de Luján: *"Figúrese el lector un cuarto de cuatro paredes, sin colgaduras ni alfombras, algunas sillas, una mesa y una cama por todo amueblado; una niña joven dando de mamar a su hijo, un hombre con una artesa, dentro del mismo cuarto, lavando ropa de adultos y de niños, y podrá el lector formarse idea de una de las escenas diarias de la prisión de Luján, en cuyas puertas y ventanas se ostentaban al lado de afuera pañales y mantillas y una gran cantidad de jaulas llenas de canarios, cardenales y jilgueros. ¡Oh! El general Paz desafía al más hábil constructor de jaulas de caña a hacerlas más fuertes y más variadas en su construcción, con torres, pirámides y obeliscos; todo de caña y primorosamente tallado. Hacer jaulas para encerrar pajaritos que lo alegrasen con sus gorjeos, construirse su calzado; lavarse la ropa; tales fueron al principio sus ocupaciones, hasta que una buena provisión de libros, una esposa y un hijo vinieron por fin a hacerle casi feliz en su cautiverio cuyo término no era dado prever, puesto que ya llevaba seis años sin disminuir de rigor ni de incomunicación"* [1]

En abril del 39, dos meses después de la muerte de doña Tiburcia, llegaba para el general Paz la orden de liberación. A los cuatro años de casados , él y Margarita, podrían por primera vez hacer cosas tan comunes como pasearse del brazo por la calle, ir a reuniones, a la iglesia o al teatro, pasar un día de campo con sus hijos... o simplemente quedarse en su casa sin la amenaza de que pudiera abrirse la puerta y aparecer un extraño. Cosas tan simples y preciosas como la libertad.

No era precisamente un clima muy libertario el que se respiraba en la Buenos Aires de fines del 39: la escuadra francesa bloqueaba el puerto y comenzaba a negociar con los enemigos del gobierno; los estancieros del sur se habían alzado contra Rosas y habían sido pasados a degüello; la conspiración de Maza había traído una serie de delaciones y castigos; Corrientes se había rebelado. La ciudad vivía horas difíciles y no era de extrañar que los ánimos estuvieran exaltados. Rosas había dejado libre al general Paz con la condición de que no abandonara Buenos Aires. Por cortesía, Paz fue a visitar a Palermo al gobernador y a su hija. Manuelita lo trató con su amabilidad característica pero su padre no se presentó. A José María Paz estas cosas le molestaban mucho, como hombre, como militar y como cordobés frente al taimado porteño. Se prometió no volver. Al poco tiempo fue citado por el Jefe de Policía

---

[1] Prólogo escrito por Sarmiento a la primera edición de las Memorias de Paz, publicadas después de su muerte.

quien le comunicó que seguiría recibiendo su sueldo de general y le devolvió el importe de los sueldos atrasados. Paz seguramente habrá pensado que *"cuando la limosna es grande hasta el santo desconfía"*. ¿Querría Rosas sobornarlo? Por otro lado, eran muchos los que se acercaban a su casa tratando de convencerlo de que era el único rival posible contra el Restaurador. La vanidad de Paz, el ansia de revancha y, ¿por qué no?, su vocación militar y su ambición personal, lo decidieron a dejar Buenos Aires y emigrar a Montevideo.

Es de imaginar cómo habrá tomado Margarita esa decisión: ¿ni siquiera un año fuera de la cárcel y ya quería empezar de nuevo con las aventuras militares? Sus hijos lo necesitaban, ella lo necesitaba, y ahora más que nunca, pues estaba en su cuarto embarazo. Pero era muy joven, lo admiraba mucho y estaba muy enamorada: su marido la convenció de que no tenía otro camino y de que en cuanto llegara al Uruguay se ocuparía de la venida de su familia.

José María se fue, pero ella no se quedó cruzada de brazos. Su historia y su juventud habían despertado muchas simpatías en la sociedad porteña y había hecho muchas amistades entre personas de influencia. Fue así como consiguió de Arana, ministro de relaciones exteriores, una carta para Paz en la que el Gobierno le ofrecía un cargo diplomático en algún país amigo, con la condición de que no tomara las armas en su contra. Una vez logrado esto, no fue difícil convencer a su madre de que la acompañara, obtener los pasaportes y comprar los pasajes. Al mes estaban todos embarcados. Los hechos iban a demostrar al general Paz que Margarita sería muy dulce pero sabía mostrar las uñas para defender lo suyo. En el barco empezaron los dolores de parto. A Dios gracias, el niño esperó a que estuvieran instalados en la Colonia para nacer.

José María aceptó los hechos consumados y se alegró de volver a tener cerca a sus seres queridos

Las cosas estaban resultando al general Paz más difíciles de lo que imaginara: ambiciones personales, intereses mezquinos, deseos de gloria y riqueza, se mezclaban a veces a la cruzada libertadora contra la tiranía. Lavalle preparaba en Corrientes el llamado Ejército de Liberación vigilado por los celos de los otros jefes. Paz no tenía lugar en medio de tantas intrigas. Sin embargo, su espíritu inquieto y su gran ambición política le hicieron creer que él podría conseguir lo que otros no habían podido: unir las provincias del Litoral y marchar sobre Buenos Aires.

Al tiempo, derrotado Lavalle, su figura era la única que perseguía grandes fines entre tantos intereses locales. Y partió nomás, a formar su ejército en Corrientes, que era lo que Rosas había tratado de impedir. Desde el campamento de Villanueva, cerca de los esteros del Iberá, iban y venían las cartas a Colonia del Sacramento: *"Mi corazón descansa con pensar en vos y escribirte. Me complazco en mis aciertos para que vos, que tanto has sufrido por mí, goces un poco y te indemnices de tantos trabajos. Concurre a las diversiones que haya, usa de ellas con moderación. No era preciso decírtelo porque te conozco, dispénsame."* [2]

No puede negarse que Paz era un militar de vocación, que se sentía realizado adiestrando a esos paisanos tan dispuestos y corajudos que lo veneraban como a un veterano de las guerras de la independencia. Sin embargo, no dejaba de recordar a su mujer y a sus hijos, tratando de suplir de alguna manera su ausencia con cariñosas cartas

---

[2] A.G.N.Correspondencia del General Paz, publicada por Beatriz Gallardo de Ordoñez en su obra *Margarita*, Ed. Guadalupe, 3º edición, Bs. As., 1985.

y consejos. *"Dejalo a Pepe que ande descalzo; ya sabes que mi deseo es que no los críen muy delicados ni arropados. [...] En la primera ocasión mandame un par de jabones de olor que no tengo cómo hacerme la barba; quisiera también una plancha y un poco de almidón, que estoy aburrido de la ropa sin planchar ni almidonar. [...] ¿Te acuerdas qué día es hoy?* —le escribía el 31 de marzo del 41— *Yo lo tengo bien presente y al escribir estos renglones mi corazón se dilata al recordar que hace seis años se unieron nuestros destinos. Te abrazo desde aquí con toda mi alma y con todo el afecto de mi corazón."*

¿Seis años nada más? ¡Cómo habían cambiado sus vidas en esos seis años! Nunca pensó Margarita que algún día llegaría casi a añorar la cárcel de Luján donde vivían el uno para el otro. Como para compensar esa inactividad forzosa ahora no paraban ni un año en cada lugar, siempre en pos del guerrero. Margarita no podía entender que los motivos económicos y políticos fueran tan fuertes como para justificar tantas muertes, dolor y miseria. Con la sola ayuda de su madre acababa de pasar nuevamente por el suplicio de ver morir a su hijito de meses en una epidemia de sarampión. ¿Qué honores y riquezas podrían compensarla? ¿Qué sentido tenía esa interminable guerra que engendraba más y más violencia? Sin saberlo, concordaba con Mariquita Sánchez que, por la misma época, protestaba contra el entusiasmo que los hombres sentían por la pelea y el poco valor que daban a la muerte. *"No saben lo que cuesta criar un hijo para luego perderlo en una hora."*

Después de la muerte de su hijito, la familia Paz se mudó a pocas millas del campamento de Villanueva, pero de allí tuvieron que pasar a Corrientes ante la proximidad del enemigo. A fines de 1841 el triunfo de Paz sobre las tropas de Echagüe fue total en la batalla de Caaguazú.

Eufórico, el general escribía a su mujer: *"Noviembre 28, 1841. Da gracias al Dios de los ejércitos, pues me ha concedido hoy una victoria completa y me ha preservado de todos los peligros. Abraza en mi nombre a Rosario y a mis hijos. La victoria es tan completa como barata para nosotros. Hemos tenido pocas pérdidas. De los conocidos, sólo Canedo está herido. He tomado nueve cañones, todo un parque, carretas, infantería y demás. El ejército enemigo ha sido pulverizado y enteramente destruido. Quiera el cielo que sea para el bien del país y que yo encuentre al fin como premio de mis fatigas el descanso y el consuelo de vivir con vos y mis hijos. Todo tuyo. J.M."*

La victoria de Caaguazú sirvió para confirmar lo que todos sabían: que Paz era un brillante estratega pero no un buen político. Las querellas internas unitario–rivieristas impidieron que el gran triunfo fuera aprovechado. Sin sospechar estas derivaciones, Paz seguía con entusiasmo la carrera hacia sus objetivos: *"No has debido dudar* —escribe apenas doce días después de la batalla— *de que logrado el triunfo sería preciso proseguir la campaña de Entre Ríos. Esto es indispensable y necesario como también lo es que debemos vernos. No puedes imaginar los deseos que tengo de abrazarte. Daría un brazo para conseguirlo, pero no es posible. Un abrazo tuyo, un beso de mis niños, daría por ellos un mundo y sin embargo veo que es preciso privarme de dicho gusto. Te quejas de lo cortas que son mis cartas como si las tuyas fueran tan largas. Escríbeme, escríbeme, todo, todo. Yo tengo inmensas ocupaciones, sin embargo, creo que por dos cartas mías viene una tuya. [...] Celebro que te diviertas aunque me dicen que no has querido bailar."*

Terminaba 1841 y Margarita, embarazada de su quinto hijo, seguía sin saber cuándo volverían a reunirse. El 20 de diciembre él le escribía: *"Emprendemos la marcha pasado mañana. Te escribiré frecuentemente y vos hacé lo mismo. Mientras más pronto marche, más pronto será el plazo de nuestra ausencia. Esto me consuela y debe también consolarte. Te llevaré siempre presente, estarás fija en mi memoria y en mi corazón. No dejes de escribirme con extensión: tus cartas son un bálsamo que mitiga las amarguras y las penas que indispensablemente me rodean en mi actual posición.”*

A comienzos del 42 Paz estaba en la Bajada (Paraná) negociando la formación de un nuevo ejército y buscando el modo de llevar a su familia. Pero pasaban los meses sin que se produjeran novedades y ya no era tan fácil moverse con dos chicos y un embarazo a cuestas. Aunque no se han conservado las cartas de Margarita, las de su marido reflejaban algo de su desazón. El 15 de marzo Paz le escribía: *“Acabo de recibir tu carta que me ha llenado de amargura por la inquietud en que te ha puesto mi silencio: tienes razón, Margarita de mi alma, pero escúchame para condenarme. Sobre todas las razones, es que he estado más de quince días con el pie en el estribo para marchar a ésa y como pensaba yo mismo darte noticias mías, desprecié la ocasión de buques que llegarían después de mí. ¿Cómo figuraste que fuese un disgusto mío y que te lo callara? ¿Cómo hubiera dejado de decir lo que hubiera sentido? Nada, nada de esto ha cambiado y, muy al contrario, tu ausencia, los sinsabores de mi posición y mi esperanza de verte pronto, han aumentado, (si es posible) mi cariño y ternura. Cuenta con ella mientras vivas y no me hagas el agravio de dudar nunca de mis sentimientos.*

En mi carta de ayer te decía que harto de disgustos había pedido mi pasaporte para ir a Corrientes. Estos han sido causados en gran parte por el gobernador Ferré que aparentando consideración ha querido anularme y desarmarme del modo más mezquino.

Ayudado de los Jefes que han venido a rodearme voy a empezar la formación de una División, o si se quiere, de un ejército entrerriano, o, si se quiere también, argentino. Heme, pues, metido en nuevos trabajos pero con la esperanza de verte muy pronto porque pienso luego que esto se tranquilice un poco, hacer que vengas con toda la familia que será el colmo de mis deseos y el término de mis sinsabores."

Pasaron abril, mayo y junio. Un día Paz estaba en Gualeguaychú, al otro en Concepción, al otro en Paysandú donde finalmente, encontró una linda casa sobre el río Uruguay. Y ahora era él quien esperaba con ansiedad la llegada de su esposa y sus hijos. Todavía no conocía a Andrés, el menor.

La alegría del reencuentro en ese plácido pueblito, compensó en algo las penurias sufridas. Un invierno benévolo dejó el lugar a una radiante primavera. Lapachos rosados, verdes sauces y ceibos color de fuego rodeaban el jardín y las costas del río. Los chicos disfrutaban de la quinta y de la vida en familia, con la presencia sin retaceos de su padre.

Esta feliz estadía se vio interrumpida por las tretas del "pardejón Rivera", como llamaba Rosas a su versátil enemigo uruguayo. Cuatro meses de descanso y otra vez en marcha. La próxima parada sería Montevideo. Al poco tiempo de estar allí, Oribe, aliado de Rosas, después de haber vencido a Rivera, llegaba para sitiar la ciudad. Paz, designado por pedido del gobierno General en jefe del ejército de Reserva del Uruguay, tuvo que hacerse cargo de la defensa de Montevideo.

Margarita estaba en su sexto embarazo.

Una de las primeras medidas de Paz fue dotar a la pequeña armada de un jefe eficaz. El destino lo había puesto en contacto con un despierto joven italiano casado con

194

una brasileña. Se llamaba Giussepe Garibaldi y sería el encargado de los combates navales.

La brillante defensa organizada por Paz no impidió, sin embargo, los desencuentros con Rivera. Hartos, los Paz decidieron irse de Montevideo. Conociendo sus deseos, el gobierno uruguayo nombró al general Ministro ante el Brasil. Luego del nacimiento de Juana Rosa, se pusieron en camino.

Pero no podrían viajar juntos: Paz debería ir primero a Río de Janeiro mientras el resto de la familia lo esperaba en Río Grande do Sur, ese estado del Brasil que tantas cosas en común tenía con nuestras pampas, empezando por las inmensas llanuras habitadas por "gaúchos", siempre arriba de sus caballos, amigos del "churrasco" y del mate, que tomaban en grandes calabazas.

Comenzaba una nueva etapa para esta sufrida familia. Los viajes durarían meses por mares, selvas y desiertos; viajarían en barcos, coches, caballos y carretas; serían incómodos para los grandes y peligrosos para los chicos pero les dejarían maravillosos recuerdos que Pepe y Margarita no olvidarían jamás. Como, por ejemplo, la gran casona de Río Grande donde pasaron tres meses esperando que José María volviera de Río de Janeiro para emprender el dificultoso viaje de regreso por tierra después de haber cumplido su misión. O los vítores con que recibían al general en todos los pueblos de Corrientes.

En febrero de 1845 llegaban a Mercedes. Allí cumplieron diez años de casados. Una carta de Paz enviada unos meses antes a Margarita desde Río de Janeiro, resume los sentimientos que pudieron embargarlo en esa fecha:

"Considero lo penoso que es mover la familia, considero las incomodidades del viaje, considero en fin, las que ya han sufrido, y mi corazón se acongoja al ver la necesidad

en que me veo de exigirles nuevos sacrificios. Mi amargura es todavía más viva cuando pienso que no podemos saber aún cuándo podremos hallarnos en nuestra Patria.

Si la vida es un viaje que hacemos los pobres humanos sobre esta tierra de lágrimas, nadie con más propiedad que nosotros lo puede decir y probar.

Desde que uní tu suerte a la mía, no podemos decir que hemos gozado un día de reposo. En nuestro país todo han sido trabajos; y en el extranjero, intranquilidad y la más cruel incertidumbre. En tan penosa situación era nuestro contento la más completa resignación a los designios de la Providencia, y como vos decís, tan juiciosa como cristianamente, abandonémonos a la voluntad divina. Espero confiadamente en que no quedará sin premio esa virtuosa resolución y en que veré algún día mi familia rodeándome en el seno de la quietud y de la dicha."

Tres años más seguirían rodando por los caminos; tres años con algunos descansos como el de los diez meses pasados en Asunción del Paraguay. Allí se habían refugiado cuando el general renunció al cargo de Director de la Guerra que le habían conferido en Corrientes, por desentendimientos con los hermanos Madariaga, caudillejos correntinos a quienes no estaba dispuesto a aguantar. En Paraguay gobernaba por entonces Carlos Antonio López, un dictador que al lado del anterior, el siniestro Gaspar Rodríguez de Francia, parecía un demócrata. No pensaron radicarse, pero los diez meses pasados allí fueron un bálsamo para Margarita y Rosario, su madre, que seguía acompañándola: un pueblo hospitalario, un paisaje amable, una lengua dulce; mujeres serviciales que, a pesar de tratarlas de "che" y tutearlas ("che, patroncita", "che señora"), eran de la más absoluta confianza y trataban a los chicos como si fueran sus hijos. Pepe, Margarita, Andrés y Juana Rosa fueron felices en Asunción.

Les costó dejar esas tierras coloradas en las que resaltaba el verde limpio de las palmeras después de la lluvia, esos caminos recorridos por carretas tiradas por blancos bueyes... Los esperaba hasta Río Grande una travesía de doscientas leguas sólo matizadas por las cabalgatas que tanto recordaban a Margarita su infancia y a las que hacía rato se había unido Pepe, el mayor.

El viaje fue fascinante pero agotador. La selva era una caja de sorpresas. Lo que más les impresionó fue el descubrimiento de las ruinas jesuíticas: campanarios que erguían su esbeltez en medio de lianas, grandes espacios abiertos donde habían estado las plazas, largas hileras de casas de piedra rojiza asomando entre la profusa vegetación. Al fin llegaron a las verdes praderas, ya conocidas de Río Grande. La vieja casona con sus galerías que daban al campo, los gáuchos tocando la guitarra en las tibias noches. Todo tenía algo familiar que recordaba las pampas bonaerenses o las cuchillas entrerrianas.

Faltaba todavía una etapa antes del descanso: Rosas no quería muy cerca de la frontera un general tan hábil para construir ejércitos. Por expreso pedido del Ministro Representante de la Confederación Argentina al Gobierno de Brasil, la residencia del General Paz sería fijada en "el Janeiro". Hacia allá se dirigieron los Paz, resignados a su suerte y sin saber de qué iban a vivir. José María propuso instalar una granja y Margarita asintió entusiasmada: a los chicos les iba a encantar y podrían vivir todos juntos como una verdadera familia.

Todavía no había dado a su marido la noticia de que esperaba un nuevo hijo: el séptimo. Se sentía feliz pero sumamente cansada. ¿Sería verdad que habían llegado a puerto? Su agotamiento le impedía realizar las tareas habituales, en cambio pasaba mucho tiempo conversando con José María y recordando el largo pasado en común.

Hablaban también de los chicos, ¿cómo sería la Patria a la que volverían algún día?

Margarita estaba alegre pero cada vez más débil. El doctor que asistía al parto movía la cabeza con pesar...

Años después, al escribir sus memorias, Paz recordaría con precisión este momento, el más amargo de su vida: "*Cuando principié esta memoria, vivía Margarita y gozaba las dulzuras de la vida privada, al lado de una compañera fiel, de una amiga sincera, de una mujer querida; la concluyo después de haberla perdido. Fue el 5 de junio de 1848 a las diez y cuarto de la noche, después de haber dado a luz a mi último hijo Rafael*".

Margarita tenía treinta y tres años de vida y hacía trece que estaba casada. Durante cuatro años había compartido con su marido el encierro y las humillaciones de la cárcel en donde nacieron dos de sus hijos; había luchado contra la falta de libertad, dificultosos viajes y soledad, en medio de siete embarazos y partos; había vivido la peor de las amarguras para una madre: ver morir a dos de sus hijitos. La lealtad a su marido, sin embargo, seguía intacta como aquella tarde en la cárcel de Santa Fe, cuando ambos prometieron seguir juntos en "*la salud y la enfermedad, en la alegría y en la adversidad amándose y respetándose durante toda su vida*".

Sus restos, junto a los del general Paz, descansan en la Catedral de Córdoba.

Desde el amor hasta la muerte
La tragedia de Camila y Vladislao

La actual iglesia del Socorro, en Suipacha y Juncal, fue escenario del despertar de este amor desgraciado. Por los años 1847/48, plena época rosista, el lugar era un tranquilo barrio de quintas arboladas entre cuyo verdor se destacaban las elegantes torres de la iglesia.

En las cercanías vivía la familia O´Gorman, compuesta por un padre de origen franco–irlandés, madre porteña de antigua estirpe y seis hijos, entre los que se distinguía Camila. Esta joven, de unos veinte años, era, al decir de Berutti *"muy hermosa de cara y de cuerpo, muy blanca, graciosa y hábil pues tocaba el piano y cantaba embele-sando a los que la oían."*

Camila, además, tenía una gran personalidad y un criterio amplio y libre, algo que en una mujer podía ser considerado peligroso. Quizás heredara estas características de su célebre y bella abuela Anita Perichon, que había sido amante del virrey Liniers. Recluida por orden del gobierno en su quinta fuera de la ciudad, esta abuela debe haber contribuido con su trato a la personalidad y la elegancia de Camila. *"Artista y soñadora, dada a las lecturas de esas que estimulan la ilusión hasta el devaneo [...] y librada a los impulsos de cierta independencia enérgica y desdeñosa, había llegado a creer que era demasiado estrecho el círculo fijado a las jóvenes de su época, [...] Continuamente se la veía dirigiéndose sola desde su casa a recorrer las librerías de Ibarra, La Merced o de la Independencia, en busca de libros que devoraba con ansias de sensaciones."* [1]

Daguerrotipo de Camila O'Gorman. (Museo Histórico Nacional)

El otro protagonista de esta historia, había llegado unos años antes desde Tucumán. Traía una recomendación para el general Rosas y para el presbítero Elortondo de parte del gobernador y del cura de esa provincia. Era, según recordaba Antonino Reyes ante Manuel Bilbao: *"un joven de pelo negro y ensortijado, cutis moreno y mirada viva, modales delicados y un conjunto simpático".*

---

[1] Adolfo Saldías: *Historia de la Confederación Argentina.* Citado por Nazareno Adami en "Poder y sexualidad, el caso de Camila O´Gorman", revista *Todo es Historia*, Nº 281.

Decían que era *"juicioso y lleno de aptitudes"* y venía a Buenos Aires para seguir una carrera. Don Felipe Elortondo y Palacios le indicó la eclesiástica como una profesión más.

Hasta mediados del siglo XIX el clero americano no era muy escrupuloso en cuanto a las tres condiciones obligadas al Orden Sagrado: pobreza, castidad y obediencia. Por tanto la Iglesia y la sociedad no se cuestionaban si había o no una verdadera vocación espiritual hacia el celibato y la cura de almas. Se contentaban con que existiera una predisposición hacia lo intelectual poniendo el acento más en los estudios que en la vida pastoral.

Ordenado sacerdote a los veinticuatro años, Vladislao Gutiérrez fue designado párroco en la iglesia del Socorro. Pronto reparó en una joven alta, de pelo castaño y expresivos ojos oscuros, de un andar elegante y gracioso. No tuvo que esperar mucho para que se la presentaran: era hermana de Eduardo O´Gorman, compañero en la carrera sacerdotal.

Como casi todas las mujeres de esa época, Camila era bastante devota. Iba a misa con frecuencia y le gustaban mucho los sermones del nuevo párroco. A veces él iba de visita a su casa. Poco a poco se hicieron amigos.

"A los dos solos se les veía por el bosque de Palermo entregados a sus prolongadas conversaciones", dice Bilbao, el confidente de Antonino Reyes, comandante de la prisión de Santos Lugares, que tuvo oportunidad de hablar largo rato con Camila.

Desde el primer momento había nacido entre ellos una simpatía alimentada en conversaciones diarias, visitas y hasta paseos a caballo. No habían caído en la cuenta de que se estaban enamorando. Cuando lo advirtieron ya era tarde para retroceder.

Seguramente el joven sacerdote se debió sentir más responsable de lo que sucedía, pero sus escrúpulos fueron acallados con razonamientos valederos: él no tenía vocación; pronunció sus votos presionado por las circunstancias y sin saber exactamente a qué estaba renunciando, porque nunca se había enamorado de esa forma. Cuando les resultó imposible ignorar ante sí mismos que se querían, él la tranquilizó convenciéndola de que aquello no era un crimen. Se había equivocado y lo reconocía; pero sus votos eran nulos. Y si la sociedad no permitía que la hiciera su esposa ante el mundo, el la haría suya ante Dios. Camila se dejó convencer: también ella estaba viviendo el primer y gran amor de su vida. No podía imaginarse la vida sin él, pero tampoco estaba dispuesta a ser "la barragana del cura". Empezó a concebir así la idea de huir de Buenos Aires y cambiar de identidad para poder vivir casados ante Dios y ante los hombres.

Gutiérrez debe haber vacilado al principio pues era algo muy arriesgado: escapar un clérigo con una niña de la sociedad... ¿A dónde irían que no los pudieran alcanzar las autoridades civiles y eclesiásticas? Y ¿cuánto aguantaría una delicada niña, acostumbrada a la vida muelle y entretenida de las porteñas amigas de Manuelita Rosas, las estrecheces por las que deberían pasar hasta llegar a instalarse en lugar seguro? Mucho deben haber conversado sobre este tema los enamorados puesto que en la *"clasificación"*, como llamaban la declaración de testimonio, Camila se acusaba de ser ella más culpable *"por haber hecho dobles exigencias para la fuga, pero que no lo considera delito por estar su conciencia tranquila."*

Lo que llevó a la ruina a estos jóvenes fue justamente su honestidad: no quisieron vivir en una dualidad hipócrita, aparentando lo que no eran. Querían ser amantes y casados ante Dios. Poco a poco fueron forjando el plan: llevarían algo de ropa, lo que pudieran juntar de plata y dos caballos. Irían hacia Luján, de allí pasarían a Santa Fe,

Entre Ríos y Corrientes. El destino final, si todo andaba bien, sería Río de Janeiro. Al pasar a Santa Fe fingirían haber perdido los pasaportes y pedirían otros con nombres falsos. El 12 de diciembre de 1847 fue el día elegido para la fuga.

Era ya noche cerrada cuando don Cesáreo Camello, pulpero de la Villa de Luján, sintió llegar unos caballos y oyó el consabido "¡Ave María Purísima!" No quiso abrir por estar ya en la cama pero por la ventana indicó a los viajeros una enramada donde podían refugiarse. Sintiéndose un poco en el paraíso, en esa noche pampeana refulgente de estrellas los amantes tuvieron su momento de felicidad.

Al día siguiente, por cincuenta pesos, un muchacho los acompañó hasta el río del Pilar. *"Aparentaban estar muy contentos aunque ella iba algo enferma [...]"* contó cuando, días después, conocida la fuga, lo interrogaron.

Mientras tanto, en Buenos Aires, a la consternación había seguido el pánico: ¿cómo tomaría el Restaurador de las Leyes y del Orden este desacato a todas las normas morales, civiles y sociales? Los presuntos responsables trataron de demostrar su completa incompetencia en el caso. Recién después de diez días, esperando quizá que volvieran los fugitivos, el padre de Camila, Adolfo O´Gorman, denunció el hecho al gobernador como *"el acto más atroz y nunca oído en el país"*, mientras el Provisor lo calificaba de *"suceso horrendo"* y el Obispo Medrano pedía al Gobernador *"que en cualquier punto que los encuentren a estos miserables, desgraciados infelices, sean aprehendidos y traídos, para que procediendo en justicia, sean reprendidos y dada una satisfacción al público de tan enorme y escandaloso procedimiento."*

Nada más mezquino y mediocre, sin embargo, que la carta del presbítero Felipe Elortondo y Palacios, asiduo concurrente a las reuniones de Palermo, que vivió alrededor de veinte años con su "ama de llaves", la gran amiga de Rosas, Josefa Gómez, en su casa de la calle Defensa 123. Era pues, el menos indicado para escandalizarse de la situación. Sin embargo, demuestra su obsecuencia ante el poder y su temor de que se lo acusara por haber sido protector del joven. A toda costa intentó despegarse afirmando que *"el clérigo Gutiérrez se colocó en el Socorro por sólo la inspiración del señor Obispo" [...] Desde que se fue al Socorro, ambos hemos vivido a mucha distancia. Cuando tuvo lugar su fuga, habían corrido cuatro meses de la más absoluta incomunicación. En todo este tiempo ni una sola vez vino a mi casa. Nuestra amistad, si no estaba rota, estaba completamente interrumpida."*

A Rosas no le interesaba un clero santo sino un clero obediente. Lo tenían sin cuidado los amancebamientos de algunos curas. Lo que no podía tolerar jamás era una falta de obediencia hacia su persona. La Iglesia también podía permitirse tener ministros que no cumplían lo que predicaban...siempre que no hicieran ostentación de ello. Al escándalo de la fuga se sumaba el ser partícipe de ella una niña tan relacionada en sociedad. Y aquí las opiniones se dividían: para la mayoría era un víctima, para los demás, una perdida. [2]

Lo que más le importaba a don Juan Manuel era el desconocimiento del principio de autoridad, de su autoridad sacrosanta. Manuel Bilbao lo afirma con mucha clarividencia: podían irritarlo, sí, los escritos de los unitarios, los reclamos del clero y las gazmoñerías de algunas personas, pero *"la idea que más le atormentaba era otra: haber ignorado el suceso durante nueve días y haberse escapado Gutiérrez y Camila a su autoridad, burlándola [...] Para Rosas, el verdadero crimen de Gutiérrez y Camila fue*

---

[2] Según predominara la mentalidad del siglo XVII o la del XIX.

haber burlado su autoridad, y que ésta apareciera burlada ante la faz de la sociedad." De allí que su gran empeño fue que buscaran a los fugitivos hasta debajo de las piedras y que los trajeran inmediatamente a Buenos Aires. Cualquiera que los hubiera ayudado podía ser acusado de cómplice . Nadie podía quedar ajeno al tema.

La *"nota de filiación"* de los reos fue repartida por toda la provincia de Buenos Aires y más adelante, por todo el país. Después de la descripción de Gutiérrez se agregaba: *"Nota: estaba de cura accidentalmente en la Parroquia de Nuestra Señora del Socorro en esta ciudad. Lleva dos ponchos tejidos, uno negro y otro oscuro con listas coloradas, y en las faldas del recado tiene unas como fundas para pistolas. Cabalga un caballo cebruno herrado y lleva además uno ruano sin herraduras. Lleva dos recados, uno nuevo, que es donde van puestas las pistolas y otro tucumano, usado, de cabezadas altas. Debe llevar valija, y el traje con que estaba vestido la noche del 11 del corriente, en que fugó, era una polaca negra con cuello y botas de terciopelo del mismo color, chaleco de terciopelo negro y pantalón negro rayado. Se cree que vaya con una gorrita de paño con borla."*

Rosas podría haber usado su poder en forma magnánima para perdonar. Si los jóvenes hubieran acudido a pedirle ayuda seguramente lo habría hecho. Pero esto era simple y llana *subversión*, palabra odiada por todos los que se creen guardianes del Orden y poseedores de la Verdad. Las frases dichas a una persona de su confianza y citadas por Bilbao, son por demás elocuentes: *"No soy niño para sorprenderme con los escándalos de los clérigos; lo que no puedo permitir ni tolerar es que falten a la autoridad, se rían de ella, la ridiculicen. [...] Los he de encontrar, aunque se oculten bajo tierra, y con ellos he de hacer un ejemplar escarmiento, los he de hacer fusilar donde los encuentren."* Aterrado por este exabrupto, el confidente de Rosas comunicó a Manuelita el cariz que estaba tomando la situación. Mientras tanto, para buscar apariencias de legalidad, el gobernador mandó a unos cuantos juristas que estudiaran el asunto para saber qué pena correspondía a los sacrílegos. Las leyes consultadas eran del Fuero Juzgo y de las Siete Partidas de Alfonso el Sabio. Otro tiempo, otro lugar, otras circunstancias... Nada de eso importaba.

Los unitarios que vivían en el exilio, aprovechaban para fustigar al *"responsable de actos tan aberrantes"*. Desde Chile, Sarmiento escribía: *"Ha llegado a tal extremo la horrible corrupción de las costumbres bajo la espantosa tiranía del Calígula del Plata, que los impíos y sacrílegos sacerdotes de Buenos Aires huyen con las niñas de la mejor sociedad, sin que el infame sátrapa adopte medida alguna contra esas monstruosas inmoralidades."*

Las primeras noticias de los prófugos se tuvieron el 27 de diciembre y los informantes pensaban que habían tomado el camino de Santa Fe. En efecto, el 1º de marzo, el gobernador de esta provincia, Pascual Echagüe, informaba que los reos habían solicitado un pasaporte para Entre Ríos, diciendo que eran marido y mujer; que al enterarse de quiénes eran, el Juez de Paz los había mandado prender pero ya se habían embarcado.

En esta primera etapa la suerte parecía sonreír a los enamorados. Ya en Paraná, en febrero del 48, consiguieron finalmente un pasaporte a nombre de Máximo Brandier, comerciante, natural de Jujuy y su esposa, Valentina Desan. Al llegar a Goya con su nueva identidad, pudieron tomarse un respiro y prepararse para la última etapa: el Brasil. Mientras tanto, para ganarse la vida abrieron una escuela para niños, la primera que existió en esa pequeña ciudad. Pudieron vivir cuatro meses en una relativa felicidad, olvidando la persecución de que eran objeto.

El 16 de junio ocurrió el desastre: invitados a una fiesta, encontraron allí a un sacerdote irlandés que conocía a Gutiérrez y lo saludó por su nombre. Tomados por sorpresa sólo atinaron a negar su verdadera identidad. La noticia voló y al día siguiente, por orden del gobernador Virasoro, los dos maestros fueron encarcelados e incomunicados. La maquinaria del poder empezaba su obra despiadada.

En cuanto Rosas conoció la noticia dio orden de que condujeran a los reos en dos carros separados a Santos Lugares, donde estaba la más temida prisión del régimen. El poco apropiado nombre venía de un viejo convento fundado por los franciscanos hacía unos cien años con el nombre de Santos Lugares de Jerusalén. Había allí un pueblo de indios y, durante la campaña contra Lavalle, Rosas había mandado levantar un campamento que se convirtió en caserío de amplias calles y ordenados ranchos rodeados de huertas donde él mismo tenía una casa de campo. El lugar ameno y campestre se veía ensombrecido, sin embargo, por la presencia de la cárcel, reservada a los mayores enemigos de la Santa Federación.

Con creciente angustia, los amantes vieron cómo se cerraban las puertas de sus respectivas prisiones. Estaban incomunicados entre ellos y con el resto del mundo. Camila, sin embargo, pudo hacer llegar una carta a su amiga Manuela Rosas. Esta le contestó el 9 de agosto alentándola a que no se dejara quebrar, que ella la ayudaría. El mismo día, mandó comprar a la Mueblería de la Independencia, *"un juego completo de dormitorio, un colchón, un sillón y dos sillas de Viena y buscar un piano para entregar en la Casa de Ejercicios."* En la boleta decía *"Da. Manuelita de Rosas para Da. Camila O´Gorman."* [3] Manuelita

---

[3] Nazareno Adami. Op. cit.

preparaba para su amiga un lugar digno donde esperar la sentencia. No había olvidado a Gutiérrez, para quien hizo llevar libros de historia y de literatura al calabozo que le esperaba en la cárcel del Cabildo. Pero en el plan de Rosas no entraba la llegada de los reos a Buenos Aires, donde podrían haber tenido defensa. Para no tener que enfrentarse con los pedidos de clemencia de su hija era necesario actuar rápida y drásticamente.

Las declaraciones que Camila hiciera en San Nicolás no hacían sino corroborar su posición subversiva: no estaban arrepentidos sino *"satisfechos a los ojos de la Providencia"* y no consideraban criminal su conducta *"por estar su conciencia tranquila"*. ¿A dónde se iba a llegar si hasta las simples mujeres se creían con derecho a entenderse directamente con Dios? Todo eso olía a luteranismo y libre interpretación de la Verdad. Era muy peligroso.

Si hemos de creer al comandante Antonino Reyes, hombre de confianza del Restaurador y amigo íntimo de Manuelita desde su infancia, la llegada al campamento se produjo el 14 o 15 de agosto, como a las tres o cuatro de la tarde *"y cuando llegaron a donde estaba la oficina, ya venía atrás una multitud de gente de toda clase y algunas familias de los oficiales, de los escribientes y de otros empleados que estaban allí, con el objeto de verlos. Pero como las carretas eran toldadas y traían tapada la puerta de atrás con mantas, nada se podía ver. Di orden al oficial para que no permitiese que se acercara nadie, mientras ordenaba al alcaide que aprontase el calabozo para Gutiérrez y colocase a la joven en un cuarto a la entrada de la cárcel, destinado a decir misa a los presos, como ya estaba prevenido y dispuesto. Le había hecho poner un catre, una mesa y dos sillas. Una vez adentro, tomó la silla y se sentó, diciéndome lo siguiente:*

—¿Es usted, señor, el que manda aquí?

—Es el señor, le contesté señalando al alcaide.

—Bien, pues debo prevenir a ustedes que yo vengo enferma y necesito un médico.

Y separando del vientre un pañuelo grande con que venía tapada, dijo:

—¿No ven ustedes cómo vengo? — Y acompañó lo que decía sacando afuera el vientre." Reyes dudó de que fuera verdad el estado de preñez, aunque no se lo dijo, pues no había aún señas visibles en su cuerpo. No tenía en cuenta que en una joven alta y bien proporcionada puede apenas notarse un embarazo hasta de cinco meses. A pesar de su duda, en cuanto le comunicaron la orden de fusilamiento apeló al embarazo para pedir una conmutación de la pena.

"La joven representaba unos veinte años —sigue recordando Reyes—. Su cutis estaba empañado, su semblante demacrado. Se conocía que había llevado una vida agitada y llena de trabajos. Su peinado estaba descuidado y toda su persona se resentía de cierto abandono producido quizás por la vida que había tenido que llevar. A pesar de eso se le notaba bastante soltura para expresarse y suma sencillez para conversar. Me le di a conocer. Se alegró mucho de ello. Le pregunté qué necesitaba y me contestó que desearía tomar algún alimento, pero que no quería del que se servía en la cárcel. Entonces le dije que no tuviese cuidado, que le iba a mandar de la comida que se hacía para mí, y que así lo haría todos los días mientras estuviesen allí. Me preguntó si el Sr. Gobernador estaba muy enojado; qué era lo que decían de ella y que ella conocía y quería mucho a Manuelita." Después de dejarla comer y descansar, Reyes retomó su conversación con Camila para aconsejarla sobre lo que debía declarar. *"Camila hizo entonces con franqueza la historia de sus amores con Gutiérrez. Databan de fecha muy anterior a su fuga. Explicó que él no tenía*

vocación y su matrimonio había sido ante Dios. Que él no había hecho sus votos de corazón y que por consiguiente eran falsos y no era tal sacerdote. Que la intención de los dos era irse a Río de Janeiro, pero que no lo habían podido efectuar por falta de recursos."

También Gutiérrez había hecho su exposición y ambas fueron llevadas por un chasque al Gobernador la noche del 17 de agosto. Todavía no se había cumplido la orden de poner grillos a la joven. Reyes hizo forrar con bayeta los más livianos que había y Camila declaró que compartiría con gusto el castigo que ya llevaba su "marido" desde que los arrestaron.

Llegó la noche y con ella un inmenso silencio descendió sobre el campamento. Casi amanecía cuando despertó a todos el retumbar de cascos de caballos, gritos y golpes violentos en el portón de entrada. Era el modo que tenían los hombres del Gobernador de anunciar su llegada.

Al leer el pliego, Reyes quedó helado y lo pasó en silencio a su ayudante Beascochea: Rosas ordenaba la inmediata ejecución de los reos sin dar lugar a apelación ni defensa. Sólo se les otorgaba unos instantes para confesarse y prepararse a morir. Fue entonces que Reyes decidió mandar un urgente despacho avisando el estado de preñez de la joven, avalado por el médico de la prisión. Al mismo tiempo mandó una carta a Manuelita explicándole la urgencia de la situación.

Reventando caballos llegó el chasque a Palermo y entregó los despachos al oficial de guardia. *Pero la carta jamás llegó a Manuelita*. Rosas la interceptó y ratificó la urgencia de la ejecución reprochando al comandante la demora en cumplir lo decretado y sin aludir al embarazo. ¡Lo último que hubiera querido era que existiera un testimonio vivo de la desobediencia; un hijo que hubiera representado para muchos el triunfo del amor sobre el orden establecido!

No quedaba otro remedio que avisar a los jóvenes que habrían de morir y presentarles a los sacerdotes que los iban a confesar.

El padre Castellanos, típico exponente del predominio de lo formal sobre el amor misericordioso, tuvo la ocurrencia de hacer tomar agua bendita a Camila para bautizar de ese modo a la criatura que vivía dentro suyo. Con buena voluntad pero simpleza y falta de imaginación, tiró, además, un puñado de ceniza sobre la cabeza de la "pecadora".

Cerca de la hora, Gutiérrez hizo llamar a Reyes a su calabozo. El ex cura estaba sentado en el catre, vestido de levita y pantalón negro. Su semblante dejaba entrever la tempestad de sentimientos que lo acosaban. Intentó disimularlos, y con forzada cortesía se puso de pie al verlo entrar, extendiéndole la mano y dándole las gracias por las atenciones que le había dispensado en la prisión.

Tratando de disimular su agitación, hablando en forma animada, le dijo:

"–Lo he llamado para que me diga si Camila va a tener igual suerte que yo. Guardé un silencio significativo que debió ser comprendido y entonces, tomándome la mano, anhelante, me instó a que le respondiera. Me lo pedía para morir tranquilo, pues era hombre y tenía valor para afrontar la muerte. Efectivamente, estaba entero y sereno.

–Prepárese para oír lo más terrible: Camila va a morir también.

Me pareció que Gutiérrez demostraba cierta satisfacción.

–Gracias, contestó con voz fuerte.

Luego le pidió que entregara a Camila un papelito. Sacó de la gorra de piel que llevaba un lápiz y escribió:

Camila mía: Acabo de saber que mueres conmigo.

Ya que no hemos podido vivir en la tierra unidos, nos uniremos en el cielo, ante Dios. Te abraza, tu Gutiérrez."

Sentaron a cada uno de ellos en una silla, cargada por cuatro hombres a través de dos largos palos, *"para facilitarles la marcha y ahorrarles sufrimientos"*, dice Bilbao. Como a todos los condenados, les vendaron los ojos y escoltados por la banda de música del batallón, los llevaron al patio rodeado de muros donde, en uno de sus extremos, se encontraban los banquillos. Bajo el pañuelo, los ojos de Camila dejaban escapar dos hilos de lágrimas que, a pesar del dominio de sí, expresado en un rostro inmutable, no podía evitar. [4]

Mientras los soldados, nerviosamente los ataban a los banquillos, Camila y Gutierrez pudieron hablarse y despedirse, hasta que éste último comenzó a gritar: *"asesínenme a mí sin juicio, pero no a ella, y en ese estado. ¡Miserables...!"*. Sus palabras fueron acalladas por el capitán Gordillo que mandó redoblar los tambores e hizo la señal de fuego. Cuatro balas terminaron con su vida. Una de ellas hirió a Camila, que gritó a Castellanos: *"¡Padre, padre, acérquese, no me abandone!"*. Los soldados apuntaban pero sus dedos temblorosos no podían apretar el gatillo. Branizán, jefe del pelotón, los amenazó. Se oyeron tres descargas y Camila, herida, se agitó con violencia. Su cuerpo cayó del banquillo y una mano quedó señalando al cielo. El padre Castellanos se había desmayado mientras Camila se debatía en un charco de sangre y Branizán, furioso, ordenaba una nueva descarga. [5] *"...en la vecindad quedó el terror del grito agudísimo, dolorido y desagarrador que lanzó Camila al sentir atravesado su corazón..."* [6]

---

[4] Testimonio de Antonino Reyes, recogido por Bilbao.

[5] Julio Llanos, agrega en una biografía de Camila O´Gorman, (1883), informaciones que dice recogidas de testigos del fusilamiento.

[6] Descripción que hace Sarmiento del fusilamiento de Camila y Gutiérrez.

Fusilamiento de Camila. (Grabado)

Como en una tragedia griega la "desmesura" había sido castigada para poder restablecer la "armonía". Pero en las tragedias quienes castigan son los dioses, y al atribuirse el papel de Dios, el mismo Restaurador caía en una desmesura que también iba a necesitar su expiación. Entre tantos horrores cometidos por la mazorca y aceptados por él, esta historia de amor de inocentes víctimas de intereses políticos, iba a convertirse con el tiempo en el suceso más imperdonable de su gobierno. Como sucedió a Lavalle con el fusilamiento de Dorrego, el crimen cometido con Camila y Vladislao sería para Rosas el comienzo del fin.

El fiel amor de una "reina de corazones"

Manuelita Rosas y Máximo Terrero

El principal atractivo de Manuelita era su manera de ser. Los testimonios varían según los gustos: algunos la juzgan bella, otros no tanto pero todos aseguran que era encantadora, vivaz y alegre. Estas cualidades, aumentadas por el halo de prestigio y misterio que le otorgaba su papel de "princesa de las pampas" e intercesora misericordiosa ante el poderoso Restaurador, excitaba la curiosidad de quienes aún no la conocían. Poseía la gracia de la criolla, tantas veces ponderada por los viajeros europeos: tipo español blanco mate, con pelo y ojos castaño oscuros, carácter alegre y espontáneo y una manera muy especial de deslizarse por la vida con cierta elegante displicencia. Hacía sentir a sus huéspedes como conocidos de siempre, tratándolos con una inocente coquetería que enamoraba a los extranjeros. Su simpatía devolvía simpatías y aprecio.

La mujer criolla era generalmente sencilla y sin rodeos, cualidades que se fueron perdiendo en la segunda mitad del siglo XIX con el progreso, el aumento de riquezas y la europeización de las costumbres.

Con la muerte de Encarnación en 1838, Manuelita, de veinte años, pasó a tener un papel tan destacado en lo político como lo había sido hasta entonces en lo social. Rosas no se equivocó cuando empezó a utilizarla para contestar su correspondencia, algo tan delicado y personal. Las primeras cartas eran dictadas por su "Tatita" pero con el tiempo y la experiencia Manuela llegó a escribir con fluidez y perfecta ortografía. Tomó también lecciones de francés, inglés y canto. En todo era una alumna aventajada.

El primero, en orden cronológico, de la larga lista de diplomáticos ingleses, franceses y hasta norteamericanos seducidos por Manuelita, fue John Henry Mandeville, ministro plenipotenciario británico ante la Confederación Argentina hasta 1845. La había conocido a poco de llegar a Buenos Aires, el día en que la hija del Restaurador cumplía dieciocho años. *"Tanto es mi afecto hacia usted desde que nos vimos la primera vez en la iglesia de Santo Domingo el 24 de mayo de 1836, que sólo puede cesar con mi existencia. A mi edad puedo expresarme así con usted sin temor de ofenderla."* Así le escribe diez años después, en vísperas del bloqueo anglo–francés al puerto de Buenos Aires. También por carta le avisa que Mr. Hood, cónsul británico en Montevideo, estaba encargado de llevar una propuesta satisfactoria para el señor Gobernador. Por entonces ya Manuela cumplía a la perfección el papel diplomático que su padre le adjudicara, suavizando rupturas y forjando en sus tertulias de Palermo lazos de amistad entre los políticos de la Confederación y los diplomáticos extranjeros.

Sutil urdimbre de seda en la que los invitados se dejaban voluntariamente atrapar, la vida en la quinta de Palermo refulgía en el sol de sus mediodías campestres, vecina al río más ancho del mundo, que podía entreverse tras las ramas de sauces, naranjos y ceibos sobre un cielo azul de porcelana; o por las noches a la luz de miles de velas y lámparas de gas encendidas ante los grandes espejos y sobre las mesas coloniales de caoba y mármol. Nada tenía que ver este palacio encantando, de edificación simple y sencilla pero cómoda y cordial por dentro y por fuera, con los horrendos cuadros de degüellos, alaridos dementes y pillaje en las calles, como lo pintaban los exiliados. Aquí sólo se oían la música de bailes y canciones, y las risas de la "corte" que rodeaba a Manuela. Uno de los bailes preferidos era el "Minué federal" interpretado al piano por Esnaola, su autor. También hacían música algunos "pardos", diestros en varios instrumentos; se representaban pequeñas obras de teatro y se jugaba a prendas y otros juegos de salón. No se hablaba de política. A veces "la Niña" cantaba, acompañándose en el piano, las mismas canciones que se oían en los salones europeos –"Caro mio ben", "Plaisir d´amour", algún aria de Mozart o Rossini–. Otras veces, alguien la acompañaba en la guitarra con un "triste" o vidalita de la tierra que ponía un poco de nostalgia entre tanto baile y jolgorio.

Amigas íntimas de Manuelita eran por entonces las Larrazábal, Gómez, Cáneva, Velázquez Pinedo, Saravia y sobre todo, Juanita Sosa, a quien llamaban "la edecanita". Entre la asidua concurrencia masculina se encontraban los Martínez de Hoz, Elizalde, González Moreno, Pérez del Cerro, Arredondo, Hernández, etcétera. [1]

El Gobernador no asistía casi nunca a estas fiestas porque prefería trabajar de noche. Manuelita vestía, en general, con sus colores predilectos: de blanco con un chal rojo, o de rosa y en algunas ocasiones solemnes, de colorado. Tenía una gran mata de pelo castaño que peinaba

---

[1] Antes del 40 su íntima amiga había sido Dolores Fuentes, cuya hermana, Mercedes, se había casado con Juan, hermano de Manuelita. Dolores, a su vez, lo había hecho con Ramón Maza y cuando éste planeó la conjura contra el gobierno, fue sentenciado a muerte. Nada pudieron los ruegos de Manuelita para salvar al marido de su amiga del alma. Desde entonces tanto Dolores como Juan y Mercedes, dejaron de frecuentar la casa.

en dos trenzas sujetas a la cabeza, con una cinta blanca o roja enroscada en ellas. Sólo usaba joyas en las reuniones importantes. Según un oficial sueco, que la conoció poco antes de su partida para Inglaterra *"era una figura llena de gracia española"*. José Mármol, enemigo acérrimo de Rosas, nos completa el retrato: *"Su fisonomía es agradable, con ese sello indefinible pero elocuente que estampa sobre el rostro la inteligencia cuando sus facultades están en acción [...]. Sus ojos, más oscuros que su cabello, son pequeños, límpidos y constantemente inquietos. Su mirada es vaga. Se fija apenas en los objetos, pero se fija con fuerza. Y sus ojos, como su cabeza, parece que estuvieran siempre movidos por el movimiento de sus ideas."*

Quien se dejó seducir por la princesa de Palermo, hasta el punto de pedirla en matrimonio, fue *Lord* Howden, otro británico (de origen irlandés) que llegó en 1847 para negociar la situación creada con el bloqueo del puerto. Antes se había asesorado en Inglaterra con Parish, Mandeville y Manuel Moreno y había viajado a Francia para hablar con San Martín y Sarratea, para saber a qué atenerse respecto al discutido dictador que osaba enfrentarse a dos poderosas potencias.

Su venida había sido anunciada por una carta de Mandeville a Manuelita. *"El es un caballero de noble estirpe, par del reino, de altas calidades y grandes riquezas, y el deseo de distinguirse en la ardua tarea de pacificar los países de ambas riberas del Plata, lo han inducido a aceptar ese difícil cargo [...] tiene un exterior interesante y maneras muy agradables, y como amigo, ruego para él, de parte de usted, aquella graciosa benevolencia con la que siempre me honró."* *Lord* Howden, cuyo temperamento romántico se había puesto en evidencia en su casamiento y posterior divorcio de una joven rusa, sobrina de Potemkin, se enamoró perdidamente de Manuelita y su pintoresco entorno.

Don Juan Manuel, que no ignoraba el poder seductor y convincente de "la Niña", alentaba los picnics campestres junto al lago o las originales fiestas realizadas en la amplia cubierta de un barco arrastrado hasta la quinta en una crecida. Convenientemente barnizado y pintado de rojo, ofrecía una hermosa vista del río y sus orillas sombreadas de sauces. A estas distracciones habituales, se agregó, como homenaje especial a Hodwen, un paseo a caballo al campamento de Santos Lugares, al cual el *Lord* acudió vestido con poncho pampa, chambergo, rebenque y espuelas de gaucho rioplatense. Manuelita fue con su elegante traje de amazona. Cabalgaba a la perfección sentada de costado, como lo hacían las mujeres. Allí se preparó para el irlandés una doma de potros y auténticos indios pampas realizaron simulacros de batalla.

Manuelita y el *Lord* volvieron a la ciudad temprano, a caballo, antes de terminar la fiesta. Fue entonces cuando él, aprovechando la intimidad del campo al atardecer, le confesó su amor. Ella quedó seria y en silencio. Días más tarde, le escribió que lo apreciaba y respetaba como un hermano pero que no lo amaba. También por escrito y demostrando poseer un buen sentido del humor, Hodwen encabezó su carta: *"Señorita de mi profundo respeto y hermana de mi tierno cariño"*. Entre otras cosas le decía que ese parentesco, sería para él algo muy novedoso, ya que era hijo único. Sin rencor ni despecho alguno, se despedía como *"hermano, amigo admirador y rendido servidor que besa sus pies"*.

Una vez concluida su misión, con el levantamiento del bloqueo que perjudicaba, no sólo a la Confederación sino también a los intereses británicos, Hodwen se despidió de Manuelita tratándola de *"linda, buena, querida y apreciadísima hermana, amiga y dueña"*, dejándole de recuerdo un precioso relojito de oro rodeado de pequeñas perlas que aún posee la familia Ortíz de Rosas.

El siguiente ministro plenipotenciario, Southern, llegó a Buenos Aires a fines de 1848 y disfrutó también de las fiestas de Palermo, cada vez más sofisticadas. *"Hay en la corte de esta princesa criolla* –dice Manuel Gálvez en su biografía de Rosas– *algo que procede de los tiempos virreinales. La gracia y la sonrisa se unen al buen tono. Nada disuena. Manuelita se acerca a unos y otros con maravilloso tacto. Se declaman versos, se cantan canciones criollas con la guitarra. Hay cabalgatas y paseos en góndola por los lagos y banquetes alegres que terminan con cantos en coro."* [2]

Entre los elogios por la diversión y la buena mesa, destacaba Southern, el nuevo admirador que *"su noble cortesía, su elegancia y sus encantadoras maneras me han hecho tan profunda impresión que temo que en mis escritos vaya a olvidarme del río, de las góndolas, de la música, de ese coro de caballeros, de ese festín compuesto de los manjares más exquisitos, hasta aún de las bellezas, y llenar mi carta de Manuelita, sólo y siempre Manuelita, y de la distinción y el honor con que ella se dignó favorecer al más apasionado de sus amigos y al más fiel de sus súbditos, que besa sus pies."*

Y a Palmerston, primer ministro inglés, le escribía que Rosas era *"bondadoso y alegre en su vida privada"*, que su hija *"es su verdadera ministra y secretaria [...] afable, aparentemente de buen corazón y afectuosa. A través de ella es fácil concertar cualquier comunicación que se desee efectuar"*. Verdaderamente, "La Niña" era una buena diplomática: *"son estos hechos únicos en la historia de la mujer en la Argentina."* [3]

No sólo los ingleses eran sensibles al encanto de Manuelita. El contraalmirante Le Prédour, de la marina de

---

[2] Manuel Gálvez, *Vida de don Juan Manuel de Rosas*, Biografías completas.

[3] María Sáenz Quesada, *Mujeres de Rosas*, Planeta, Bs.As., 1992.

guerra francesa, que había venido en misión de paz para terminar con el largo asunto del bloqueo, quedó tan agradablemente sorprendido con los recibos de Palermo y la gente que allí encontró que, al despedirse, escribió: *"en París haré saber a todos los que me son queridos, lo que hay de admirable, de gracioso y de bueno en la organización tan natural y tan franca de la señorita Manuelita"*.

¿Cómo pudo una mujer atractiva, en la plenitud de su juventud, ser tan sensata y no dejarse tentar por los ofrecimientos de amor que le hacían tantos hombres fuera de lo común, con el prestigio de ser representantes de grandes potencias? ¿Por qué nadie quedaba resentido con ella y todos alababan su gracia y su bondad? Es que Manuelita siempre jugó limpio con los hombres, ninguno se sintió estafado por ella. Hacía conocer de alguna manera a todo el que se acercaba cuáles eran las reglas del juego. Porque Manuelita estaba enamorada desde hacía mucho tiempo. Casi de niña había entregado su corazón a un muchacho poco mayor que ella, Máximo Terrero, hijo del socio e íntimo amigo de su padre, Juan Nepomuceno.

De pocas palabras, Máximo, alto, morocho y barbado tenía la estampa, la nobleza y el tipo hispanomoro del gaucho ideal. El también respetaba las reglas del juego. Sabía que el papel político y social de Manuelita era muy importante, no sólo para su padre sino para toda la Confederación. Así lo reconocían sus compatriotas y los viajeros como William Mac Cann, que recorrió el país a caballo en 1847: *"Los asuntos personales de importancia, confiscación de bienes, destierros y hasta condenas a muerte, se ponían en sus manos como postrer esperanza de los caídos en desgracia. Por su excelente disposición y su influencia benigna para con su padre, doña Manuelita era para Rosas, en cierto sentido, lo que la emperatriz Josefina para Napoleón."* Y el ministro Southern comentaba en 1850 a un amigo: *"En este gobierno cruel del Río de la Plata Manuelita tiene la cartera de un ministerio que no está comprendido en las teorías de los gobiernos europeos: el ministerio de la conmiseración."*

Todos los días amanecía el gran patio de los magnolios repleto de gente de toda condición social, que venía a pedir clemencia o ayuda material a través de Manuela. Entre esta verdadera tarea y la otra, no por amable menos cansadora de diplomática experta en "relaciones públicas", la Niña no paraba. A esto se sumaba la labor como amanuense de Rosas para algunas misivas especiales que requerían su intervención. Máximo sabía además que su respetado y admirado patrón, con el egoísmo propio de las personas omnipotentes, no quería ni oír hablar de un posible casamiento. Sin embargo, aunque ignorándolo en forma oficial, Rosas no parecía rechazar el noviazgo. Por el contrario, contra todas las reglas y costumbres, el joven compartía el mismo techo en la casona de Palermo. Esto era algo totalmente impropio en las pautas de su tiempo, por más íntimo amigo y socio que fuera de Rosas el padre de Máximo. Este curioso dato testimoniado por Saldías, es decir, por la propia Manuelita, que contribuyó activamente desde Londres con la *Historia de la Confederación Argentina*, aparece también en un relato del norteamericano Samuel Greene Arnold.[4] Después de ponderar a Manuela, ya madura para los gustos de la época en sus veintiocho años, comenta: *"ha estado comprometida varios años con un joven que está a las órdenes de su padre como comisario del ejército en la provincia y que vive en su casa, pero, por motivos políticos, el casamiento ha sido postergado, aunque algunos dicen que se ha realizado en privado."*

---

[4] Escrito para su novia, fue publicado como "Viajes por América del Sur 1847–1848".

La discreción y el silencio de Máximo Terrero no significaron ninguna mengua en su hombría. El estaba siempre allí, atento y vigilante para con su amada, y con seguridad los dos sabrían encontrar sus tiempos.

Sólo un testimonio hay de la "normalidad" de este noviazgo secreto y de la actitud de Rosas, similar a la de cualquier padre de la época, en el que Nicanora Rosas Castro [5] cuenta cómo "el viejo" (Rosas) la mandaba a ella y a sus hermanos para que espiaran a Manuelita y Máximo. *"Los traviesos chiquillos, bien aleccionados, informaban sobre los acercamientos de su media hermana con su novio, y Rosas cada tanto amagaba una penitencia para Manuelita, que roja de vergüenza protestaba su inocencia."* [6]

Aunque no deja de sorprendernos las circunstancias de este largo noviazgo que recién se dio a conocer en forma oficial en 1850, no pueden realizarse más que conjeturas sobre la manera de llevarlo. Lo que muestran los hechos es que, contra viento y marea, Máximo y Manuelita se casaron y demostraron que su amor era de aquellos *"hasta que la muerte los separe"*.

La soltería forzada de Manuelita indujo a algunos enemigos de Rosas, como Rivera Indarte, a acusarlo de sentir hacia su hija un amor incestuoso. Lo cierto es que Rosas, campechano y dicharachero cuando estaba contento, tenía un extraño sentido del humor y hacía bromas pesadas y chabacanas, muchas veces a costa de sus bufones, don Eusebio y el "padre" Biguá.

Samuel Green Arnold, aquel norteamericano a quien debemos algunos datos sobre Máximo Terrero, hace una

---

[5] Nicanora era uno de los cinco hijos que tuvo Rosas con Eugenia Castro, que vivía con él en Palermo desde la muerte de Encarnación.

[6] Citado por María Sáenz Quesada, Op. cit.

narración muy realista de lo que podía ser una velada íntima en la quinta de Palermo, que induce a un interesante estudio de personajes.

Sentados en la galería de la quinta, el dueño de casa vestido con chaqueta y pantalón azules con cordones rojos, chaleco punzó y gorra blanca con visera, le pareció *"un sencillo estanciero"*. Samuel había ido con un amigo y estaba presente Manuelita. Rosas mandó llamar *"a uno de sus jóvenes subalternos que hablaba francés, para que sirviera de intérprete* –se trataba de Máximo Terrero, todavía no reconocido como novio oficial–. *Luego empezó a bromear como sabe hacerlo cuando descansa de sus pesadas tareas. Pero estuvo grosero y vulgar.*

–Esta es mi mujer –me dijo señalando a Manuelita–. Tengo que alimentarla y vestirla y eso es todo; no puedo tener con ella los placeres del matrimonio. Dice que es hija mía, pero yo no sé... Cuando estuve casado teníamos en la casa a un gallego y puede ser que él la engendrara. Se la doy a usted, señor, para que sea su mujer, y podrá tener con ella, no sólo los inconvenientes sino también las satisfacciones del matrimonio."

Imaginamos el párrafo dicho con fingida gravedad y rematado con grandes risotadas. ¿Con qué cara traduciría Terrero estos disparates? ¿Se habría ya acostumbrado a estas bromas de mal gusto? ¿No estarían, quizás, dirigidas a él? Un tanto desconcertado pero siguiéndole la corriente, Green Arnol contestó:

–"Pero señor... quizás la dama no quiera aceptarme, es conveniente obtener primero su consentimiento.

–Eso nada me importa –dijo él– yo se la doy y ella será su mujer." Evidentemente Rosas estaba "cargando" a su hija y a su novio. Esta, con mucha clase, aunque ruborizándose, intervino en el absurdo diálogo, tratando de disculparlo:

"–Mi padre trabaja mucho y cuando ve alguna visita es como una criatura, como en este caso...". Hablaron después de cosas serias y que interesaban al viajero. *"Luego se puso otra vez a bromear. Estaba el aire fresco. Doña Manuelita sintió frío y se cambió de asiento, alejándose de mi lado.*

–Yo sabía que a ella no le agradaría su proyecto de casarla conmigo, gobernador, dije yo, y al decirlo, ella se acercó otra vez a mí.

Rosas se rió y añadió:

–No es hija mía, si no, no sentiría frío; yo nunca siento frío ni calor..."

En realidad quien había comenzado ahora las bromas era el visitante. Y después de comer unas suculentas carbonadas, guisados y estofados ¡a las cuatro de la tarde!, también su amigo y la misma Manuelita siguieron en el mismo tren. *"Doña Manuelita se sentó entre nosotros dos e hicimos muchas bromas sobre nuestro casamiento, ella dudando si yo permanecería fiel cuando llegara a Chile y yo esperando que la próxima vez que ella se casara pudiera elegir por sí misma. [...] Pedí a doña Manuelita el autógrafo del gobernador, porque es un gobernante, y el de ella porque "reina en los corazones de las gentes" y, al despedirme, le insistí en el derecho que, como mujer mía, me escribiera una carta autógrafa. Después de la cena, doña Manuelita y yo caminamos por la galería hasta que llegaron convidados. Yo fumé con el joven que hizo de intérprete entre el gobernador y yo, y con muy buenos deseos de parte de doña Manuelita, nos retiramos a las seis y media..."*

Mucho podían bromear y coquetear inocentemente con "la Niña" pero el que se quedaba con ella era Máximo. Su presencia, casi inadvertida por los demás, era para su novia una seguridad constante y una prueba de amor más fuerte y verdadera que otras así llamadas. Arturo Capdevila imagina que, volviendo de noche de los teatros o reuniones oficiales, *"se resarcía a la vuelta del sacrificio soñando amores con su galán. En brioso corcel y a buen galope, al lado mismo de la diligencia, todo el cuerpo inclinado hacia ella, venía don Máximo, camino de casa, diciéndole que la quería."* Algo semejante debió suceder...

Manuela Rosas de Terrero. (Museo Histórico Saavedra)

Máximo Terrero. (Museo Histórico Saavedra)

1850 fue el apogeo de la gloria federal. Rosas había triunfado diplomáticamente sobre Francia y Gran Bretaña. En toda Europa se hablaba de la audacia de este gaucho rubicundo, con más aspecto de *"gentilhombre de la campaña inglesa"* que autóctono de las pampas australes.

Se hablaba también de Manuelita con admiración y curiosidad. En "La Revue de Deux Mondes" se decía de ella *"cuenta en Europa, de Turín a Copenhague, con gran número de admiradores y amigos."* Y hasta los más recalcitrantes unitarios, como el novelista Mármol, la separaban completamente de los abusos y tiranías de su padre. La sociedad porteña no podía ser menos. Siempre se festejaba su cumpleaños como una fiesta popular: desde la medianoche comenzaban a oírse serenatas y canciones alusivas a ella en toda la ciudad; alumbrándose con farolillos se dirigían luego en una larga columna a cantar a su ventana.

Cierta vez, los comerciantes porteños planearon una fiesta sin parangón que tendría lugar el 28 de octubre para *"agradecer los servicios que tan acertadamente rendía a sus compatriotas bajo la sabia dirección de su ilustre padre."* Fruto de esa fiesta es el magnífico cuadro de Manuelita Rosas pintado por Prilidiano Pueyrredón. [7] Además de acercarnos la imagen de Manuela, esta pintura ofrece detalles exquisitos de una época, quizás la más colorida de nuestra historia.

En mayo de 1851 Buenos Aires se conmovió ante el Pronunciamiento de Urquiza. A pesar de las múltiples adhesiones se intuía que el fin de Rosas estaba cerca. Deben haber sido muy difíciles esos últimos meses en Palermo, dudando de la supervivencia de un gobierno rechazado por el resto de las provincias. El 26 de enero de 1852 Manuelita, vestida de color punzó, despidió a su padre y a su novio al frente de las tropas que iban a reunirse en Santos Lugares para preparar la batalla decisiva. Quedaría allí unos días y después iría a esperar los acontecimientos a su casa de Buenos Aires, rechazando el

---

[7] Hoy podemos admirarlo en el Museo de Bellas Artes.

ofrecimiento del ministro inglés Gore, de trasladarse a un barco británico para su mayor seguridad.

El ofrecimiento sería aceptado la noche del 3 de febrero. Rosas acababa de renunciar al cargo de gobernador. El ejército de Urquiza se acercaba y quedarse hubiera significado la muerte. Acompañado de su hija –disfrazada de marinero para no ser reconocida– de su hijo y de su nuera, el Restaurador abandonó para siempre el escenario de sus grandezas y miserias.

Acodada en la borda del buque de guerra inglés, Manuelita se preguntaba con angustia por la suerte de su novio. Contestando a sus plegarias, la providencia le trajo la respuesta en la figura de un oficial sueco. Conocía a los marinos del *Centaur*, buque donde iban los Rosas, y amigos de la familia habían pedido que los saludara. La noticia que estaba esperando Manuela llegó pronto: Máximo Terrero, sano y bueno, había sido liberado de su prisión por el propio Urquiza. *"Al oír el nombre, Manuelita hizo un pequeño movimiento con la cabeza, sus grandes ojos, llenos de alma, lagrimearon, y con bastante fervor dijo. '¡Máximo está libre! ¿Usted mismo lo ha visto?' Le dije que sí, y que había hablado con él hoy en su propia casa. Me tendió la mano diciéndome: 'No le puedo decir cuán bienvenido es usted'. Las lágrimas corrieron por sus mejillas y con evidente estupor exclamó: '¿Realmente Máximo está libre?' Tuvo entonces una suerte de catarsis y empezó a hablar de la inquietud y tristeza en que se había encontrado en esos últimos días.*

–Puedo darle un consuelo –le aseguré– todos los extranjeros de Buenos Aires y puedo decir también que todos sus compatriotas –por lo menos aquellos con quienes he hablado– tienen una sola opinión sobre usted: que es una mujer noble, buena y amable. Todos la quieren, la aprecian;

*a todos les hace falta usted y todos la compadecen'.
Cuando le dije esto, me tomó de la mano, se llenaron los
ojos de lágrimas y me miró con una expresión indescriptible
de agradecimiento y buena voluntad. Al fin se puso el pañuelo sobre los hombros, se sentó muy derecha y me dijo:
'Le voy a confesar que me siento muy infeliz', y las lágrimas corrieron por sus mejillas. 'Yo quiero esta tierra, yo
quiero a Buenos Aires más de lo que puedo expresar. No
he podido hacer todo lo que he querido, pero siempre he
hecho lo que ha estado en mi poder. [...] Ahora debo re-
signarme. Es mi deber seguir a mi viejo padre. Por él voy
a sacrificar todos los demás sentimientos. Estoy resignada.
No sé cómo llegué a agitarme tanto.' [...] Era indescripti-
blemente interesante y hermosa [...] Cuando al alba doña
Manuelita se hizo presente sobre el puente del barco, su cabello estaba descuidado como también su vestido. Estaba
cansada por haber pasado la noche en vela y por las penas;
no podía casi caminar sino que vacilaba y con un saludo,
mezcla de humillación y agradecimiento, pasó entre los
oficiales reunidos. Decían que no habían visto algo más
agradable y seductor."* [8]*

Comenzaba para Manuelita una vida muy distinta,
con pocos halagos y muchos sacrificios, extrañando la
compañía de su novio y teniendo que aguantar los malos
humores de Rosas. Aquí se reveló el temple, la sensatez e
inteligencia de Manuela Rosas, que supo adaptarse a nuevas
situaciones y, sin gastar tiempo en la autocompasión, se
preparó para construir su nuevo hogar.

Antes era necesario dejar lista la casa de Southampton,
donde viviría su padre, y lidiar con ese hombrón todavía apuesto y vital pero de un terrible egoísmo, que la
consideraba su propiedad y no toleraba la idea de que

[8] Testimonio citado por Sáenz Quesada en Op. cit.

"la Niña" de treinta y seis años, quisiera abandonarlo ¡para irse con "el hijo de Juan Nepomuceno"!

Pero esta vez Manuelita no estaba sola. El 6 de mayo llegó Máximo dispuesto a compartir el exilio con la mujer que siempre adoró y que ahora sería sólo para él. En pocos meses arreglaron todo y a fin de año Manuelita podía escribir ¡por fin! a una de sus mejores amigas:

"*¡Petronita! ¡Ya estoy unida a mi Máximo! El día 23 del pasado octubre recibimos en la santa Iglesia Católica de este pueblo, la santa bendición nupcial a la que nuestros amantes corazones han aspirado tantos años. Tú que conoces a mi excelente Máximo puedes tener la certitud de que me hará completamente feliz. Sus bondades y la aventura de pertenecerle, me han hecho olvidar los malos momentos y contrariedades que he sufrido en mi vida. Abrázame muy fuerte, amiga mía, gózate en la felicidad de tu amiga.*"

Como un chico malcriado, Rosas comentaba a un visitante años después, con total inconsciencia. "*No sé qué le dio a Manuelita con irse a casar a los 36 años, después de que me había prometido no hacerlo, y hasta ahora lo había estado cumpliendo tan bien, por encima de mil dificultades. Me ha dejado abandonado, sola mi alma.*" Eso no era cierto. Desde Londres Manuelita le escribía todas las semanas e iba a visitarlo aunque el viejo orgulloso le había dicho que fuera sólo cuando él se lo pidiera. Pero ya no era el centro de su vida y, en cierto modo, sentía que la había perdido.

No todo fueron alegrías para los Terrero. Antes de poder acunar a un niño en sus brazos Manuela perdió dos hijos; el segundo, al nacer. Las alegrías del amor se mezclaban con las tristezas de las pérdidas, sumadas a la incertidumbre de poder llegar a ser madre, dado lo avanzado de su edad para ser primeriza. Se repuso, sin embargo, como se había repuesto a tantos sufrimientos. A mediados de 1856 la pareja pudo ver completado su mutuo amor en un pequeño al que llamaron Manuel Máximo Juan Nepomuceno Terrero. Exultante el padre escribió la noticia a sus amigos y parientes argentinos para que la transmitieran, recordando especialmente lo que se reía Juanita Sosa [9] *"con la idea de verme con un Terrerito a cuestas. ¡Así es la vida, cuánto ha cambiado todo!"*

Recordaría seguramente aquellos días luminosos de los primeros años de Palermo, cuando vivían en la inconsciencia feliz de creer que las cosas estaban bien, que el Restaurador de las Leyes y el Orden era lo que necesitaba esa díscola sociedad, que las provincias se sosegarían y dictarían finalmente una Constitución que sería acatada por todos y para siempre. Seguía sin embargo respetando a su suegro en la desgracia del exilio y admirando el temple con que resistía la derrota ese hombre que fuera todopoderoso.

Un golpe que resintió a toda la familia fue el juicio que la Legislatura porteña entabló a don Juan Manuel declarándolo "reo de lesa patria" y confiscándole todos sus bienes. Tanto como esto o más les dolían las deslealtades de personas que, como Elizalde o Vélez Sarsfield, habían estado tan cerca. Lo que más indignaba a Manuelita eran las mentiras que se contaban: *"no puedo dejar de lamentar la injusticia atroz con que nos tratan mis paisanos"*, escribía a Pepita Gómez.

En 1858 llegó el segundo bebé, Rodrigo, a quien su abuelo llamaba por broma Clímaco Baldomero. Los nietos tenían una buena relación con el abuelo y les encantaba

---

[9] Amiga íntima de Manuelita a quien llamaban "la edecanita" porque la acompañaba a todas partes.

visitarlo en su chacra "Buergess Street Farm", donde había levantado una estancia en miniatura, con sus ranchos de techo de paja y alero. Para recrear el paisaje pampeano tuvo que sacar *dos mil árboles de troncos grandísimos*. Había allí galpones, palenques, corrales, bebederos y hasta una lagunita y cercos de espinillo. Los nietos podrían tener así una idea de cómo se vivía en el campo argentino.

El contacto con parientes y amigos seguía manteniéndose a través de la correspondencia. De vez en cuando aparecía alguna visita. *"Muy frecuentemente nos visitan jóvenes quienes cuando dejamos nuestras tierras eran babies, y al verlos me parece imposible que se hayan hecho hombres tan pronto"*, escribía Manuela en una ocasión a su cuñada Mercedes Fuentes.

Una de esas visitas, Alejandro Valdéz Rosas, primo de Manuela, dejó un lindo testimonio de la alegría familiar de los Terrero después de haber pasado unos días con ellos en 1873 *"[...] en aquella casa no se respiraba más que felicidad [...] la fortuna los ha favorecido, pero aún sin ella serían felices. Manuelita es sumamente modesta, y ha comprendido que la verdadera felicidad de este mundo consiste en saber contentarse con lo que se posee. ¡Oh! ¡Dios ha premiado su virtud! Antes de separarnos, me decía un día conversando. "¡Cuánto se engañan los que me compadecen porque suponen que descendí de la posición que tenía en Buenos Aires! Yo sólo lo siento por mi padre, que carece de fortuna y aun de lo necesario; por mí, yo he ganado porque soy completamente feliz."*

El 12 de marzo de 1877, Manuelita recibió un mensaje desde "Buergess Street Farm". El médico la había mandado llamar porque su padre no estaba bien. Manuelita, con sus ágiles sesenta y un años a cuestas, voló hacia la chacra y lo encontró con una fuerte congestión pulmonar. Rosas, siempre sintiéndose un gaucho, había salido a caballo en un día gélido a dirigir el encierro de sus animales como lo hacía habitualmente, a pesar de sus ochenta y cuatro años. Máximo estaba en Buenos Aires, gestionando la devolución de sus bienes así que ella sola tuvo que enfrentar la muerte de ese querido padre a quien la unía una relación tan especial. *"¡Pobre Tatita! ¡Estuvo tan feliz cuando me vio llegar!"*, escribió más tarde a su marido. El 14 por la mañana Manuelita estaba descansando cuando la llamaron. Tocó la mano helada de su padre, lo besó y le preguntó. *"¿Cómo te va Tatita?* El la miró *"con la mayor ternura"* y le contestó: *"No sé, niña [...]"* Y la niña de sesenta y un años concluía la carta a su marido: *"Así tú ves, Máximo mío, que sus últimas palabras y miradas fueron para mí, para su hija."* Era un consuelo en el dolor de perderlo.

Ya hacia el fin de sus días, en la década del 80, los Terrero tuvieron otro consuelo: ver reivindicada la figura de su padre en la obra de Adolfo Saldías [10], en la cual colaboró también el fiel amigo Antonino Reyes. Conmovida escribía Manuelita a su amigo de la infancia: *"esta obra de Saldías es colosal, recién estamos en el primer tomo. Yo leo en alta voz para que mi pobre Máximo no pierda el hilo, la comprenda bien y no fatigue su cabeza. Te aseguro que las verídicas referencias a los antecedentes y hechos gloriosos de mi finado padre me han conmovido".* Máximo había tenido un ataque cerebral del cual fue saliendo paulatinamente, con mucha dificultad. Por un tiempo no pudo hablar ni leer. En estas últimas cartas a Reyes, Manuelita muestra su naturaleza servicial y activa, y su satisfacción por serlo. Recuerda a la bíblica "mujer fuerte". Estas cualidades contribuyeron, sin duda, a que fuera tan querida. *"Mi vida es tan retirada que mi sociedad se limita*

---

[10] *Historia de la Confederación Argentina.*

tan solo a la que tengo en mi casa, siempre cuidando de mi compañero querido. Mi día fijo de recepción es el domingo, pero siempre que vienen amigos entre semana y me es posible recibirlos, lo hago con más particular placer si son mis compatriotas, a quienes recibo sin etiqueta y con la urbanidad que tú sabes, me es característica. Soy quien maneja esta casa, toda orden doméstica es dada por mí. [...] Por mi carácter estudio el gusto de todos, y esto, hijito, también da trabajo."

Manuelita le escribía a Reyes diciéndole que esperaba poder seguir cuidando a Máximo hasta su muerte. Sin embargo fue él, ya restablecido, quien la acompañó en sus últimos momentos. Ella fue la primera en irse, a los ochenta y un años, el 17 de septiembre de 1898.

¿Recordarían, entonces, aquellas tibias noches de verano en que, con la apostura de dos príncipes, cabalgaban hacia Palermo deseándose mutuamente? Recién cuando perdieron el poder, pudieron lograr lo que querían. La larga espera fue recompensada por toda una vida juntos, más allá de la arbitraria voluntad paterna que logró postergar pero no impedir esta paciente historia de amor.

Amor en las Tolderías
De los Saá a los Rodríguez Saá

Como en los cuentos, eran tres hermanos. Los tres valientes, afables y atrayentes. Más bien rubios el mayor y el menor, morocho el del medio, los ojos claros de los tres respondían al tipo celta heredado de su padre. Los tres habían nacido en San Luis: Pancho en 1818, Juan en 1819, Felipe dos años después. Eran tiempos difíciles, con la patria envuelta en guerras, y más aún en esa tierra de frontera caliente con el indio, como lo evoca el poeta puntano Antonio Esteban Agüero:

> *Que vivir era entonces milagroso*
> *porque la vida era una débil hebra*
> *suspendida del viento que cortaba*
> *golpe de lanza, inadvertida flecha,*
> *boleadoras zumbantes, o violento*
> *tirón de lazo o puñalada cruenta.* [1]

Los hermanos eran bravos y buenos jinetes, y ya fuera por vocación heredada, ya por el peligro constante de la frontera con el indio, ya por influencia del clima de guerra civil que imperaba en el país desde la muerte de Dorrego, decidieron seguir la carrera de las armas.

---

[1] Del poema "Digo la guerra", Obras completas, tomo II.

Su padre, don José de Saá, original de Orense, venía de una distinguida familia portuguesa radicada en Galicia, que había dado *"rectores a las universidades, banqueros a las finanzas de España y generales a las armas lusitanas"* [2], al decir de Estanislao Zeballos. Había llegado a Buenos Aires a fines del siglo XVIII, como teniente, al servicio del rey de España. Un decreto de la Asamblea del año XIII lo confinó, como a tantos otros, en esa "Santa Elena" o "Siberia americana", como se llamaba a San Luis, cárcel abierta de "godos" y también de criollos rebeldes. Estando allí se enamoró y decidió formar una familia casándose con Jacinta Domínguez, *"de una familia antigua y patricia de la provincia"*.

Los tres hermanos se criaron *"con la perfección que permitían la cultura paterna y la estrecha vida de aldea"*. En su juventud se incorporaron a las milicias puntanas, y cuando Lamadrid se apoderó de la ciudad de Córdoba, en octubre del año 40, corrieron a unirse a las filas del partido unitario. Se dirigían a La Rioja, donde Lavalle iba a entrevistarse con "el Zarco Brizuela", cuando fueron atacados por las tropas federales al mando del fraile Aldao, al norte de San Luis. El encuentro fue en Las Quijadas, ese maravilloso lugar de sierras coloradas de extrañas formas que se recortan sobre el cielo azul, digno escenario del terrible combate que consagró las "sableadas" de los Saá, a pesar de que los unitarios fueron derrotados.

Un grupo de oficiales comandado por los tres hermanos, logró reunir unos quinientos dispersos y volvieron a sitiar la ciudad de San Luis, en manos de federales. El general don Pablo Lucero, comandante de la plaza, tomó prisioneros a los principales vecinos unitarios y a varias

---

[2] Gran parte de estas historia están relatadas por Estanislao Zeballos en *Painé y la dinastía de los zorros y Calfucurá y la dinastía de los piedras.*

señoras distinguidas, entre ellas la madre de los tres hermanos Saá. Cuando éstos intimaron la rendición, Lucero les mandó decir que *"al primer asalto serían fusilados sus amigos de causa y llevadas a las trincheras, como blanco de las balas, las señoras detenidas."* Así eran las guerras del siglo XIX. Los Saá levantaron el sitio y quedaron acorralados: por todas partes avanzaban las armas de Rosas. La única solución era el desierto, lo que los ranqueles llamaban "Tierra Adentro", desde donde era muy difícil regresar.

Los Saá no eran los primeros ni serían los últimos en recurrir a tan peligroso asilo: muchos políticos opositores o paisanos que se "desgraciaban", es decir, que debían alguna muerte o que eran perseguidos por la justicia, habían hallado refugio en las tolderías. Los ranqueles eran hospitalarios y muy fieles amigos, aunque cuando se emborrachaban o se enojaban podían ser arbitrarios y crueles. Hasta entonces habían tenido menos contacto con los cristianos que los pampas, porque en la frontera del río Quinto el impulso poblador no había sido tan grande como en la provincia de Buenos Aires.

El Cacique Painé, de la dinastía de los zorros, había llegado de Chile con su gente poco después de la muerte del famoso Yanquetruz, a quien Rosas llamaba "el feroz". Instaló su campamento cerca del arroyo Leuvucó, entre médanos de arena, montes de chañares, caldenes y corpulentos algarrobos, donde reinaba como jefe de todos los ranqueles. Era respetado por su valor, generosidad y elocuencia, cualidades propias de un cacique.

Painé conoció a Rosas e hizo un trato con él después de que, en una acometida para robar ganado en Santa Fe, fue aprisionado junto con su hijo mayor, un adolescente, y ambos enviados a la cárcel de Santos Lugares. Al tiempo Rosas dejó libre a Painé y llevó como rehén al muchacho a su estancia del Pino dándole el nombre de Mariano Rosas. Tratado con cariño, aunque a veces a los rebencazos, aprendió mucho sobre los cristianos y su modo de trabajar el campo.

Pocos años antes de la llegada de los Saá al campamento ranquel, se había producido otro hecho importante para las relaciones entre indios y cristianos: Manuel Baigorria, valiente guerrero unitario que peleaba a las órdenes del General Paz, con quien había hecho la campaña a Mendoza, había pedido asilo a Painé y, después de un tiempo de pelear a su lado enseñando a los indios algunas estrategias, éstos lo habían adoptado como si fuera uno de ellos, convirtiéndose en el más famoso cristiano pasado a Tierra Adentro.

Tenía una curiosa historia: vencidos los suyos por Facundo Quiroga en 1831, fue hecho prisionero y condenado a muerte con otros treinta soldados. Quiso la Providencia que se quedara dormido en un rincón de la cárcel cuando se llevaron a fusilar a sus compañeros. Cuando despertó se presentó ante el Tigre y le pidió su libertad. Quiroga se la concedió. Pero ¿a dónde podía ir un unitario que no quería rendirse? Los federales dominaban en todas las provincias.[3] Los indios fueron más generosos que los cristianos: permitieron a Baigorria vivir entre ellos en forma independiente. A su vez él les enseñó a usar el clarín en el combate y otras tácticas para combatir con éxito a la caballería cristiana. Al poco tiempo se convirtió en un verdadero cacique, protegido por Painé.

---

[3] Así lo cuenta Estanislao Zeballos en Op. cit: *"El subteniente Baigorria, como fiera acosada en el monte, lanzó un grito de amargura y de ira, y dando el último adios a las tierras de la vida y a los sublimes anhelos de la libertad, desapareció en el seno ignorado de la selva ranquelina"*.

En 1835, Baigorria se estableció por su cuenta, con un grupo de cristianos perseguidos por la justicia, refugiados políticos, desertores y cautivas, en un hermoso paraje entre los montes de Trenel, junto a la laguna del Recado. Allí vivía en forma patriarcal, en ranchos o en toldos a la manera indígena, festejando todos los 25 de mayo con ejercicios militares y fiestas hípicas. Los domingos celebraban una especie de oficio religioso a cargo de un anciano unitario mendocino, don Simón Echeverría, que leía en una "Ancora de salvación" sucia y casi deshecha. La asistencia era voluntaria pero muy concurrida.[4]

A este lugar llegaron en 1841 los tres capitanes Saá en compañía de un grupo de personajes de primer rango: el mayor Fretes, los capitanes Malbrán, Gatica, Gorordo, Antonino Lucero, que había peleado en el ejército del general Paz, su hijo Solano y otros treinta que habían elegido ese incierto destino. Estos importantes huéspedes causaron gran alegría a Baigorria. El caudillejo recibió con los brazos abiertos a ese grupo de cristianos cultos con los que, además de aliarse, podría hablar de sus lecturas. Muchos años después, Juan Saá recordaba la pequeña biblioteca que el caudillo había formado con los libros que le traían los indios después de cada invasión. El favorito de Baigorria era el *Facundo*, *"regalado por un capitanejo que saqueó una galera en la villa de las Achiras"*.[5]

Pronto los Saá adquirieron gran ascendencia entre los indios. Se convirtieron en verdaderos caudillos y formaron escuadrones con la intención política de tomar San Luis,

---

[4] Ibid: *"No faltaba en el cuello de aquellos hombres feroces y bravos como tigres, una medalla de la Virgen, un pequeño crucifijo de latón o los escapularios de Nuestra Señora del Carmen. [...] Esta devoción sincera les inspiraba una misteriosa confianza en los peligros."*
[5] Ibid.

pero la mayoría de las veces los intentos degeneraron en malón. Durante los seis años que permanecieron entre los ranqueles, participaron en muchas de estas excursiones a distintas ciudades de la frontera. Debían hacerlo para subsistir.

Algunos "vecinos" de esta extraña aldea cristiana de Trenel, construyeron ranchos espaciosos donde de cuando en cuando se daban bailes con música de guitarras o de algún viejo acordeón, que a veces terminaban en peleas a cuchillazos. Indios y cristianos solían visitarse de toldería en toldería, por razones comerciales o sociales. El amor era un poderoso incentivo. *"Los cristianos que habían conocido en lejanos aduares las cautivas de la última invasión, se apasionaban de ellas y las solicitaban por esposas. Los caciquillos raptores las mezquinaban entonces y concluían por venderlas caramente."*[6] Estos hombres rudos llegaban hasta a sacrificar sus mejores caballos, que era lo que más estimaban. Ocurría lo contrario de lo que decía aquella Endecha de Juan María Gutiérrez, en que el gaucho llora la pérdida de su mejor amigo:

"Mi caballo era mi vida
mi bien, mi único tesoro:
¡indio, vuélveme mi moro,
yo te daré mi querida
que es luciente como el oro".

Muchos años después, algunos de los puntanos pasados a Tierra Adentro, recordaban con admiración la manera de pelear de los Saá: don Juan Saá con su compañía de lanceros rompía las líneas enemigas y se perdía entre ellas sableando a diestra y siniestra y volviendo al poco rato con las armas ensangrentadas. Celoso de su fama,

---

[6] Ibid.

Epumer, el hijo menor de Painé, que tenía "mala bebida", se presentó un día medio borracho en el toldo de Juan Saá para desafiarlo. *"A ver: saliendo cristiano. ¡Sacando tu lanza cristiano toro, aquí está Epumer Rosas!"*. Saá no podía ignorar las provocaciones sin perder su prestigio entre la indiada, por lo que, tomando su lanza saltó al caballo mientras indios y cristianos formaban un círculo alrededor. Era en verdad un "singular combate" del medievo en medio de las pampas. Estudiándose desde los escarceos de sus caballos, revolearon las lanzas mientras los partidarios de uno y otro bando gritaban *"¡toro, muy toro!,"* hasta que Epumer resultó herido en una pierna. Este tipo de pelea era muy común cuando los indios se emborrachaban. *"Un día, le dicen a don Francisco que estaba tendido sobre su poncho en el suelo: "A ver: un indio viene a desafiarnos; a vos te toca Pancho, salí nomás [...]"* Socarronamente les contesta. *"vayan peleen ustedes que tienen rabia; yo nada de rabia que tengo hoy día [...]"* Así los cristianos, sino queridos, eran respetados. [7]

Y he aquí que entre tanta violencia, surgían también las historias de amor. Fue en una incursión a Pergamino. *"Las cargas de las indiadas se habían estrellado por tres veces en cuadros formados por las milicias veteranas de Buenos Aires, y ya se había dispuesto abandonar la empresa. Fue entonces que don Felipe, con un tanto de rabia [...] se detiene y le dice al cacique Nahuelcheu: –"¿No es una cobardía que nos vamos y no rompamos esos cuadros? Amutuy, amutuy,[8] dijo el indio valiente. El cacique, los tres Saá, Antonino Lucero y algunos cristianos más cargaron con decisión: rompieron la*

---

[7] Historia narrada por Nicolas Jofré, autor de una vida de Juan Saá publicada en 1915, quien tuvo la oportunidad de hablar personalmente con Solano, el hijo de Antonino Lucero, por entonces de ochenta y cuatro años que vivía en Las Cañitas. Prov de San Luis.

[8] Vamos, vamos.

línea y arremolinaron dentro del cuadro, quitando sablazos y ensartando sus picas. El caballo del cacique cayó muerto dentro de aquel infierno de sables, pero don Felipe tuvo tiempo de alzar de la grupa al jinete caído y Saá y Nahuelcheu escaparon rápidamente: habían hecho la gauchada. Desde entonces tomó gran cariño y admiración por don Felipe.

–Que debiendo, con que pagando peñito⁹, que salvau la vida. Allí están mi caballo, uaca, prenda... tomar que queriendo hermano, todo mío, ¡tuyo!

–Bueno, le dijo Saá, dando entonces hermano esa cautiva que sacaste de Pergamino...

Y el indio se la entregó.

Desde esa época los Saá adquirieron fama en las tolderías y eran respetados y se les tenía hasta envidia." [10]

Felipe se enamoró de *"la cautiva de Pergamino"* y vivió con ella en su rancho de Trenel. Al año tuvieron una hijita a la que llamaron Rosario.

La vida de las cautivas generalmente era muy dura por los celos de las indias y las relaciones forzosas a que las sometían los indios, con algunas excepciones en que las respetaban. Si eran lindas y el indio las amaba, las demás le hacían la vida imposible, llegando a pegarles y rasguñarlas. Pero aún la pasaban peor las que no querían tener ningún trato con sus captores.

Se dieron también casos, como el de Dorotea Bazán, una cautiva que no quiso volver a la civilización por amor a su familia ranquel, añorando, como lo recuerda la canción:

"el cobre oscuro de la piel de mi señor.
En ese imperio de gramilla, cuero y sol." [11]

---

⁹ Amigo.
[10] Relato de Solano Lucero a Nicolás Jofré.
[11] "Dorotea la cautiva", en *Mujeres argentinas*, música de Ariel Ramírez y poemas de Félix Luna.

El general Mansilla cuenta otra historia, bastante excepcional, de tres cautivas del cacique Epumer que tenía una sola mujer a la que quería mucho:

"–¿Cómo les va hijas? les pregunté.

–Muy bien, señor, me contestaron.

–¿No tienen ganas de salir?

No contestaron y se ruborizaron.

Epumer me dijo:

–Tienen hijos y no les falta hombre.

Las cautivas añadieron:

–Nos quieren mucho.

–Me alegro, repuse.

Una de ellas exclamó:

–Ojalá todas pudieran decir lo mismo, güeselencia."

La contracara es el caso de doña Fermina Zárate, una de las mujeres del cacique Ramón, cautivada a los veinte años, que había tenido tres hijos con él, y aunque lo estimaba y quería a sus hijos, seguía añorando a su familia y su pueblo. Ramón le permitía volver a su tierra, pero sin sus hijos, y eso ella no podía hacerlo. *"Además señor, ¿qué vida sería la mía entre los cristianos después de tantos años que falto de mi pueblo? Yo era joven y buena moza cuando me cautivaron. Y ahora ya ve, estoy vieja. Parezco cristiana porque Ramón me permite vestirme como ellas, pero vivo como india; y francamente, me parece que soy más india que cristiana, aunque creo en Dios y todos los días le encomiendo mis hijos y mi familia."* [12]

En el campamento cristiano, en cambio, la vida era más libre y tolerable para las cautivas, aunque continuaran sufriendo el trauma brutal del rapto y el cambio de ambiente. Había por esos años más de quinientas, repartidas en Trenel y en numerosos toldos de capitanejos e indios comerciantes que las vendían.

---

[12] Lucio V. Mansilla, *Una excursión a los indios ranqueles.*

La Cautiva. Cuadro
de Angel Della Valle

Baigorria, jefe indiscutido de Trenel, era de pequeña estatura *"magro de carnes y rico de músculos"*, con penetrantes ojos de un marrón verdoso. Había conservado un corazón sensible, sobre todo para las mujeres. Se enamoró perdidamente de una cautiva muy bella y de fino aspecto, que nunca quiso decir su nombre, raptada en una mensajería de la Esquina de Ballesteros, posta del camino de Rosario a Córdoba. Sólo se sabía de ella que era una famosa artista que viajaba de Buenos Aires a Chile cuando la asaltaron. Felizmente estaba Baigorria, porque los indígenas habían quedado muy impresionados por su belleza y sólo empleando todo su ascendiente pudo librarla del ultraje y adjudicársela como parte del botín. Con tierna solicitud la llevó en su caballo las ciento cincuenta leguas que faltaban para llegar al campamento cristiano. Dividió su rancho con cueros de potro y la depositó en uno de los rústicos dormitorios acolchado con las pieles más suaves. Tardó tres meses en convencerla de que fuera su esposa. El casamiento se realizó ante el viejito Echeverría, quien los bendijo en nombre de Dios. Compraba para ella el mejor paño que vendían los pulperos de la frontera, que se llamaba *"paño de la estrella"*, y le regalaba las más bellas joyas de oro y plata realizadas por los expertos plateros ranqueles de las lagunas de Trapal y el Cuero, famoso paraje en el camino que llevaba de Leuvucó, donde moraba Painé, a Río Quinto, en la frontera con San Luis. Ella parecía indiferente a todo, aunque lo trataba con cariño, agradeciendo su amor. Diez años después, murió.

A los pocos meses, el mayor Fretes, compañero de los Saá, fue apuñalado en una borrachera. Su viuda, linda y rellenita como les gustaban a los indios y a los gauchos en aquel entonces, era una cautiva de Cruz Alta, situada entre el sur de Córdoba y Santa Fe, que se llamaba Luciana Gorosito. Baigorria la llevó a su rancho y vivió un tiempo con ella. A menudo la veía llorar porque extrañaba a sus padres. El intentaba consolarla; no podía ver llorar a una mujer. Viendo que ella seguía triste decidió un día invadir la Guardia de la Esquina y la llevó consigo. Una noche, cerca de la madrugada, mientras el malón dormía, la llamó aparte y le dijo: *"¿Ves aquellos fueguitos? ¡Es la Cruz Alta!... Allí están tus padres"*. Con el pretexto de mudar caballos se separaron un poco de los indios y se dirigieron a la tropilla. Baigorria ensilló un caballo, abrazó con ternura a la cautiva que no podía hablar por la emoción y le dijo. *"¡Estás libre! Andá a abrazar a tus padres y no te olvidés nunca del infortunado Baigorria a quien todos creen un bandido y no es más que un desgraciado que no puede volver porque Rosas pide su cabeza!"*[13]

---

[13] Estanislao Zeballos, Op. cit.

Abrazada a él, Luciana lloraba de pena por tener que dejarlo... El la ayudó a subir al caballo y puso en sus manos las riendas, mientras le decía: *"¡Galopá derecho a los fuegos y no te asustés si oís tiros... voy a decirles que te escapaste."* Y ese día, Luciana amaneció en Cruz Alta.

Por aquel tiempo comenzó a turbarse la relativa paz entre los rangueles y el campamento cristiano. Algunos caciques miraban con cierto recelo al heterogéneo grupo. Quizás influyera en ese recelo la preferencia de algunas rangueles por los cristianos de Trelén. Era corriente entre los araucanos que las mujeres solteras eligieran a sus maridos. Tenían una gran libertad, eran coquetas y muy limpias. Después del baño diario, se pintaban con carmín labios y mejillas. El toque sofisticado lo daban unos pequeños lunarcitos negros que se pintaban en la cara. Peinaban sus negros y lustrosos cabellos en dos trenzas rematadas en una cinta. Usaban aros, pulseras y collares de plata y se ceñían bien el cuerpo con una ancha faja de vivos colores sobre una especie de túnica. Lamentablemente no ha llegado hasta nosotros casi ningún nombre de estas lindas rangueles. Ni siquiera el de la madre de Feliciana, hija mestiza del mayor de los Saá. Podemos imaginarla parecida a la *"china magnífica"* que describe Mansilla pocos años después, *"llevando brazaletes de plata y de cuentas de muchos colores; collares de oro y plata; el colorado pilquén (manta) prendido con un hermoso alfiler de plata como de una cuarta de diámetro, aros en forma de triángulo, muy grandes, y las piernas ceñidas a la altura del tobillo con anchas ligas de cuentas."*

También en Trenel comenzaron los problemas entre Baigorria y los Saá, cuyo prestigio iba en aumento por la preferencia que les demostraba Painé, que quería preparar con ellos un gran malón. Por su parte los Saá planeaban comandar el valioso contingente de trescientos cristianos de

Trenel, para levantar a San Luis contra Rosas. Cuando Baigorria comprendió lo que estaban tramando, se disgustó terriblemente, y durante un parlamento en que estaban reunidas varias tribus, incitó a los indios a asaltar el *aduar* [14] de los Saá. Oyéndolo don Antonino Lucero, montó en su caballo y entrando al centro de la reunión empezó a hacer molinetes con su lanza para llamar la atención de todos. En lengua auca les habló con elocuencia –condición indispensable en un jefe indígena– y concluyó desafiando al indio que se considerara más bravo a que se midiera con él si hablaba mal de los cristianos. Al terminar, la indiada lo aplaudió. Desde entonces Baigorria y Lucero, que habían combatido juntos bajo las órdenes del general Paz, quedaron enemistados.

Una noche los Saá desaparecieron junto con sus treinta hombres y se dirigieron al aduar de Painé en busca de alojamiento y amparo. En el acto Baigorria mandó una embajada a Leuvucó, solicitando al Gran Zorro la devolución de los desertores. Como Painé estaba entregado a las borracheras tribales de primavera, mandó a Calvain, su hijo mayor, que les contestara en su nombre con este discurso que Zeballos cita como auténtico, guardado en la memoria de todos los cristianos que lo oyeron, entre ellos los hermanos Saá, que jamás olvidaron esta lección de "derecho de gentes" ranquel. Estas fueron sus palabras: *"Digan a nuestro chezcui* [15] *que mi padre no puede llenar sus deseos entregando a los comandantes Saá que han venido a refugiarse a él. Basta que hayan invocado su nombre para que los proteja. [...] Mi padre ve que si los entrega los expone a la venganza y está resuelto a favorecerlos. Los hombres deben ser libres y si no quieren*

---

[14] Campamento.
[15] Nombre cariñoso que significa suegro.

continuar con *Lavtramaiñ* [16] *déjenlos. ¿Quieren estar con mi padre? Pues déjenlos. Aquí no estamos entre cristianos; aquí el hombre es libre, vive como le conviene y donde le conviene. [...] Mi padre extraña que nuestro chezcui los haya reclamado, sabiendo que los hombres no son una propiedad para que cualquiera se vea dueño de ellos. [...] ¿Y por qué los ha de castigar Baigorria? Que se fije que con él hay muchos que en su tierra fueron salteadores, asesinos y desertores y por sólo estar con él están libres. ¿Han tenido libertad para venirse de su tierra hasta aquí y no la tendrán para irse donde se les antoje? Mi padre ha pensado mucho y ha resuelto no entregar a los comandantes Saá, ni a otros que vengan."* [17] Estas palabras eran un permiso explícito para dejar Trenel. Y desde ese momento empezaron las fugas.

Instalados más o menos a una legua de Leuvucó, los Saá levantaron su propia toldería donde vivían con independencia y tranquilidad. Muchos de ellos habían formado verdaderas familias.

Bajo la atenta mirada de sus madres, la ignota ranquel y *"la cautiva de Pergamino"*, se deslizaría la vida de las pequeñas Rosario y Feliciana, que, como todos los niños ranqueles, tomaban su baño diario en las frías aguas del arroyo Leuvucó. Los días pasaban tranquilos en esa primavera del 45. El lugar era paradisíaco: cadenas de médanos alternaban con verdes praderas esmaltadas de florcitas silvestres de varios colores. El agua de lagunas y arroyos producía ese milagro en pleno desierto. En las lagunas se reunían bandadas de flamencos rosados y nadaban majestuosamente los preciados cisnes de cuello negro. Los niños disfrutaban mirándolos y comiendo los dulces

---

[16] Cóndor, jefe.
[17] Zeballos, Op. cit.

frutos rojos del piquillín y los amarillos del chañar. También les gustaban las tunas, pero éstas debían ser primero desprovistas por sus madres de su cáscara espinosa. En verano podrían recoger las vainas de los abundantes algarrobos que crecían en grandes grupos por toda la región. Para los niños, eso era un paraíso. Los mayores, aunque disfrutaban de la naturaleza, no podían olvidar su civilización y estilo de vida.

Tiempo después, ya terminando el año 46, apareció por los campamentos uno de aquellos comerciantes que solían vender a los indios objetos cotizados como telas, espejitos y carmín para las mujeres, cigarros y cuchillos para los hombres, yerba y azúcar para todos. En secreto entregó a Juan Saá un papel que éste leyó con emoción, llamando de inmediato a sus hermanos: ¡Pablo Lucero, gobernador de San Luis, les concedía el indulto! ¡Podían volver a su tierra y consolar a su pobre madre! El momento no era propicio porque coincidía con una serie de fugas de cristianos y los indios estaban muy enojados: *"Nosotros los hemos recibido como hermanos, han vivido, comido y vestido en nuestros toldos y se van robándonos los mejores caballos!"* decían.

Uno de los primeros en huir de Trenel había sido Antonino Lucero, y con él la señora Aniceta Sanabria, de una rica familia puntana, que había sido cautivada en el camino de San José del Morro por un grupo de indios del que formaba parte don Antonino. Cuando los indios apresaron la galera, vio con asombro a la señora *"madrina de agua y óleos de uno de sus hijos"*. Antonino corrió hacia ella y la abrazó gritando: *"¡Esta es mi hermana... es mi hermana!"*, pero no hubo más remedio que llevarla Tierra Adentro, donde él, Baigorria y el viejito Echeverría, se convirtieron en sus protectores. Ahora había fugado con Antonino Lucero y sus dos hijos.

Otro día fueron el sargento Molina, hombre de confianza de Baigorria, con su mujer y dos hijos pequeños, quienes iniciaban la fuga y milagrosamente escapaban de los rastreadores y de una muerte segura. Hasta una india, Ayical, casada con el blanco Avelino, quiso seguirlo, escapando con otro grupo de cautivas. Los ranqueles empezaron a alarmarse por los datos que sobre ellos podrían aportar a sus enemigos y echaron las culpas a Baigorria que, como reacción, empezó a lancear a los desdichados fugitivos cuando los alcanzaba.

En enero de 1847, dos meses antes del día señalado para la partida del formidable malón organizado por Painé y otros jefes, sucedió en Leuvucó algo no imaginado. *"En la mañana del 10 de enero* –relata Zeballos– *al salir el sol, reinaba misterioso silencio en el aduar de los Saá [...] ¡Ni una persona, ni un caballo, ni un perro! Solamente las aves de rapiña revoloteaban lanzando graznidos sobre el campamento, que parecía un cementerio.*

La grave novedad corrió vertiginosamente en la toldería de Painé. Formáronse en la orilla del arroyo grupos que comentaban con pasión el caso, mientras un indio corría a caballo en demanda de noticias.

Su regreso causó sensación. Solamente los caranchos y las gaviotas merodeaban sobre los residuos abandonados de los fogones. ¡Los Saá y sus treinta cristianos se habían fugado!". Con ellos iban sus mujeres y sus hijos. Aprovechando una noche de borrachera general, habían arreado hasta los caballos de reserva de Painé, de este modo los ranqueles no podrían rastrearlos. *"¡Los Saá de enemigos! ¡Los indios preveían calamidades públicas! Estos caudillos conocían los caminos, las aguadas y las más recónditas guaridas del desierto. [...] Los hicimos compadres* –decía Painé–, *tuvieron nuestras hijas por mujeres , y se van callados, llevándose los mejores caballos [...] ¡No más hospitalidad! ¡Muerte a los cristianos que lleguen a nuestros montes pidiendo asilo! ¡Abajo las cabezas de todos los sospechosos!"*

Al tranco llegaron los tres hermanos a San Luis. Abrazaron a su madre después de siete años y le dieron a conocer a sus pequeñas nietas, la rubia Rosario y la graciosa mesticita Feliciana, que tenía el pelo negro de su madre y los claros ojos gaélicos de su padre. El gobernador Lucero separó a los hermanos asignándoles distintos fortines para aprovechar su experiencia entre los ranqueles. Juan fue asignado a San José del Morro. Felipe iba a instalarse en otro con la hijita y su madre. Pero *"la cautiva de Pergamino"* no parecía muy feliz. Seis años habían pasado y todavía extrañaba su pueblo...y su otro hogar. Mientras estaban entre los ranqueles había llegado a querer a ese hombre joven y buen mozo, que tanto había hecho por ella. Era feliz con él y su hijita Rosario, y cualquier escrúpulo que pudiera tener por ser casada podía dejarse de lado ante la imposibilidad de escapar. Ahora era distinto. Había otro hombre y otros hijos que la esperaban. No podía quedarse. Lo hablaron mucho y finalmente él aceptó sus razones... pero exigió quedarse con la niña. En una situación inédita para una mujer, con el corazón partido en dos, la cautiva de Pergamino, cuyo nombre no ha llegado a nosotros, eligió entre sus afectos el más antiguo y el que consideraba su deber. Y partió una mañana en la volanta que Felipe Saá le regaló para llegar al hogar de donde fuera arrebatada.

Mientras tanto, en las tolderías ranqueles se respiraba el aire enrarecido del deseo de venganza. Todo el afecto de Baigorria por Juan Saá se había trocado en odio. Iría a San Luis y daría un escarmiento a todos sus habitantes.

Teniendo en cuenta la inminente invasión, los tres hermanos Saá se juntaron en San José del Morro, en el regimiento de Dragones, a las órdenes del teniente coronel Carmen Meriles.

El 17 de marzo, en las afueras del Morro, en un lugar llamado Laguna Amarilla, se produjo el encuentro de ambas fuerzas. *"Painé llevó la primera carga* –relata Zeballos–. *Temblaba el suelo y el polvo oscurecía el aire [...] en medio del horror del encuentro... se apartaron dos figuras empeñadas en singular combate"*. Bajo el uniforme de Dragones –chaqueta roja, pantalones azules– Baigorria había reconocido a Juan Saá que lo estaba esperando. Y se produjo el singular combate entre dos invencibles: *"De repente las balas se apagaron/ mudas quedaron tercerola y flechas"*, recuerda el poema de Agüero. Indios y cristianos dejaron de pelear para rodear en un círculo a los *"jinetes que ya son leyenda"*. El choque fue tremendo. En el tiempo de un relámpago el sable de Juan Saá había dibujado una sangrienta herida en la cabeza y rostro de Baigorria. Un borbotón de sangre cubrió sus ojos, dos indios se acercaron a ayudarlo y en un esfuerzo supremo pudo abrazarse al pescuezo de su caballo mientras lo sacaban al galope. Al mismo tiempo el mestizo Quechualán acometía al capitán Saá dándole un lanzazo en el muslo. Este disparó el trabuco dándole en el pecho. Después de una hora de entrevero, Painé y Baigorria que, con el cráneo vendado había vuelto a la lucha, dejaron el campo y fueron a hundirse en el desierto. Juan Saá escribe a Carlos Rodríguez: *"Nuestros valientes han entrado a lanza seca y han vencido"*. De entonces, se conoce al caudillo puntano como *"Lanza Seca"*.

Aquí debería terminar la historia, pero es bueno saber qué pasó con los principales personajes.

El Gran Zorro Painé no llegó a conocer la decadencia de su pueblo: poco tiempo después del combate de Laguna Amarilla murió de un ataque al corazón mientras dormía.

Su hijo mayor, Calvain, lo sucedió y mandó matar a casi todas las mujeres de su padre, acusándolas de provocar su muerte con brujerías. Años después murió al explotar a su lado un material de guerra abandonado por Emilio Mitre.

En cuanto a Baigorria, los ranqueles lo acusaron de la derrota del malón y un grupo de ellos pensó asesinarlo. Se salvó por amor: la indiecita Loncomilla, hija del cacique Pichuin, fiel amigo de Baigorria, estaba enamorada del maduro guerrero y quiso casarse con él. El casamiento con Loncomilla fue el mejor salvoconducto para el caudillo blanco que ya no tuvo que temer por su vida. Después de Caseros, Urquiza, aconsejado por Coliqueo, lo mandó llamar para negociar con los indios una paz firme y duradera. Después de 22 años de vivir entre los ranqueles, Baigorria entró en el Palacio San José y comió con el general. De subteniente pasó a ser coronel del Ejército de línea de la frontera de Córdoba. En 1856, el ya coronel Manuel Baigorria, se presentó al gobierno de la provincia de San Luis expresando que *"destruida la tiranía que dominó largos años en nuestro país, pude volver de la tierra de los indígenas donde he vivido perseguido del infortunio a ofrecer mis servicios a la Patria..."*.[18] Pedía que se le vendiera un terreno de propiedad fiscal llamado "las Piedritas", de una legua de extensión, para dedicarse a la ganadería. La Honorable Sala de Representantes se lo concedió en forma gratuita. Fue el comienzo de un pueblo, Fraga, en el departamento de Pringles.

Baigorria pensaba seguramente, en dedicarse a la tierra y dejar de pelear. La vida, sin embargo, reserva siempre alguna sorpresa, y ésta no fue agradable: preparado para combatir junto a Urquiza en Pavón, el gobierno dispuso

[18] Documento citado por J. L. Tobares en *Noticias para la historia de los pueblos de San Luis*, Fondo Ed. Sanluiseño, 1995.

que, al frente del 7º de línea y divisiones indígenas a su mando, formara el cuerpo de ejército ¡a las órdenes del general Juan Saá! *"Al recibir la nota, el alférez de Paz sintió hervir en el alma una tormenta de odio y hubo de exclamar: ¡Jamás! El rencor vengativo que había jurado a los Saá en el drama sangriento de Laguna Amarilla, fermentaba en su alma desde que esos caudillos eran los favoritos de la Confederación en Cuyo."* Su reacción fue contundente: convenció a los ranqueles de que volvieran sus lanzas contra el ejército de Urquiza y en vísperas de Pavón, unió su regimiento de Dragones 7º de caballería al de Mitre, teniendo la gloria, según relata Sarmiento, de ser el único cuerpo de caballería que peleó con éxito en esa ocasión. *"He aquí pues* –concluye Zeballos– *cómo a la consolidación de la victoria de Pavón se mezclaba, por una misteriosa concomitancia, el hachazo dado por Saá a Baigorria en la jornada de la Amarilla."*

También Felipe Saá fue fundador. Y nada menos que de Villa Mercedes. En el lugar conocido como "Fortín de las pulgas", el gobierno decidió, en 1855, fundar el Fuerte Constitucional. El coronel Felipe Saá fue de los primeros pobladores y su hermano Juan, también coronel, asistió a la fundación. En 1861 se cambió al pueblo el nombre. La familia Saá conserva la carta en que Felipe le pidió a su hermano Juan, elegido gobernador después de su actuación en la batalla de Cepeda, que pusiera el nombre de Villa Mercedes a la ciudad y *"que se lo mandes decir a mamita que es devota de la Virgen de la Merced"*.[19]

De Francisco Saá, padre de Feliciana, se conoce una anécdota que demuestra su extraordinaria fuerza física: en una de tantas batallas contra los indios, su caballo

---

[19] Agradezco este dato al doctor Hipólito Saá, y también la historia de la cautiva de Pergamino y de la mestiza Feliciana.

extenuado por el peso del jinete, se cayó. Atrás venía persiguiéndolo, lanza en mano, un guerrero ranquel. Francisco lo esperó bien plantado sobre sus piernas: con una de sus manos paró al caballo, con la otra tomó la lanza del indio, y después que éste cayó a tierra, de un salto subió al caballo quedando con la lanza y el animal.

Juan Saá, "Lanza Seca", tuvo una vida intensa. Se casó con Rosario Lucio Lucero y su hijo, Teófilo nació en 1860, el mismo año que fue nombrado gobernador de San Luis. Siendo Juan Saá interventor en San Juan, el comandante Clavero mandó fusilar sin previo juicio al gobernador Aberastain. Este triste episodio, del cual Saá no fue culpable, sirvió a sus enemigos políticos para calumniarlo. Después de Pavón, volvió a sus funciones de gobernador, y cuando Derqui renunció a la presidencia de la nación, resolvió dar por terminada su misión política en Cuyo. Pasó a Chile y de allí a Bolivia, Perú, Colombia, Centro América y Santo Domingo, empapándose de vivencias americanas. En 1864 desembarcó en Montevideo donde estuvo un tiempo trabajando en el ejército. Viajó a España a conocer la tierra de su padre. Visitó en Francia a Juan Bautista Alberdi, quien lo reconoció como "el verdadero triunfador de Pavón". Volvió al país a pelear nuevamente al lado de su hermano Felipe y, derrotados, pasaron a Chile y de allí a Montevideo. Después de 13 años de exilio en Montevideo, donde frecuentó a José Hernández, también exilado, volvió a San Luis en 1880. Es muy posible que sus experiencias con los ranqueles hayan servido a Hernández para describir la vida en las tolderías, que nunca conoció. Lanza Seca, el último de los caudillos, murió en 1884.

Rosario y Feliciana Saá, las dos primitas venidas de las tolderías, hijas de Felipe y de Francisco Saá, crecieron y se educaron en San Luis. Rosario se casó con Rosario

Suárez (era muy común poner a los varones nombres de la Virgen), partidario de los Cívicos. La exótica belleza de Feliciana enamoró a José Elías Rodríguez cuyo padre, capitán de granaderos a caballo, había combatido junto a San Martín y Bolívar. Los dos primos políticos, Suárez y Rodríguez, pertenecían a distintas militancias, pues José Elías era partidario de Roca. Teófilo Saá, sobrino político de ambos, organizó la Unión Cívica Popular, que respondía al partido de Hipólito Yrigoyen.

Se creó una fórmula de conciliación en la persona de Jacinto Videla, que no duró mucho tiempo: Teófilo Saá, a la cabeza del movimiento Cívico Popular, le hizo una revolución en el 93 y quedó como gobernador provisorio.

En 1913 Adolfo, el hijo de José Elías Rodríguez y Feliciana Saá, fue elegido gobernador de San Luis. Con él empezó la dinastía de los Rodríguez Saá. Casado con Paula Rodríguez Jurado, tres de sus hijos y uno de sus nietos llegaron también a ser gobernadores.

Feliciana Saá, ya abuela, vivía en la casa de su hijo Adolfo. Una sobrina de doña Paula, mujer de Adolfo,[20] la recordaba sentada en digna postura en un sillón mientras los nietos, sus primos, hacían una larga cola para pedirle monedas que ella, solemnemente, depositaba en cada mano. A veces los mayorcitos, volvían a la cola para recibir doble ración y Feliciana fingía no darse cuenta... aunque quizás estuviera distraída pensando en el desierto, las lagunas y las praderas cubiertas de flores que con el tiempo se habían convertido en pueblos o estancias levantados en tierras ganadas por sus parientes criollos a sus parientes indígenas.

---

[20] Doña Zelmira Barroso Rodríguez Jurado de Saá.

Amores de Presidentes
(1879–1930)

A partir de la década del 70 la sociedad hispanocriolla, austera y patriarcal, asentada en lazos familiares, dio paso a la Gran Aldea, pintada por Lucio V. López. El proceso de modernización comenzado entonces, la gran inmigración y las nuevas fuentes de riqueza que ésta produjo, irían transformando a esta gran aldea en la más grande e importante metrópoli de América del Sur. El cambio económico, social y cultural de esos años, permitió todas las novedades que transformarían a Buenos Aires en una ciudad europea, como deseaba la clase gobernante para la cual "Europa" era sinónimo de progreso y civilización.

La ciudad capital se empeñó en borrar los pocos rastros hispanoamericanos que le quedaban. El emprendedor intendente Torcuato de Alvear, hijo del general de la independencia, en una fiebre renovadora terminó con los últimos vestigios coloniales: el Fuerte y la pintoresca Recova que cortaba en dos la actual plaza de Mayo. Como la ciudad no tenía avenidas, hizo construir la primera de ellas. Para eso tuvo que arrasar con diez cuadras de edificación y rebanar un pedazo de Cabildo. Surgió así la calle más elegante de Buenos Aires, la Avenida de Mayo, que se fue engalanando con magníficos edificios como el de *La Prensa* o la nueva sede del Club del Progreso. Quedarían, sin embargo, algunos recuerdos de la antigua aldea en las lavanderas que iban a lavar su ropa al río, pasando la Alameda.

El vital intendente, impertérrito ante las críticas y alentado por los elogios, siguió adelante con la piqueta para construir nuevas calles y plazas, parques, fuentes, estatuas y plantar árboles de todo tipo que llegarían a ser orgullo y característica de la ciudad. Arquitectos recibidos en Europa levantaban nuevas casas, teatros y palacetes con techos de pizarra, como en París. Buenos Aires se iba convirtiendo en una ciudad cosmopolita, meta dorada de tantos inmigrantes que venían atraídos por las mejoras económicas y la promesa del Preámbulo de la Constitución donde se garantizaba que iban a ser bien recibidos. Su trabajo en el campo y en la ciudad, fue indispensable para lograr estos cambios.

La población había crecido de un modo espectacular en todo el país: de los 1.830.214 habitantes que había en 1869, se pasó, en 1895, a 4.044.911. En 1914 el censo arrojó la cifra de 7.903.662. De estos, el 30 % eran extranjeros, cifra que en Buenos Aires trepaba al 50%. Entre ellos y los viejos criollos estaban formando una nueva Argentina.

En los últimos años de la década del 80 el optimismo progresista había llegado a extremos de locura y la fiebre de especulación se había extendido a todos los sectores sociales. La crisis del 90 fue una llamada a la realidad.

A fines del siglo XIX y principios del XX, la alta sociedad porteña vivía su "belle epoque". Buenos Aires parecía una ciudad europea. Pero el país se había apresurado a creerse rico antes de tiempo. El crecimiento había sido tan rápido que no había dado tiempo a reflexionar.

Tanto las familias que habían hecho grandes fortunas con el trabajo de sus estancias, como aquellas, no tan poderosas pero con un buen pasar, se sentían parte de la misma clase social. Muchos de sus componentes se habían destacado en las guerras de la independencia o las luchas civiles. Provenientes de familias tradicionales, ricas o por lo menos de posición desahogada, es natural que tuvieran buena educación y buen gusto para gastar dinero en edificios, objetos, vestidos, joyas, etc. que contribuirían a embellecer y modernizar la ciudad.

Buenos Aires a principios de siglo *se sentía* europea. El Teatro Colón, los fastuosos edificios de avenida Alvear, los jardines de Palermo, el Hipódromo, las confiterías, tiendas y cafés, eran un digno marco para esas personas elegantes, bien vestidas y educadas, a mil leguas de imaginar que todo eso terminaría con dos pavorosas guerras mundiales iniciadas en la civilizada Europa.

"Anoche tuvo lugar la función de gala de la Opera —escribe una niña en su Diario el 28 de octubre de 1900—. *Entramos junto con el Presidente.* [1] *Aquello ha estado espléndido. Un conjunto admirable, dicen los entendidos, de señoras lindas, lindas alhajas, cintas, flores, todo del mejor gusto. El teatro, preciosamente adornado, rebosaba. Gente que ha viajado y todo lo ha visto, dice que un conjunto mejor no se ve en ninguna parte [...].*

Hoy, que es un día precioso, fuimos a Palermo. A la vuelta, la calle Florida con la iluminación es otra fiesta de gala. Allí está toda la 'gente conocida' y nada más que la conocida. [...] Fuimos por la tarde a las carreras... No me aburrí y pasé un día agradable: he gozado del aire, de la luz, de las plantas y de la reunión de gente... Volví a oír la misma frasecita, pero esta vez dicha por unos ingleses: 'En cualquier parte del mundo llamaría la atención esta reunión preciosa, de tantas personas tan lindas, distinguidas y paquetas.' Y la verdad es que era cosa notable y agradable

---

[1] Se trataba de la recepción a Campos Salles, presidente del Brasil.

de mirar esa inmensa multitud de elegancia verdadera.
[...] Ahora, esa multitud elegante está de nuevo bajo ese
mismo cielo, ya ennegrecido y estrellado, participando del
corso de las flores. Y me imagino desde aquí a todas esas
personas que acabamos por considerar como una misma
familia, ya que forman una misma sociedad en todas par-
tes, y que en medio de ellas vemos a todos nuestros pa-
rientes y amigos. Los veo a todos desde acá, bajo una llu-
via de flores... " [2]

Palermo era una cita infaltable para que los jóvenes
pudieran mirarse y saludarse desde sus respectivos coches:
la Avenida de las Palmeras, el lago, las niñas con sus vestidos primaverales, formaban un bello conjunto. El corso de flores consistía en arrojarse ramos de uno a otro coche en demostración de simpatía o amor.

Mientras la clase tradicional vivía su época dorada, la
gran masa de población de viejos y nuevos ciudadanos
empezó a ambicionar una mayor participación en la política y en la economía que la que le ofrecían los comicios
fraudulentos.

En estos años decisivos en el camino a la democracia,
se destacan dos figuras de futuros presidentes: Roque
Sáenz Peña e Hipólito Yrigoyen. También ellos tuvieron
una intensa vida sentimental, tan intensa como el progreso que irrumpía casi sin pedir permiso.

El amor imposible de
Roque Sáenz Peña

Las balas zumbaban cada vez más cerca. A su lado
caían sus compañeros en medio de gritos, humo, tierra y

---

[2] Delfina Bunge, Diario inédito.

sangre. El sol quebraba las aguas del Pacífico y destacaba la silueta oscura del Morro sobre el cielo azul. No tenía miedo, no le importaba morir. Por el contrario, buscaba la muerte, pero no una muerte cualquiera: quería una muerte heroica, algo que compensara la angustia y el dolor que lo impulsaron a buscar ese destino.

Se dio cuenta, de pronto, que ya no recibía órdenes: ¿dónde estaban sus superiores? Vio al viejo coronel Francisco Bolognesi, que trataba tan paternalmente a los más jóvenes, doblado sobre sí mismo. A Moore, capitán de navío, con la mano crispada aún sobre su arma. A los coroneles Ugarte y de la Torre, tirados entre otros combatientes muertos. Habían recibido de frente la descarga y él estaba en medio. "¿Por qué yo no?", pensaba. Mientras buscaba con la vista al comandante Ramón Zavala, sintió un fuego en el brazo derecho. El enemigo se encontraba a veinte pasos. Siguió batiéndose sin tener noción del tiempo, hasta que no sintió ya el brazo herido y tuvo que arrojar la espada. A la cabeza de su cuerpo corrió a buscar un puesto en el combate. Todo era un furioso torbellino. Cerró los ojos y se entregó a lo que viniera, invocando la ayuda de Dios.

Antes de caer en la inconsciencia tuvo delante suyo, por un instante, esa cara y ese cuerpo que imperiosamente debía olvidar. Las imágenes se sucedieron en fracciones de segundo recomponiendo la historia que con el fragor de la guerra había dejado de torturarlo. Recordaba el momento en que empezó a sentirla como una mujer deseable. Fue a la vuelta de la guerra del Paraguay. Le gustaba tenerla cerca. Era evidente que ella lo quería. Hasta creyó estar enamorado, a pesar de su fuerte espíritu de clase. Todavía no estaba en sus planes casarse. Había tiempo para eso. Era muy joven, quería viajar, tenía ambiciones políticas y la vida en ese Buenos Aires de fines de los 70, ofrecía muchas posibilidades. Tantas, que hasta llegaría a ser Presidente de la Nación.

El mazazo había llegado cuando menos lo esperaba y de quien menos lo esperaba. Su padre, ese elegante y devoto señor, amigo de políticos y de obispos, al que había admirado desde que recordaba, lo llamó un día a su despacho. Estaba muy intranquilo, parado junto a la ventana y evitaba mirarlo a los ojos, cosa no habitual en él. En seguida le largó la pregunta:

—*¿Es cierto que estás en amores con "ella"?*

Le sorprendió que pudiera ser tan pacato como para no comprender algo tan natural en su ambiente social.

—*Sí, ¿por qué me lo pregunta?*

Su padre se puso pálido y casi tambaleó.

—*Tenés que dejar de verla. Es hija mía. Es tu medio hermana.*

No podía creer lo que estaba oyendo. Se sentó sintiendo que la garganta se le secaba. ¿Cómo era posible?

—*Fue en un mal momento*, continuó el padre, un tanto menos tenso al haber podido hablar. *Jamás imaginé que algo así podría suceder.*

La cabeza de él era un caos ¿Qué hacer? ¿A dónde escapar?[3]

Corría el año 1879. El 2 de abril Chile, en su carrera expansionista, había comenzado la guerra con Bolivia apoderándose de Antofagasta. Perú salió en su defensa y comenzó la llamada Guerra del Pacífico o también guerra del guano o del salitre, pues lo que codiciaba Chile eran las guaneras peruanas de Tarapacá, Tacna y Arica, ricas

---

[3] Este diálogo es ficción, pero la historia es real y conocida por muchos de sus contemporáneos.

en nitratos, y los puertos de las radas de la costa boliviana, que el gobierno no había podido ocupar por sus luchas internas.

La Argentina apoyaba la causa de Perú y Bolivia, pero las opiniones diferían entre quienes querían la guerra y quienes veían imprudente participar en ella. Amparado en su nuevo lema: "Por la razón o por la fuerza", Chile había dejado de ser un buen vecino. En mayo de ese año se organizó un gran acto de apoyo a Perú y Bolivia en el teatro Variedades. La euforia belicista ganaba cada vez más adeptos. Varios jóvenes porteños pensaron incorporarse voluntariamente al ejército peruano.

Roque Sáenz Peña se decidió: arregló rápidamente sus asuntos y el 30 de julio estaba en Lima, pidiendo la incorporación al ejército alegando que *"la causa del Perú es la causa de América, es la causa de mi patria y de sus hijos [...] Yo no he venido envuelto en la capa del aventurero [...] he dejado mi patria cediendo a convicciones profundas, no a imposiciones inmediatas de los deberes patrios sino a inspiraciones espontáneas del sentimiento americano [...]"* Suponiendo que su país iba a entrar más adelante en la guerra, añadía: *"[...] presiento la palabra que asoma en todos los labios, el sentimiento que palpita en todos los corazones argentinos; presiento el estallido de la dignidad nacional que ha roto para siempre las pérfidas redes de una diplomacia corrompida."* [4] Tenía en ese momento veintinueve años y un idealismo que la prueba más terrible no había podido destruir.

---

[4] Citado por José María Rosa en *Historia Argentina*, tomo 8.

Muchos se preguntaban cuál era la verdadera causa que había llevado a este brillante joven a tomar esa determinación. No había de ser, por cierto, el espíritu militar, del que carecía por completo.

Pasaba el tiempo y ni una noticia se tenía del viajero a quien sus allegados habían ido a despedir a Montevideo. Su familia y los amigos, que conocían su tragedia, temían por su vida. Sabían que había ido con la intención de buscar una muerte digna. *"Una crisis de su alma apasionada lo arrojó al Pacífico como remedio heroico a su amargura"*, diría Groussac.[5]

Entre los íntimos de Roque Sáenz Peña, Miguel Cané ocupaba el primer lugar. Los dos habían sido elegidos diputados de la Legislatura en 1875. Tenían entonces veinticinco años y poseían una vasta cultura.

Cané estaba muy preocupado por la falta de noticias. Hacía poco tiempo que había muerto su mujer, Sara Beláustegui, a la que adoraba, y sabía a lo que podía llevar el abatimiento.

"Este Roque y este Miguel son capaces de hacer lo que vulgarmente se llama una barbaridad –comentaba preocupado Carlos Pellegrini en la tertulia del Club del Progreso– *los dos han cambiado hasta de carácter"*.[6] Tal era la intensidad de sus penas de amor.

Cané comenzó a obsesionarse con la suerte de su amigo que podría estar herido, muerto o prisionero y decidió ir a buscarlo a Perú, vía Chile. En noviembre de 1879 inició el viaje: en tren hasta Villa Mercedes (San Luis); silla de posta hasta Mendoza, luego *"cinco días de marcha lenta, pausada y monótona entre colosos de granito, al borde de precipicios estupendos...y una mañana*

---

[5] Paul Groussac: *Los que pasaron.*
[6] Ricardo Sáenz Hayes, *Miguel Cané y su tiempo*, (1851–1905).

me hallé en la cumbre de los Andes. Treinta horas des-
pués, despedía a los arrieros en Santa Rosa y en medio día
de marcha llegaba a Santiago", escribía Cané. Al llegar a
Chile se encontró con el obstáculo de que el gobierno
chileno, desconfiando de que el argentino le hubiera confiado alguna misión política, no le permitía viajar a Arica,
escenario de la guerra. Había sido muy bien recibido por
la sociedad chilena y no le faltaron ocasiones de iniciar
alguna relación, pero como escribía a sus amigos *"no ten-*
go alma para esas aventuras, con el corazón enterrado en
otros cariños y la perspectiva de Roque muerto o herido,
solo en el desierto." [7] La imagen de su amigo muerto lo
perseguía y acicateaba su deseo de encontrarlo. *"Si Roque*
no ha muerto en Tarapacá o en el desierto, debe haber lle-
gado a Arica, contra la que se prepara una formidable ex-
pedición de mar y tierra. Pienso llegar allí antes de la acción.
¿Cómo? No lo sé". [8] Aunque tenía varios amigos chilenos
que lo trataban con grata hospitalidad, Cané empezaba a
exasperarse por la incertidumbre en la etapa final de su
viaje. *"¿Dónde está Roque? No lo sé, pero ¡lo veré!... Aún*
no sé una palabra sobre él, a pesar de que a cada instante
llegan aquí los nombres de algunos jefes peruanos de im-
portancia muertos en el combate de Tarapacá [...] Apenas
quedo solo me parece ver a Roque muerto y me dan ganas
también de morir. Quiero con toda mi alma a ese hombre
que cumple su destino en silencio, sin quejas... Vamos, no
pensar en él". Finalmente, consiguió embarcarse en Val-
paraíso en un buque inglés que lo dejó en pleno mar en
un bote francés con el que pudo llegar a Arica. Pero allí
no le permitían desembarcar. Escribió a Indalecio Gómez,

---

[7] Ibid.
[8] Carta del 8 de diciembre de 1879 a Bernabé Artayeta Castex, publicada
en Ibid.

cónsul argentino en ese momento: *"Le suplico, en nombre de nuestra patria común, quiera dirigirme un telegrama apenas reciba esta carta dándome noticias de Roque Sáenz Peña, que me aseguran ha sido gravemente herido en Tarapacá [...] En caso de que haya muerto, dígamelo con toda franqueza."* [9]

El mismo día, 22 de diciembre, pudo escribir, jubiloso, a los amigos: *"Mis queridos muchachos. Al fin estoy en Arica, tendido en una cama junto a Roque, a quien he encontrado gordo, sano y habiéndose batido como un león en Tarapacá... El chasque que lleva esta carta para Salta sale dentro de un momento. Más despacio les contaré la sorpresa de Roque, que se quedó parado, lelo, sin tener una palabra y colgado de mi cuello. No hemos hablado todavía ni la quinta parte de lo decentemente necesario. Roque está lleno de espíritu... Ya hablaremos. Felicítenme."*

Además de Bernabé Artayeta, los "muchachos" a que se refería eran Aristóbulo del Valle, Lucio V. López, Carlos Pellegrini, Leandro N. Alem y otros, que a diario se reunían en el Club del Progreso, entonces situado en las calles Perú y Victoria. [10]

Después de ocho días en los que intercambiaron sus mutuas experiencias y hablaron de asuntos personales y públicos, Miguel Cané se despidió de su amigo instándolo a que se cuidara en el próximo asalto de los chilenos al Morro de Arica.

Antes de volver a Buenos Aires, debía viajar a Lima, a donde, por encargo del presidente Avellaneda, iba a defender la doctrina argentina que repudiaba el derecho de

---

[9] Citada en Ibid.
[10] El Club del Progreso, fundado en 1852, estaba frente al ex Concejo Deliberante. Sigue funcionanado en la calle Sarmiento 1334.

conquista en tierras americanas. Desde allí escribió dando más noticias de Roque, a quien había encontrado *"un tanto curado del espíritu"*. Estaba aprendiendo a olvidar.

Seis meses más pasaron antes de la sangrienta y heroica defensa del Morro, donde Roque Sáenz Peña conservó la vida milagrosamente y fue hecho prisionero de los chilenos.

Desde la prisión, tuvo que redactar el parte de guerra por ser el oficial de mayor graduación que había sobrevivido. Las palabras que usó para hacerlo son muy significativas: *"En este carácter que me da la fatalidad, por un encadenamiento de desgracias terribles..."*, comenzaba el parte donde debía ratificar la pérdida del Morro y de las vidas de tantos hombres. En ese *"encadenamiento de desgracias terribles"*, que fue la muerte de todos sus superiores, la primera, la desencadenante, había sido la revelación hecha por su padre. La palabra "fatalidad" empleada en esa ocasión, parece más apropiada para su tragedia personal que para un hecho de guerra.

Ya instalado en Buenos Aires, Cané recibió una larga carta de Sáenz Peña desde Chile, donde le explicaba cómo habían ocurrido los acontecimientos, pues se había enterado por los diarios de las falsedades que había escrito algún resentido enemigo político que ponía en duda su valor. Todavía no podía usar el brazo herido y había tenido que dictarla. La señora Emilia Herrera de Toro había conseguido que instalaran al prisionero en una casa donde nada le faltaba. *"Queridísimo Miguel* —escribía Roque— *Aquí tienes a tu amigo más querido herido y prisionero en San Bernardo. La herida va mejorando rápidamente; hoy tiene un mes y cinco días; pienso que en quince más estaré bien. Puedo asegurarte que la herida no me preocupa, no me hubiera preocupado aun cuando ella fuera de gravedad."* Poco después volvía Roque Sáenz Peña a Buenos Aires, lleno de gloria y casi cicatrizadas las heridas del cuerpo y del corazón.

Roque Sáenz Peña joven.
Fotografía de 1889.

La historia secreta de este amor signado por la fatalidad, nunca se publicó, pero fue pasando discretamente, de boca en boca.

Es comprensible que, a comienzos de la era victoriana, la familia silenciara el hecho para no perjudicar una futura relación matrimonial. No es comprensible seguirlo silenciando. La figura de Sáenz Peña toma en este episodio una dimensión aún mayor de la que tiene. Podría haber hecho un viaje a Europa, más o menos dedicado a diversiones y estudios, como lo hicieron muchos jóvenes de su tiempo. En lugar de esa salida fácil, superó el conflicto con un acto de solidaridad y grandeza.

"No se puede penetrar en la psicología de un hombre sin conocer su vida sexual..." escribía Manuel Gálvez en su biografía de Yrigoyen, de los años 40. *"Pero la mujer es tabú para el puritanismo de nuestra historia. Es lástima. Pues ganarían en humanidad nuestros grandes hombres si conociéramos sus amoríos. Aparte de que la vida pública no es independiente de la privada sino su prolongación, su refracción en el espacio."*

La misma hidalguía que tuvo Sáenz Peña para resolver sus problemas personales, la tuvo en los asuntos públicos. A través de sus discursos políticos y de la correspondencia con sus amigos puede observarse cómo va creciendo en él la conciencia de la necesidad de instaurar el voto libre y obligatorio en una república que se decía democrática pero en los hechos no lo era. La primera vez que habló en público de este tema candente que preocupaba a muchos, fue en el viejo Club del Progreso, *"ese centro que conservamos y amamos porque es representativo de la cultura argentina"*, según afirmaba en su discurso.

Era el 1º de mayo de 1902. Se festejaban los cincuenta años del Club en su nueva y elegante sede de Avenida de Mayo. Allí estaban todos: los dirigentes y constructores del 80, compañeros de lucha y amigos del orador; los ya ancianos socios de 1860 y tres ex presidentes de la nación: Carlos Pellegrini, Manuel Quintana y Luis Sáenz Peña. Ante esta selecta concurrencia hablaría Roque Sáenz Peña [11] sobre la necesidad de hacer la reforma política más trascendente vivida por el país desde la organización nacional, otorgando a todos los ciudadanos el derecho a votar a sus representantes.

---

[11] Presidente del Club durante varios años.

Durante años seguiría su prédica, secundado por otro adalid del sufragio universal, el salteño Indalecio Gómez, aquel que estaba de cónsul en Arica y a quien encontró en Berlín muchos años después. El resultado de estas charlas pudo apreciarse en el mensaje presidencial de Sáenz Peña al asumir la primera magistratura, en 1910: *"Yo me obligo ante mis conciudadanos y ante los partidos a provocar el ejercicio del voto por los medios que me acuerde la Constitución. Porque no basta garantizar el sufragio. Necesitamos crear y promover al sufragante."* El proyecto se estudió en diputados por más de tres meses y el 13 de febrero de 1912, Roque Sáenz Peña pudo poner su firma a la ley 8.871. Dos años más tarde, el 9 de agosto de 1914, una multitud entristecida seguía su féretro llevando todavía en sus oídos aquella última exhortación: *"¡Quiera el pueblo votar!"*

Roque Sáenz Peña, superado su dramático amor juvenil, se casó, ya maduro, con Rosa González, cuyo padre, Lucas González, había sido ministro de relaciones exteriores cuando Roque peleaba en el Perú. Tuvieron una hija, Rosita Sáenz Peña, que se casó con Carlos Saavedra Lamas, también ministro de relaciones exteriores, laureado con el Premio Nobel de la Paz.

A Sáenz Peña siempre se lo recuerda por habernos dado la ley del voto universal. Quizás también lo debamos recordar como un hombre que, víctima de la fatalidad, tuvo el coraje necesario para superar una trágica historia de amor.

Los misteriosos amores
de Hipólito Yrigoyen

Es difícil sacarse de la cabeza los típicos retratos de Yrigoyen, presidente a los sesenta y cuatro años –serio y reconcentrado, con su levitón negro, sombrero hongo o galera– e imaginar que alguna vez fue distinto. Pero las fotos de su madurez no reflejan lo que fue en su juventud, cuando la obstinación y la fuerza de voluntad no habían dado aún a su rostro las rígidas líneas que lo caracterizaron.

Según sus contemporáneos, debió ser muy atractivo: alto, de fuerte contextura, con ojos negros de un lindo mirar. En su figura y en su modo de ser reunía algo de hidalgo español, algún rasgo indígena y algo de gaucho orillero. Su abuela materna, doña Tomasa Ponce, casada con Alem, el mazorquero rubio, era de origen mestizo. Su padre, Martín Yrigoyen, un muchacho vasco francés de ojos claros, se casó con Marcelina Alem. Provenía de una condición social superior, una familia criolla, incondicional de don Juan Manuel de Rosas. Ambos formaron un matrimonio ejemplar. [12]

Hipólito estaba por nacer cuando fusilaron a su abuelo junto a Cuitiño, jefe de la mazorca. El horror de esa muerte y el malestar por la caída de Rosas iba a repercutir en la tristeza de su infancia.

Un apoyo importante en su vida fue su joven tío Leandro, que con inteligencia y esfuerzo se haría un lugar entre los brillantes jóvenes porteños de su generación: Carlos Pellegrini, Roque Sáenz Peña, Aristóbulo del Valle, Miguel Cané.

---

[12] Según testimonio de Eduardo Bonorino, amigo de Hipólito y Martín y consuegro de éste último.

En agosto de 1872 Yrigoyen, con sólo veinte años, fue nombrado comisario de policía en la parroquia de Balvanera. Tan joven y ya andaba de chaqué y galerita. Ya se vislumbraba, también, su especial debilidad por las mujeres, a las que siempre trató con especial consideración.

Para atraerlas, *"le bastará con su voz, que sabrá hacer suave y acariciadora; con su serenidad y su vigilancia, que le impedirán perderse en el gesto o la palabra que ahuyentan; con su habilidad para inspirar confianza; con su figura de conquistador y su palabra aduladora; con sus ojos, que miran, cuando él quiere, con ternura infinita o con honda melancolía."* [13]

Por esos años tuvo su primer amorío con una muchachita de origen humilde. Se llamaba Antonia Pavón, y desaparecería pronto de su vida. En cambio Elena, la hija de ambos, recibiría una buena educación y sería la única de sus hijos que lo acompañaría hasta su muerte. [14]

Balvanera era un barrio de compadres, muy politizado: todos allí eran hombres de Adolfo Alsina. En las esquinas era frecuente ver a los malevos ensayando cortes de tango y piropeando, a veces en forma agresiva, a las jóvenes que pasaban.

Yrigoyen tenía algo de compadre en su físico y forma de ser, por lo que le fue más fácil llegar a esos hombres. Naturalmente bondadoso, aprovechó su cargo de comisario para convencer a los presos de que cambiaran su vida al salir de la prisión. Ellos fueron sus primeros discípulos, cuando tenía veintitrés años. Ya desde entonces, su modo de hablar, enérgico y convincente, impresionaba a sus interlocutores.

---

[13] Manuel Gálvez, *Vida de Hipólito Yrigoyen*.
[14] Elena tuvo una institutriz alemana y sabía hablar alemán, según su pariente, Hipólito Solari Yrigoyen.

Dibujo de Hipólito
Yrigoyen joven.
(Archivo General
de la Nación)

A los veinticinco años Hipólito conoció a Dominga
Campos, una muchachita de diecisiete, de buena familia,
hija del coronel Julio Campos. Era una linda chica *"rubia,
ojos azules, boca fina, rostro en óvalo con la barbilla en
punta, tez blanca y delicada, manos distinguidas. Tal vez
tuviera algo de la madre, hija de un irlandés. Una fotografía de cuando tenía veinticinco años la muestra muy elegante en su traje ceñido, según la moda de entonces, y con un
gracioso flequillo largo y abierto, sobre la alta frente."* [15]
Tuvo con ella seis hijos de los cuales tres, murieron de
pequeños. El no vivía con ella pero la mantenía y la visita-
ba todas las noches y a veces durante el día. Le tenía mucho
cariño y la trataba muy bien, pero era muy reservado.
Y aquí surge el primer misterio: ¿por qué no se casaron? ¿Sería posible que compartiera la mentalidad de los
jóvenes de clase alta que no se casaban con la que "había

---

[15] Manuel Gálvez: *Vida de Hipólito Yrigoyen.*

caído", aunque ellos mismos fueran los seductores? ¿Por qué no reconoció esos hijos? Los tres menores –María Luisa, Sara y Eduardo– [16] habían nacido en el 80, 81 y 82, lo que demuestra una vida compartida. Parece que Yrigoyen daba a sus concubinatos la estabilidad de matrimonios.

En 1889, habiendo hecho un poco de plata con el campo, compró para Dominga y sus hijos una casa en la calle Ministro Inglés. Después de una relación de más de doce años, estaban pensando en casarse. Pero la desgracia parecía perseguir a la joven: ese mismo año, Dominga, que no había cumplido aún los treinta, se enfermó de tuberculosis y tuvo que dejar a sus tres hijos de doce, nueve y siete años para ir a Tandil a tratar de curarse con el cambio de aire. Allí murió, al año siguiente, acompañada tan sólo de un hermano. Su enfermedad y muerte, así como la preocupación por el cuidado de sus hijos, deben haber causado mucha aflicción al temperamento sensible de Yrigoyen. Nunca, sin embargo, dejó traslucir en su vida pública los avatares de su vida privada.

Yrigoyen no se casó, según Gálvez, porque su pasión era la política y *"no se concibe al revolucionario, al político rodeado de gente todo el día, con una esposa a su lado"*. Es evidente que no eran los tiempos de Juana Azurduy, esposa, madre y guerrera, ni los de Victoria Romero o la Delfina. Los hombres de su generación parecían necesitar de las mujeres para un momento de pasión o ternura, pero pocos compartían la vida entera con ellas.

Sin embargo, en 1880, mientras tenía una relación estable con Dominga y se llenaban de hijos, había intentado casarse con una "niña" de la sociedad. El padre de ella se había opuesto con violencia. ¡Jamás permitiría que se casara

---

[16] No dejaron descendencia.

con ese "compadrito"! La joven obedeció... pero tuvieron un hijo, al que Yrigoyen tampoco reconoció. [17]

En 1902, en el debate de la ley de divorcio, el diputado Carlos Olivera leyó cartas de algunas mujeres que vivían estas situaciones conflictivas. Una de ellas, cuyo padre no la había reconocido, decía: *"En medio de estas luchas, yo, de catorce años, y una hermana mía de dieciséis, no pudiendo aspirar a un matrimonio conveniente porque todos tratábamos de ocultar la situación, hemos tenido que caer víctimas, y henos aquí honradas sin ser casadas, yo con cuatro hijos y mi hermana con dos... Sin nombre porque no pueden llevar el del padre, que es persona conocida y se vería tal vez degradada y rechazada por todos, sin poder formarse una situación que le permita educar a sus hijos."* [18] No era tan raro, pues, el caso de Yrigoyen.

Hipólito vivía por entonces con su hermano Martín en una casa situada en Rivadavia y Callao. [19] Su dormitorio, por lo austero, parecía una celda de monje. Dedicaba mucho tiempo a la lectura y era muy introvertido. Sin embargo, no era taciturno sino muy amable y simpático, sobre todo con las mujeres. Al anochecer salía, generalmente a ver a Dominga y los chicos. Sólo iba a visitarlo su hija Elena. Muy de tanto en tanto iba con Leandro Alem a las fiestas del Club del Progreso.

Mientras tanto, Hipólito iba avanzando en la vida pública. Hasta el 80 había sido comisario. Afiliado al Partido Autonomista de Roca, en ese año llegó a ser diputado nacional. Al mismo tiempo sería profesor de Instrucción Cívica, Historia Argentina y Filosofía en una escuela

---

[17] Manuel Gálvez, Op. cit. Debo hacer notar que la familia de Yrigoyen niega, en este caso, la paternidad aludida.

[18] Ollier y Sagastizábal, *Tu nombre en mi boca*, Planeta, Bs. As. 1994.

[19] Dato suministrado por Hipólito Solari Yrigoyen.

normal. Este cargo tuvo fundamental importancia en su vida: le hizo conocer la doctrina filosófica de Krause, que lo marcaría para siempre.

"Desde el 80 hasta el 90 son los años de su definitiva formación espiritual, de maduración, de conocimiento interior. Al cabo de esos diez años Hipólito Yrigoyen será, aunque muy pocos lo adviertan, un hombre poderoso." [20]

Para poder dedicarse con tranquilidad a la política, buscó su independencia económica en el campo. Eran tiempos de una prosperidad excepcional y no le fue difícil conseguir un crédito para comprar tierras y dedicarlas a la invernada: compraba animales y los revendía después de engordarlos. No vivía en el campo pero viajaba con frecuencia. En 1888 pudo comprarse una valiosa estancia, El Trigo, en el partido de Las Flores. La vida de campo, con sus atardeceres calmos y sus noches estrelladas, tan propicias a la reflexión, lo llevó a meditar largamente sobre la situación del país que, si bien pasaba por un buen momento económico, se veía cada vez más invadido por el materialismo y la indiferencia ante la falta de espíritu cívico. Yrigoyen pensaría, como el poeta:

"No sólo hay que forjar el riñón de la Patria
sus costillas de barro, su frente de hormigón:
es urgente poblar su costado de Arriba,
soplarle en la nariz el ciclón de los dioses:
la Patria debe ser una provincia
de la tierra y del cielo." [21]

Las ideas krausistas, que había conocido en esa década, habían sido un poderoso detonante para la reflexión

---

[20] Manuel Gálvez, Op. cit.
[21] Leopoldo Marechal: *El descubrimiento de la Patria.*

y posterior acción de Yrigoyen. Mezcla de racionalismo, idealismo y espiritualismo, estas ideas eran más éticas que filosóficas. Yrigoyen se identificó inmediatamente con esta ética que parecía hecha a su medida, y que en la acción conducía inevitablemente a la igualdad democrática, al derecho universal, al amor entre los hombres y entre los pueblos, a la paz perpetua y a la formación de grupos de pueblos hasta el día en que todas las naciones se unieran en una sola. Nobles y remotas aspiraciones que valían toda una vida de dedicación y sacrificio.

Los krausistas españoles *"eran demócratas, creían en la panacea del sufragio libre y andaban por la vida graves, reservados, vestidos de oscuro"*, [22] todas características que adoptó don Hipólito, porque iban con su modo de ser. Siempre había sido generoso pero a partir de esta especie de "conversión" al krausismo, resolvió donar sus sueldos de profesor a la Sociedad de Beneficencia, y destinarlos al Hospital de Niños. Seguramente la muerte de sus propios hijitos, lo movió a esta generosa acción.

El año 90 cambiaría su vida y la de muchos. El encuentro en Frontón Buenos Aires para repudiar la política de Juárez Celman, fue una fiesta de civismo en la que participaron todos los contrarios al "Régimen". Ese día quedó constituida la Unión Cívica y su tío Leandro Alem fue elegido presidente de la Junta Ejecutiva.

El 26 de julio estallaba la revolución del Parque, también llamada del 90, que terminaría con las corruptelas y la especulación del gobierno de Juárez Celman. Convencido de la victoria, Yrigoyen escribía en un manifiesto de la Unión Cívica. *"No derrocamos al gobierno para separar hombres y sustituirlos en el mando, lo derrocamos para*

---

[22] Manuel Gálvez, Op. cit.

volverlo al pueblo, a fin de que el pueblo lo reconstituya sobre la base de la voluntad nacional." Estas palabras explican todas las revoluciones que desde entonces planeó. Durante cuarenta años sus ideas, palabras y actos irían en esa dirección.

El ejército leal al presidente y la acción enérgica de Pellegrini, evitaron el triunfo de la revolución del 90. Sin embargo, no puede considerársela una derrota: fue un ensayo de fuerzas que daría sus frutos más adelante. El propio Carlos Pellegrini reconoció que *"la revolución está vencida pero el gobierno ha muerto."*

Por entonces Hipólito conoció a Marcelo T. de Alvear que, siendo un joven de veinte años, se había hecho amigo de Alem. *"Los concurrentes al café de París –el restaurante aristocrático de aquellos años– ven, a la hora del almuerzo, a varios jóvenes que esperan a alguien. Muchachos casi todos, entre veinte y veinticinco años. Visten con elegancia y no usan chambergo sino galerita. Son abogados recién recibidos y pertenecen al gran mundo. Algunos provienen de cuna modesta pero la sociedad, al verlos elegantes, inteligentes y buenos mozos, les ha abierto sus puertas. ¿Cómo estos aristócratas han llegado a convertirse en satélites del ex comisario de Balvanera, del nieto del fusilado de la Concepción? Pues es a él, Hipólito Yrigoyen, a quien esperan. Yrigoyen aparece con su entonces esbelta y delgada figura, la varita en la mano, la galerita algo torcida. Los mozalbetes que lo rodean serán más tarde ministros, senadores y algunos, como Marcelo de Alvear, nieto de un prócer de la Patria, presidente de la república."* [23]

En agosto de 1891, a raíz del pacto entre Mitre y Roca, la Unión Cívica se dividió: los que no aceptaban el

---

[23] Manuel Gálvez, Ibid.

acuerdo, seguirían a Alem, llamándose "principistas" pues no renegarían de sus principios, pero el nombre que quedó fue el que les pusieron sus adversarios políticos: radicales. Acababa de nacer la Unión Cívica Radical a la que Yrigoyen dedicaría toda su vida.

Tan grande sería su dedicación a "la causa", que casi no le dejaría lugar para ocuparse de sus otros afectos. Era, en efecto, muy difícil conciliar una vida de marido y padre de familia con las urgencias y reclamos de la política. Sentía que estaba llamado a otras responsabilidades y, a pesar de los remordimientos que podía acarrearle esta conducta, su razón "krausista" le decía que esa era su misión en la vida.

Hipólito Yrigoyen no era sólo un seductor de mujeres. También seducía a los hombres con sus palabras y un carisma especial que tenía para hablarles como un padre o un amigo. Su tarea, ímproba, fue continua y persistente como la de una hormiga. No le gustaba hablar en público, convencía a la gente en charlas particulares. Así fue ganando para "la causa" a casi toda la oficialidad.

Durante diez meses no hizo otra cosa que preparar la revolución del 93, para imponer limpieza en los comicios. La revolución había vencido en La Plata, pero Yrigoyen no quiso que corriera sangre: las armas eran para disuadir, no para matar. Fue un ensayo de fuerzas que daría sus frutos posteriormente.

Por esos años Hipólito, ya en medio del camino de la vida, encontró a la que sería su gran amor de la madurez. Se llamaba Luisa Bacichi. Había nacido en Trieste el 11 de marzo de 1855 y era viuda del escritor Eugenio Cambaceres. Había llegado a Buenos Aires con su hermana en una compañía de bailarinas. Eugenio, un solterón de cuarenta y pico, alegre y con un buen pasar, heredado de su padre, se enamoró de la rubia y linda damita y viajaron juntos a París donde en 1883 nació un niña, Rufina Cambaceres, de trágico destino. Como noble excepción a la regla de los que no se casaban con las amantes, Eugenio se casó con Luisa en otro viaje a París, cuatro años después del nacimiento de su hijita. Acababa de salir su novela *En la sangre*, que como *Sin rumbo*, sería un éxito. Vivían en un palacete en Barracas y en la estancia del Quemado, en general Alvear.

Enfermo de tuberculosis, Eugenio escribía a su amigo Miguel Cané, poco antes de morir: *"En ella tengo un paño de lágrimas que empapo a veces y a veces estrujo como un trapo de cocina. Es buena, cariñosa y fiel hasta lo hondo. Si así no fuera, no me aguantaría ni un segundo."* [24] Esa era la mujer con que Yrigoyen viviría hasta su muerte.

Se conocieron cuando Hipólito fue a arrendarle la estancia del Quemado, que ella no podía explotar. Luisa tendría entonces cerca de cuarenta años muy bien llevados y él se acercaba a los cincuenta. Allí pasaron felices temporadas y, cuando estaban en Buenos Aires, vivían en la quinta de Barracas, aunque Yrigoyen siempre siguió teniendo su propia casa.

En 1897 nació Luis Herman Irigoyen, el hijo de ambos. [25] ¿Qué les impedía casarse? Probablemente las mismas razones de dedicación a la causa.

Durante esos años Yrigoyen recibía con mucha frecuencia a amigos y correligionarios en la estancia del

---

[24] Citado por Ernesto Quiroga Micheo en el artículo "El campo donde habitaba 'el Peludo' ", *Todo es Historia* N° 318.

[25] Luis H. Irigoyen fue embajador de carrera en Alemania. Fue padre de Raúl Yrigoyen y abuelo de Juan Carlos y Mercedes Yrigoyen. Tanto él como Elena Pavón y los hijos que Yrigoyen tuvo con Dominga Campos, fueron reconocidos post mortem a instancias de la señora Sara Bonorino de Yrigoyen, esposa de Martín y por lo tanto, cuñada de Hipólito. El no pudo firmar junto a sus medio hermanos porque estaba en el exterior. Datos proporcionados por Hipólito Solari Yrigoyen.

Quemado y Luisa se ocupaba de todo como si fuera su legítima mujer. Todavía le quedaba mucho para sufrir: el 31 de mayo de 1902, su preciosa hija Rufina, el día que cumplía diecinueve años, estaba arreglándose para ir al Colón, cuando cayó muerta. La tragedia debió afectar a Yrigoyen pero, como siempre, nada dejó traslucir.

En 1904 Yrigoyen seguía dando sus clases de Instrucción Cívica y Moral en la escuela normal. Después de la revolución fallida de 1905, lo dejaron cesante. Ese año una de sus alumnas era Alicia Moreau de Justo. En una entrevista ella contó sus recuerdos:

"Hipólito Yrigoyen era un hombre imponente, alto, erguido, muy buen mozo [...] un hombre que se imponía con el gesto lleno de energía y convicción que tenía para hablar. Entraba en la sala de la escuela con su sombrero y su bastón, se sentaba y empezaba a hablar. Hablaba muy poco, generalmente nos proponía un tema [...] por ejemplo, cómo son las elecciones. Entonces nosotras teníamos que buscar por allí [...] Cuando una alumna hacía una muy buena exposición, él le ponía diez y ese diez se lo corría hasta diciembre[...]El admitía mucho la discusión: el proponía la discusión, no discutía. Las alumnas charlaban y él presidía como un patriarca joven[...] Y como yo era muy discutidora, en seguida nos hicimos amigos. [...] Era muy amigo de las frases y las palabras abstractas, no accesibles [...] El me prestó muchos libros. Le gusté intelectualmente. Eramos muy amigos, yo lo estimaba mucho."[26] Mencionó también una anécdota muy representativa de la mentalidad vigente: una amiga socialista, como ella, dio una clase sobre la teoría de la evolución, cosa que él aguantó con un gesto. Pero cuando empezó a hablar de la poligamia y de la

---

[26] Blas Alberti, *Conversaciones con Alicia Moreau de Justo*, Bs. As., 1985.

monogamia, él le cortó la palabra diciéndole: *"¡Basta, señorita! ¡Lo que usted está diciendo es profundamente inmoral!"*

Siempre se había dicho que Yrigoyen había tenido amores con una o más alumnas. Alicia Moreau de Justo recordó al respecto:

"Detrás de mí se sentaba una chica que era muy bonita, era la más bonita de la clase, pero era un poco ingenua, bastante ingenua. Yo la quería mucho y la empujé para que diera una clase. La dio y le fue bien. Entonces él se fijó en ella. La hizo bajar a la Dirección, porque las alumnas que él distinguía las hacía bajar a la Dirección y, delante de la directora les echaba un sermón [...] ¡Todas las cosas que ese hombre me dijo sobre lo que yo debía hacer, lo que debía estudiar y cómo trató de conquistarme a través de los elogios! No recuerdo que nadie me haya elogiado como él [...]Y a la muchacha la conquistó así. Pero la conquistó de verdad. Esa pobre chica acabó por tener un hijo de él. Se llamaba Rosalba."

Al enterarse de que estaba embarazada, –seguía Alicia Moreau– su familia le hizo un drama. Yrigoyen, entonces, se llevó a la chica *"a una estancia que pertenecía a una señora que era por el estilo. Pero ella era casada y era una señora de más edad, era un resto de una aventura."* [27] Era Luisa, la pobre viuda de Cambaceres y amante de Hipólito Yrigoyen, que acababa de perder a su hija y que debió haber recibido con indulgencia a la pobrecita que había "caído". [28]

---

[27] Ibid.

[28] El doctor Solari Yrigoyen niega enfáticamente esta paternidad, con argumentos valederos. ¿Cómo nadie se enteró de este asunto en un momento en que Yrigoyen era primera figura en la política nacional? No niega que su tío abuelo hubiera tenido romances con sus alumnas, pero nunca había oído decir que hubiera tenido un hijo con alguna de ellas.

Si la anécdota es cierta, éste sería el décimo hijo del padre soltero.

Mientras tanto, Yrigoyen seguía su lucha por la libertad del voto y cada vez se acercaba más gente a su casa de la calle Brasil: a todos les interesaba conocer a este hombre misterioso que durante veinticinco años iba a detentar un poder basado solamente en su altura moral. Grandes hombres como Carlos Pellegrini y Roque Sáenz Peña empezaban a darle la razón. El primero llegó a decir en el Senado: " *El pueblo no vota. ¡He ahí el mal, todo el mal! [...] El voto electoral no es sólo el más grande de nuestros derechos, sino el más sagrado de nuestros deberes*". Y dando en forma tácita la razón a Yrigoyen, escribía en una carta pública: *"[...] se coloca a los ciudadanos en una situación desesperada si por una parte se les priva de todos sus derechos y se les cierran todos los recursos legales, y por otra se les prohíbe el último y supremo recurso de la fuerza."* [29] El tema estaba en el ambiente y no podía ignorarse.

Cuando Roque Sáenz Peña llegó de Europa, ya elegido presidente, lo primero que hizo fue ir a casa de su amigo Martín Yrigoyen y allí estuvo esperando a Hipólito, pues le urgía hablar con él.[30] Fue entonces que le ofreció algunos ministerios para él y la gente de su partido, así como la reforma de la ley electoral. Pero Yrigoyen, que se había pasado su vida rechazando cargos, rechazó también estos. El era sólo el ideólogo de la revolución.

Ese año, contaba un amigo que, paseando, Yrigoyen le preguntó un día: *"¿Cuándo somos gobierno?"*

–*"Nunca"*, contestó el amigo, que no creía que el partido obtuviera la mayoría y que, en caso contrario, no se les permitiría votar. Yrigoyen, inspirado, le dijo:

[29] Citado por Manuel Gálvez en Op. cit.
[30] La casa donde se realizó la reunión existe todavía en la calle Callao al 100. Dato de Hipólito Solari Yrigoyen.

–*"Se equivoca. El año diez no, porque ya está encima; pero en 1916, somos gobierno."* Y siguió caminando. [31]

Como lo pronosticara, finalmente, llegó el día de gloria: Yrigoyen era el primer presidente elegido libremente por los argentinos. La constancia de años de lucha había dado resultado.

Hipólito Yrigoyen saluda desde su casa. Truco fotográfico. (Archivo General de la Nación)

Durante los seis años de su presidencia Yrigoyen y sus ministros trataron de llevar a cabo sus proyectos de gobierno, con la contra de un Congreso con mayoría opositora. La viuda de Cambaceres sería una presencia discreta, que le ayudaría a superar los malos ratos. *"Evidentemente fue Luisa la gran mujer que estuvo detrás de Yrigoyen. Sus consejos y opiniones seguramente fueron*

---

[31] Manuel Gálvez, Op. cit.

escuchados por el caudillo radical con gran atención; en ella encontraría el remanso después de navegar por el torrentoso río de la política." [32]

Una vez terminado el período presidencial, tendría don Hipólito más tiempo para dedicar a su familia.

Contaba Elpidio González que, el 15 de julio de 1924, caminaban lentamente con Yrigoyen de un lado para otro de una larga galería. Su amigo estaba más silencioso y serio que de costumbre. De pronto se paró, puso la mano sobre su hombro y solamente dijo. *"Ella murió anoche".* Elpidio entendió y lo abrazó en silencio.[33]

Yrigoyen sobreviviría ocho años a Luisa Bacichi. Descontando el paréntesis glorioso de la asunción a la segunda presidencia en 1928, estos últimos deben haber sido los años más dolorosos del viejo caudillo, que tuvo que soportar la ignominia de estar preso dos veces en Martín García y de que una turba saqueara e incendiara su casa de la calle Brasil. Quemaron sus papeles y el gobierno le cerró todo crédito, como si hubiera sido un criminal.

A mediados de enero de 1932, Yrigoyen ya anciano, cansado y enfermo, volvía de su segunda reclusión en Martín García. Acompañado por Elena, su hija, y otros miembros de su familia, pasó esos últimos meses de su vida. El 3 de julio presintió que la muerte llegaba. Mandó llamar a un dominico amigo suyo que lo confesó y celebró la misa en su dormitorio.

Mientras tanto en la calle se iba juntando la gente, enterada por los diarios de la gravedad del caudillo. A la tarde era una verdadera multitud la que se agolpaba bajo la triste llovizna invernal. A eso de las siete un hombre salió al balcón e invitó a la silenciosa multitud a descubrirse.

---

[32] Quiroga Micheo, Ibid.
[33] Anécdota narrada por Enrique Mayocchi.

Hipólito Yrigoyen había muerto. Todos se quitaron los sombreros. Algunos se arrodillaron, y de pronto, en forma espontánea, comenzaron a cantar el Himno Nacional. Moría un ex presidente, moría un gran caudillo... pero también moría un hombre apasionado que se llevaba a la tumba el misterio de sus amores, de sus hijos y de tantas otras cosas que quizás nunca se lleguen a develar.

Conclusiones

Estas historias particulares nos llevan a extraer algunas conclusiones generales sobre los cambios que ha sufrido en el tiempo la actitud ante el amor entre un hombre y una mujer, consecuencia, en gran parte de la actitud de la sociedad ante el modelo femenino vigente.

Como hemos podido apreciar, es inexacta la idea de que, mientras más atrás se vaya en el tiempo, mayor es la represión y más sojuzgada se encuentra la mujer. Esto no depende de la antigüedad sino de la mentalidad. Los hechos demuestran que la represión sufre fluctuaciones en las cuales pueden observarse algunas constantes: en épocas de mayor seguridad y prosperidad, como los comienzos de la burguesía en Europa [1] se acentúa el paternalismo y junto con éste, crece el sojuzgamiento femenino. La mujer pasa a ser considerada una propiedad valiosa y frágil –el famoso sexo débil– que requiere cuidados extremos. No ocurre lo mismo en tiempos de crisis como fueron la conquista y población del territorio, la revolución de mayo y las guerras civiles, cuando la mujer trabajaba y, de ser necesario, peleaba al lado de su marido y de sus hijos. [2]

Más que de evolución habría que hablar de cambios en los roles adjudicados en distintas épocas a la mujer, el amor, la sexualidad y la familia. Cuando la sociedad lo necesita se permite a la mujer salir de los roles asignados

---

[1] Equivalente en algunos aspectos a los comienzos de la organización nacional de la República Argentina.
[2] Casos de las mujeres de Pancho Ramírez y Chacho Peñaloza.

según una precisa dicotomía: madre abnegada, esposa sumisa y ama de casa o aventurera, "cortesana" y "perdida". Esta actitud dual llegó a su grado más intransigente en la llamada época victoriana (fines del siglo XIX y principios del XX), en que se empezó a exigir a la mujer "decente" una perfección de ángel que la inhibía de cualquier otra actuación. La represión del sexo tuvo también sus fluctuaciones: durante la conquista y población, la sociedad fue mucho más permisiva en cuanto a relaciones entre hombres y mujeres: la prioridad era poblar y defender el territorio. Una frase de Francisco de Aguirre, conquistador del Tucumán, lo resume así: *"Es mayor el servicio que se hace a Dios en procrear hijos que el pecado que se comete por ello"*.[3]

La prédica barroca del siglo XVII, al poner el acento en los aspectos sombríos de la religión, llegó a extremos absurdos como alabar que los jóvenes no miraran en la cara a las mujeres, para evitar la "tentación". Claro está que este tipo de exageraciones se daba más en la prédica que en la realidad, más en la teoría que en la práctica.[4]

Durante los siglos XVI y XVII, el honor jugó importantísimo papel en la sexualidad: no se condenaba a la joven por tener una relación si se le había dado promesa de matrimonio. Culpable era quien no cumplía la promesa, ya fuera hombre o mujer. Por otro lado, la Iglesia había sido siempre partidaria del matrimonio por amor y mutuo consentimiento, pues los contrayentes eran los verdaderos "ministros" del sacramento y los demás sólo testigos. Durante el siglo XVII llegaron a anularse matrimonios ante la denuncia de una de las partes de haber

---

[3] Caso de Hernán Mexía Miraval.
[4] Caso de Luis de Tejeda.

contraído el compromiso bajo amenazas o *"temor re-verencial"*. [5]

Con el aumento del absolutismo real, en el siglo XVIII creció también la autoridad paterna sobre los hijos y del marido sobre la mujer. Esta tendencia culminaría en 1779 con la Pragmática sanción de Carlos III, que impedía los casamientos sin consentimiento paterno antes de los veinticinco años, so pérdida del derecho de herencia. Por otra parte, el utilitarismo y la creciente secularización llevarían a la sociedad a tener menos en cuenta los requisitos de la honra comprometida. [6]

La mujer engañada, hasta entonces considerada víctima del hombre, pasaría a ser descalificada por sus flaquezas sexuales. Con el tiempo de "víctima" se transformaría en "culpable," hasta llegar a fines del siglo XIX a ser "una perdida", por el sólo motivo de haber creído en un hombre y confiado en él.

En este período la mujer va perdiendo terreno en forma cada vez más aguda, cuando se la pone en la alternativa de ser una abnegada mártir o una réproba, ridícula o descocada. Es entonces cuando la rígida sociedad victoriana

---

[5] Raúl Molina cita varios casos ocurridos durante el siglo XVII, que no dejan lugar a dudas de cuál era la posición de la Iglesia respecto al libre consentimiento. En 1673, por ejemplo, en Buenos Aires, fray Pedro de Bustamante permite la anulación del matrimonio de dos años entre doña Gregoria Silveyra y el capitán Amador de Rojas y el casamiento de la primera con el capitán Miguel de Riglos, en un dictamen que dice:

"El matrimonio donde interviene fuerza de los padres para que los hijos contraigan los hijos, es nulo por derecho natural y positivo; porque el matrimonio es contrato que se hace entre dos libremente, y donde hay fuerza a que moralmente no se pueda resistir, no hay libertad. Luego no hay contrato y consiguientemente el matrimonio es nulo."

[6] Caso de Mariquita Sánchez.

"para tenerlas sujetas les pinta su debilidad y la abnegación, la abdicación de toda voluntad en manos del hombre, como quintaesencia de la seducción femenina."[7] Eran años malos para las mujeres a las que por otro lado parecía rendirse culto. El código civil consideraba a las casadas con los mismos derechos que un chico de catorce años.

Esta concepción iba ligada a una represión sexual como nunca se vio en la historia. Todo lo relativo al sexo, desde la concepción al parto, fue tema prohibido y rigurosamente desconocido por las "niñas" hasta su casamiento.

Se cuidaba y rodeaba de atenciones a las jóvenes de clase alta pero se les exigía una sumisión rayana en la estupidez y se las manejaba de tal modo con la culpa que les era muy difícil rebelarse.

"Al pensar en nosotras, las niñas de nuestra educación y nuestras costumbres, recuerdo a Gulliver en manos de los liliputienses. Parece que como son pequeños no pudieran nada contra él, pero mientras duerme, todos ponen manos a la obra: clavan a su alrededor millares de estaquitas que son como alfileres y lo atan a ellas con infinidad de cuerdas del grosor de un cabello. Son tantas y tan invisibles estas ligaduras, que cuando Gulliver despierta no puede levantarse del suelo, a pesar de creerse libre y de no ver ninguna soga ni cadena. Así la sociedad, con sus mil obligaciones y pequeñas vanidades, nos hace perpetuas prisioneras." [8]

Si bien el romanticismo había revalorizado el amor, las posibilidades que tenían los jóvenes de verse y hablarse a solas eran casi inexistentes.

---

[7] Según denuncia el pensador inglés Stuart Mill, defensor de los derechos de la mujer en el siglo pasado.

[8] Diario inédito de Delfina Bunge, 1902.

Consecuencia de esta forzada separación entre los sexos, fue la acentuación del machismo y la camaradería entre hombres con exclusión de las mujeres, que fueron divididas en "casables e intocables" o compañías ocasionales y permisivas frecuentadas para "divertirse". El casamiento no siempre podía cambiar hábitos adquiridos, de ahí que casi todos los hombres de la generación del 80 y principios de siglo tuvieran amantes.[9]

Hombres inteligentes y promotores de la educación femenina, como Sarmiento, compartían con la gran mayoría la teoría de que la mujer decente no debía gozar mucho en su vida sexual, e incluso separaban la idea de "amor" de la de "sexo", como dos cosas distintas. *"No abuse de los goces del amor* –escribía a su hijo Domingo Soriano que se acababa de casar–, *no traspase los límites de la decencia; no haga a su esposa perder el pudor a fuerza de prestarse a todo género de locuras. Cada nuevo goce es una ilusión perdida para siempre, cada favor nuevo de la mujer es un pedazo que se arranca al amor. Yo he agotado algunos amores y he concluido por mirar con repugnancia a mujeres apreciables que no tenían a mis ojos más defectos que haberme complacido demasiado."*[10] Su conclusión era que una mujer demasiado sensual, era repudiable.

En la época de posguerra, algunos tabúes respecto al sexo y la mujer se fueron abandonando. Fue importante la difusión de las ideas socialistas que exigían igualdad de derechos entre ambos sexos. También lo fue la aparición de los primeros movimientos feministas que tenían su antecedente en las sufragistas inglesas.

---

[9] Casos vistos en el capítulo "Amores de Presidentes".
[10] Carta de Sarmiento a su hijo desde Santiago de Chile en 1843, citado por Ollier y Sagastizábal en *Tu nombre en mi boca*, Planeta, 1994.

En la Argentina aparecieron por entonces cantidad de obras dedicadas al sexo, los métodos contraconceptivos y la concepción en general. A medida que la mujer se fue independizando social y económicamente, el hombre comenzó a valorarla como su par. Pero eso escapa de los límites temporales de este libro.

Nota de la autora

Las historias de amor aquí presentadas son reales. Las que están basadas en testimonios escritos (cartas, testamentos, documentos varios) han podido ser más desarrolladas. En otras, basadas sobre todo en tradiciones orales, ha sido necesario utilizar lo que Collinwood llama "imaginación histórica" en las descripciones y diálogos, para poderlas recrear.

Muchas de las historias de amor están centradas esencialmente en los hombres, no porque las mujeres no hayan cumplido un papel importante en sus vidas, sino porque ellos han sido, hasta mediados de este siglo, los protagonistas de la historia política. Hay muy pocos documentos que destaquen la presencia femenina porque para los estudiosos del siglo XIX, la verdadera historia era la del Poder, y desdeñaban hablar de temas "menores" como la mujer y el amor.

Desde Francia llegaría, después de la primera guerra, la revalorización de la historia social: lo cotidiano, lo que sucedía en los hogares y lugares de diversión, no sólo en las batallas y en las cortes. De entonces data un expreso interés por conocer rasgos de la afectividad y la sexualidad en distintas épocas.

En la elección de estas historias hemos tenido en cuenta distintos ejes temáticos:

- El transcurso del tiempo con sus cambios de mentalidad en el período 1553-1930.
- Los distintos espacios –regiones, virreinatos, provincias, ciudades– con sus características sociales y económicas.
- El papel del amor en hombres públicos y algunas mujeres relevantes de la historia argentina.

Agradezco especialmente a María Luna, Cristina Alemany y Fernando Fagnani por haberme dado la idea y la oportunidad de escribir este libro, y a las dos primeras por sus atinadas sugerencias.

Lucía Gálvez
Octubre de 1998

Contenido